너무 일찍 온 미래의 음악

김성현의 현대음악 에세이

일러두기

- 인명, 지명 등 외국어 표기는 국립국어원 외래어표기법을 따르되, 일부는 관용적 표기
  나 원어에 가까운 발음을 사용했다.
- 오페라 등 음악 작품의 표제, 큰 곡은 〈 〉, 음악 작품 속의 단일 곡목, 시, 영화, 논문, 그
  림 등의 제호는 「 」, 책, 신문, 잡지 등의 표제는 『 』로 표기했다. 단, 〈웨스트사이드 스
  토리〉의 경우 음악극 작품으로 창작되었으므로, 음악 작품의 범주에 포함하여 뮤지컬
  은 〈 〉를, 영화는 「 」를 사용했다.

너무 일찍 온 미래의 음악

김성현의
현대음악 에세이

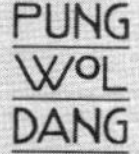

클래식 음악을 담당한다고 하면 자주 받는 질문들이 있다. 이를테면 "현대음악은 반드시 들어야 하나요?" 같은 질문도 단골 출제 문제 가운데 하나다. 그럴 적마다 준비된 답안이 있다. "세상에 반드시 해야 하는 일이란 헌법상 국민의 4대 의무뿐"이라는 답변이다. 지나치게 짧거나 매정하게 들릴 것 같으면 살짝 몇 마디 보태기도 한다. "물론 민법상 신의 성실의 원칙과 도로교통법도 포함되겠지요." 이를테면 취향은 의무의 영역에 해당하지 않는다는 뜻이다.

그런데도 음악 체험의 극한에 해당할 법한 현대음악 연주회에 가고 음반을 듣는 것으로 모자라서 책까지 펴내는 이유가 있다. 실은 철저하게 직업적 이유 때문이다. 현대음악이라는 용어가 심리적 장벽을 만드는 것 같다면 현대미술이나 연극, 영화로 치환해서 생각해도 좋다. 미술 담당 기자와 큐레이터들은 인상파 걸작뿐 아니라 20~21세기 미술 작품들도 부지런히 살펴야 한다. 연극 기자들은 괴테의 「파우스트」뿐 아니라 사뮈엘 베케트의 「고도를 기다리며」를 봐야 하고, 영화 기자와 평론가들은 「바람과 함께 사라지다」 같은 할리우드 고전 영화뿐 아니라 봉준호 박찬욱 감독의 신작들도 꼼꼼하게 챙겨야 한다. 쉽게 말해서 대부분의 예술 분야는 동시대 작품들을 취재하고 토론하고 평가하느라 적잖은 시간을 할애한다. 특별한 이유가 있기 때문이 아니라 그것이 그들의 '본업'이라는 뜻이다.

반면 동시대 작품들에 유독 인색한 분야가 클래식 음악이다. 실은 이해할 만한 구석이 있다. 클래식 음악 자체가 '서양 고전음악'이라는 의미이기 때문이다. 동양이 아닌 서양, 현대가 아닌 고전이라는 지역과 시간적 의미에서 모두 이 장르는 역설적으로 지금 우리의 것이 아니다. 하지만 그렇다 보니 간과하거나 놓치는 것도 생기게 마련이다. 그 가운데 하나가 현대음악이다. 아마도 아시아 현대음악은 더욱 그럴 것이다.

사정이 이렇다 보니 클래식 음악만큼 '정체 현상'이 극심한 분야도 드물다. 미술이나 연극에서 피카소와 사뮈엘 베케트는 출발점에 가깝지만, 클래식 연주회에서 스트라빈스키와 쇼스타코비치는 종착점이기 일쑤다. 이런 정체 현상은 미감美感에서도 심각한 지체를 빚는다. 낭만주의와 절연하지 못한 고색창연한 수식어들이 여전히 넘쳐 나고, 국뽕의 시대에도 사대주의적 징후들이 곳곳에서 감지된다. 현대음악으로 항로를 설정한다는 건 실은 전선에서 더 이상 후퇴할 수 없는 미적 임계선을 긋는 작업이기도 하다.

괜히 전투적 어조로 말했지만, 현대음악과의 만남은 개인적으로도 쉽지 않은 일이었다. 지난 2005년 베를린 필하모닉 내한 공연 당시 첫 곡으로 연주했던 1971년생 영국 작곡가 토머스 아데스의 〈어사일라Asyla〉가 마음속에 파문을 일으켰다. 지휘자 푸르트벵글러와 카라얀이 이끌었던 명문 악단이 사이먼 래틀의 21세기를 맞아서 동시대 작곡가들에게 과감하게 문호를 개방하는 모습이 신선한 충격으로 다가왔다. 2007년 독일 뮌헨에서 진은숙의 오페라 〈이상한 나라의 앨리스〉 초연을 지켜보면서 혼란은 배가됐다. 지금껏 누구도 보거나 들은 적이 없던 작품의 리뷰를 쓰는 일은 낯설고도 묘한 경험으로 남았다. 그 뒤로 20~21세기 현대음악의 너른 바다를 무사히 항해할 수 있는 지도를 마련하는 일은 개인적인 과제이자 소망이 됐다.

쓰디쓴 약이 달다고 할 수는 없고 기름진 음식이 살 안 찐다고 거짓말을 늘어놓을 수는 없다. 세상사 모든 일에 지름길은 없는 것처럼, 까다롭고 난해한 현대음악에 쉽고 편하게 접근할 수 있는 첩경은 존재하지 않는다. 다만 현대음악은 괴로울 수 있지만, 현대음악에 대한 이야기들은 의외로 재미있고 매력적으로 다가올 수 있다. 바로 엊그제 우리의 지근거리에서 일어난 일이기 때문이다. 현대미술에서도 잭슨 폴록과 앤디 워홀, 마크 로스코와 데이비드 호크니의 작품들을 보면서 자연스럽게 취향과 호불호, 감식안을 키울 수 있듯이 현대음악 역시 마찬가지다. 개인적으로도 국적과 시대, 사조를 떠나서 쇼스타코비치와 한스 아이슬러, 루이지 노노와 레너드 번스타인은 언제나 좋아하는 작곡가들로 남아 있다.

오페라의 효시로 꼽히는 몬테베르디의 〈오르페오〉가 초연된 건 400년이 훌쩍 지났고, 바흐의 〈마태 수난곡〉은 300년에 가까우며, 베토벤의 〈합창〉 교향곡도 200년이 됐다. 쉽게 말해서 몬테베르디는 조선시대 임진왜란 직후이고, 바흐는 영조 시기이며, 베토벤은 천주교 탁해가 일어날 즈음의 작곡가들이다. 반대로 현대음악은 출발점으로 꼽히는 스트라빈스키와 쇤베르크의 작품들조차 고작 100년이 지났을 뿐이다. 사실상 우리와 동시대의 예술적 사건들이라는 뜻이다. 역사를 공부할 때 반드시 선사시대와 고조선부터 펼쳐야 할 필요가 없듯이, 클래식 음악 역시 얼마든지 연표를 뒤집어서 볼 수 있다. 음악사에서도 '콜럼버스의 달걀'과 같은 시도는 얼마든지 가능하다. 이 책 역시 그런 작업 가운데 하나가 되기를 진심으로 소망한다.

2025년 9월
김성현

차례

1900 ~ 1929년

<table>
<tr><td colspan="1" align="center">미국</td><td colspan="1" align="center">프랑스</td></tr>
</table>

미국

미국인

아이브스, 거슈윈
코플런드

이민자

라흐마니노프
(러시아에서 이민)

스타이너
(오스트리아에서 이민)

파데레프스키
(폴란드에서 이민)

프랑스

프랑스 인상주의

드뷔시, 라벨
사티

발레 뤼스(1900~1929)

스트라빈스키

프로코피예프

6인조

오리크, 뒤레, 오네게르
미요, 풀랑크, 타유페르

쇤베르크는 빈에서 12음 기법을 창시했고, 스트라빈스키는 강렬한 표현력의 원시주의 음악을 선보였다. 한편 미국 음악가들은 유럽에서 이주한 음악가들과 어울리며 새로운 미국 음악을 발전시켰다. 유럽에서는 새로운 음악을 추구하는 다양한 흐름이 생겨나 낭만주의와 대립했다.

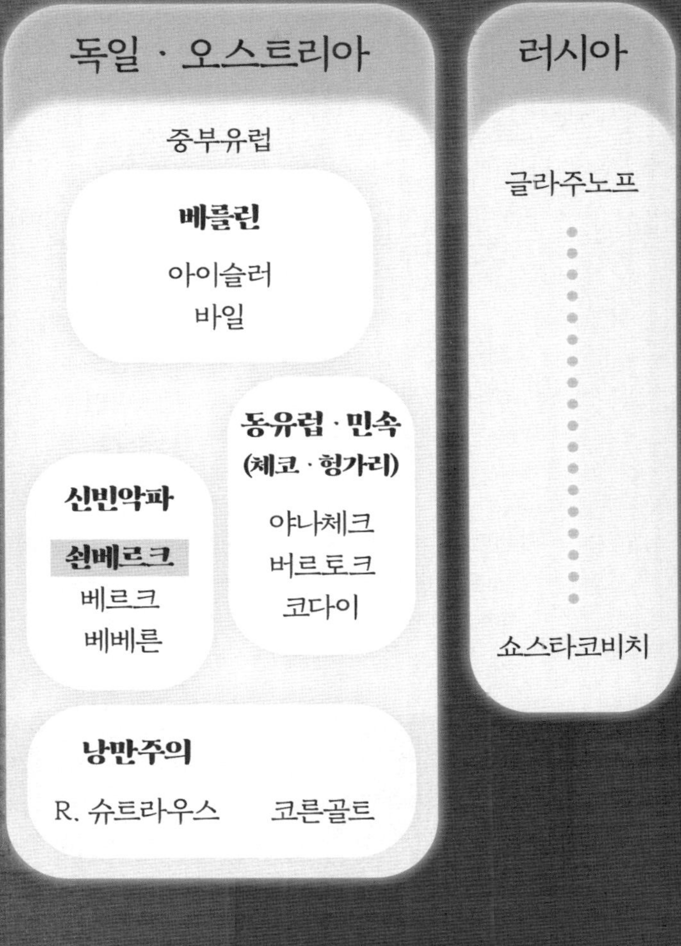

독일 · 오스트리아

중부유럽

베를린

아이슬러
바일

신빈악파

쇤베르크
베르크
베베른

동유럽 · 민속
(체코 · 헝가리)

야나체크
버르토크
코다이

낭만주의

R. 슈트라우스　　코른골트

러시아

글라주노프

· · · · · · · · · · · · · ·

쇼스타코비치

1945년 이후

미국		
미국인	학구적 노선	대중적 노선
	케이지, 라이시 글래스, 애덤스	**"미국적 실용주의"** 코플런드 번스타인 (동부)
이민자	쇤베르크, 버르토크 스트라빈스키 (라흐마니노프)	**"할리우드"** (영화음악) 스타이너, 코른골트 바일 (서부)

세계대전과 유대인 학살, 히틀러와 스탈린의 공포정치는 많은 음악가들이 미국에 정착하는 계기가 됐다. 미국은 미니멀리즘 등 현대음악의 새로운 중심지가 되었다. 유럽에서는 전위적이고 실험적인 사조와 이에 반발하여 영성을 강조하는 다양한 흐름들이 서로 분화, 공존하게 되었다.

현대음악 지형도

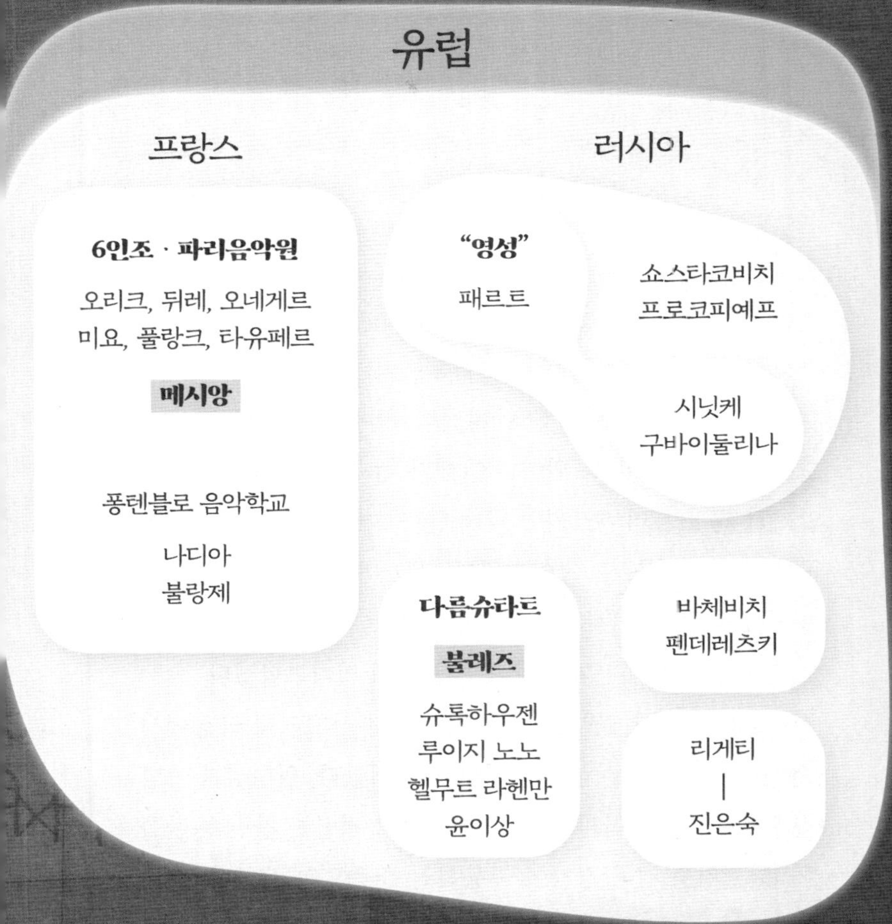
유럽
프랑스
러시아
6인조 · 파리음악원
오리크, 뒤레, 오네게르
미요, 풀랑크, 타유페르
메시앙
폼텐블로 음악학교
나디아
불랑제
"영성"
패르트
쇼스타코비치
프로코피예프
시닛케
구바이둘리나
다름슈타트
불레즈
슈톡하우젠
루이지 노노
헬무트 라헨만
윤이상
바체비치
펜데레츠키
리게티
진은숙

현대음악 지형도

스트라빈스키와 쇤베르크

현대음악은 떠들썩한 난리법석 속에서 탄생했다. 그것도 한 번이 아니라 두 번이나 그랬다. 우선 대중적으로 널리 알려진 건 스트라빈스키의 발레 〈봄의 제전〉의 초연이다. 작곡가 스트라빈스키, 공연 기획자 세르게이 댜길레프, 지휘자 피에르 몽퇴, 안무가 바츨라프 니진스키 등 훗날 현대 예술의 거장들이 이 문제작의 초연을 위해 의기투합했다.

정작 1913년 5월 29일 프랑스 파리 샹젤리제 극장에서 초연됐을 때 사태는 예상과 다르게 흘러갔다. 원시성과 야만성이 두드러진 음악과 무용은 관객들의 격렬한 찬반 논란을 불러일으켰고 결국 경찰이 출동하는 소동으로 끝났다. 스트라빈스키가 파리의 밤거리를 쓸쓸한 표정으로 걸었다는 후일담도 남아 있다. 하지만 모든 신화가 그러하듯 관련자의 증언들에는 숱한 불일치와 모순점들이 가득하다.

불과 두 달 전에 오스트리아 빈에서는 대중적으로 덜 알려진 또 하나의 초연이 있었다. 같은 해 3월 31일 빈의 무지크페라인에서 열렸던 쇤베르크와 제자 알반 베르크, 안톤 베베른의 합동 연주회였다. 첫 곡인 베베른의 〈오케스트라를 위한 여섯 소품〉부터 관객들의 웃음이 터졌다. 쇤베르크의 '실내 교향곡 1번'에서 객석의 야유와 무대의 음악이 뒤섞이더니 급기야 베르크의 〈알텐베르크 가곡집〉에서는 공연 기획자가 관객의 얼굴을 때리는 폭행 사태까지 일어났다. 희가극 작곡가 오스카 슈트라우스는 역설적으로 이 폭행이 "이날 저녁의 가장 조화로운 소리였다"고 회고했다. 훗날 이날 음악회에는 '스캔들 콘서트'라는 이름이 붙었다.

일련의 사건들 때문에 스트라빈스키와 쇤베르크는 데뷔 초기부터 '현대음악의 혁명가들'로 불렸다. 하지만 이들에게는 공통점만큼이나 차이점도 많았다. 우선 스트라빈스키가 화려한 스타 체질이었다면, 쇤베르크는 고독한 선지자의 운명이었다. 또한 스트라빈스키는 말년에 제자이자 비서가 된 로버트 크래프트를 제외하면 평생 제자를 둔 적이 없었다. 반면 쇤베르크는 베르크와 베베른은 물론, 자신의 음악적 노선에 의문을 품었던 한스 아이슬러까지 '쇤베르크 사단'의 정신적 지주였다. 마지막으로 스트라빈스키는 초기부터 불협화음을 쓸 때조차 두 개의 협화음을 겹치는 영민한 전략을 사용했다. 불쾌하고 거슬린다는 느낌을 줄 적에도 그

속에는 귀를 매혹시키는 요소들이 숨어 있었던 것이다. 반면 쉰베르크에게는 화성의 공식을 근본부터 무너뜨리는 발상의 전환이 언제나 중요했다.

따라서 이들 사이의 분화와 균열은 불가피했다. 20세기 초엽 스트라빈스키의 원시주의와 쉰베르크의 무조음악 사이의 거리는 멀지 않아 보였다. 하지만 스트라빈스키가 신고전주의로 '우회전'하고 쉰베르크는 12음 기법으로 '좌회전' 하면서 서로 반대 방향으로 달리기 시작했다. 미국 망명 시절에도 이들은 만나지 않은 것으로 전해진다. 하지만 쉰베르크가 먼저 세상을 떠난 뒤 스트라빈스키는 라이벌의 12음 기법까지 받아들이는 음악적 유연성을 보였다. 이를테면 20세기 초중반의 현대음악사는 이들의 관계를 통해서도 재구성할 수 있다.

현대음악의 제3지대

그렇다면 쉰베르크와 스트라빈스키의 거대한 양대 산맥 사이에서 현대음악의 '제3지대'는 과연 가능했을까. 얼핏 불가능하게 보이는 틈새를 집요하게 파고들었던 작곡가들이 드뷔시와 그 이후의 프랑스 작곡가들이었다. 흔히 인상주의라는 용어로 드뷔시의 작품 세계를 분류하지만, 실은 엄밀하게 말하면 드뷔시의 음악은 바그너와의 치열한 대결 의식 속에서 탄생했다고 보는 편이 정확할 것이다.

19세기 후반 유럽 전역을 휩쓸었던 바그너 열풍 속에서 청년 시절 드뷔시 역시 자유롭지 않았다. 1888~1889년 바그너의 성지인 바이로이트 페스티벌을 직접 참관하기도 했다. 하지만 이 바그너 순례는 역설적으로 드뷔시가 바그너의 영향력에서 벗어나기 위해 몸부림치는 계기가 됐다. "아름다운 석양을 바라보면서 일몰이 아니라 일출로 착각할 수 있듯이 한 시대의 종말을 고하는 작품이 새로운 시대의 서광처럼 보일 수도 있다"는 드뷔시의 말도 이런 맥락에서 나왔다. 드뷔시의 눈에 비친 바그너의 음악은 '일출로 착각할 수 있는 일몰'이었던 것이다.

그 뒤 드뷔시가 10년간 매달렸던 오페라 〈펠레아스와 멜리장드〉는 바그너의 〈트리스탄과 이졸데〉에 대한 음악적 응답이었다. 이루어질 수 없는 사랑이라는 같은 주제를 공유하면서도, 음악적 스타일이라는 점에서는 정반대의 성격을 보여준 것이다. 바그너의 오페라에서 남녀 주인공들은 자신의 감정을 단 한 번도 숨기지 않고 모두 표출한다. 반면 드뷔시의 오페라에서는 진정 이들이 사랑하기는 했는지도 때로는 가물가물하다. 마찬가지로 음악 역시 바그너는 후기 낭만주의의 물결이 넘실거린다면, 오히려 드뷔시는 대사 전달을 위해 음악을 지극히 절제하는 편에 가깝다. "나는 최소한의 멜로디도 담지 않은 단조로운 낭송조를 구현했다는 질책을 받았다"는 작곡가의 회고는 실은 의도된 것이기도 했다. 결국 바그너의 계승과 단절이야말로 19~20세기 음악사의 또 다른 핵심 쟁점이었던 것이다.

히틀러와 스탈린

　　1910~1920년대의 현대음악을 상징하는 두 인물이 스트라빈스키와 쇤베르크였다면, 1930~1940년대는 슬프게도 히틀러와 스탈린이었다. 얼핏 좌우 양 진영의 극단을 대표하는 것 같지만 극과 극은 통하는 법이라고 둘은 묘하게도 공통점이 적지 않았다. 무엇보다 이들은 1939년 8월 23일 악명 높은 '독소獨蘇 불가침 조약'의 장본인들이었다. 이 때문에 불과 9일 뒤인 9월 1일 히틀러는 폴란드를 침공할 수 있었고, 결국 2차 세계대전의 도화선이 됐다. 스탈린은 2차 세계대전 종전의 영웅이기도 했지만, 실은 개전의 방조범이자 공범이었던 것이다.

　　이들은 정치가 예술을 짓누르고 심지어 질식시킬 수 있다고 믿었다는 점에서도 닮은 꼴이었다. 1917년 러시아 혁명 직후 레닌 집권 시절에 정치적 급진성과 예술적 실험성이 동의어였다면, 스탈린 시절의 예술은 정치를 위해 봉사하는 종속적 관계로 추락하고 말았다. 이를 위한 명분이 바로 '사회주의적 리얼리즘'이었다. 예술이 사회 현실을 떠날 수 없다는 현실주의가 사회주의 건설을 위한 도구가 될 수 있다는 '사회주의적 리얼리즘'은 '소리 없는 아우성'처럼 지독한 형용모순이었다. 프로코피예프와 쇼스타코비치는 누구보다 일찍 그 모순을 직감했고, 누구보다 깊이 좌절했던 작곡가들이었다. 다만 레닌과 스탈린 시기의 차이를 깨닫지 못한 채 소련이라는 호랑이굴로 자발적으로 걸어 들어간 프로코피예프가 천진난만한 '소련의 모차르트'였다면, 태어난 이후 단 한 번도 소련을 벗어날 생각조차 할 수 없었던 쇼스타코비치는 '소련의 베토벤'과도 같았다.

반면 1933년 히틀러 집권 이후 유럽 대륙에서는 좌파 지식인과 유대인 예술가들의 대대적인 탈주가 이어졌다. 극작가 베르톨트 브레히트가 전자였다면, 파리를 거쳐서 미국으로 향했던 쇤베르크는 후자의 경우였다. 쇤베르크의 제자이자 브레히트의 동료였던 작곡가 한스 아이슬러는 두 경우에 모두 해당했다. 반면 좌파도 유대인도 아니었지만 양심을 속이거나 타협할 수 없었던 예술가들도 이 대열에 합류했다. 확고한 반나치주의자였던 헝가리 작곡가 벨러 버르토크와 나치의 핍박을 받았던 독일 작곡가 파울 힌데미트 등이 대표적이다. 오늘날 용어로는 '디아스포라'이자 대규모 인력 유출이기도 했다. 그런 의미에서도 2차 세계대전은 20세기 현대음악의 역사에서 결정적 분기점이었다.

구대륙 유럽과 신대륙 미국

1945년 이후 현대음악의 지형도는 유럽 구대륙과 미국 신대륙으로 크게 양분됐다. 폐허가 된 유럽 대륙에서 현대음악을 재건하고자 했던 젊은 작곡가들의 집결지가 독일 다름슈타트였다. 정식 명칭은 '다름슈타트 국제 하계 현대음악 강좌'이지만 '다름슈타트 현대음악제'로 통칭하기도 한다.

독일의 카를하인츠 슈톡하우젠, 프랑스의 피에르 불레

즈, 이탈리아의 루이지 노노 등 다름슈타트에 모인 젊은 작곡가 세대의 문제의식은 거칠게 말해서 쇤베르크의 방법론으로 쇤베르크를 넘어서는 것이었다. 기존의 음높이에만 적용됐던 12음 기법의 방법론을 강약과 길이, 리듬 같은 사실상 음의 모든 요소에 적용하고자 했던 것이다. 선배 쇤베르크 세대의 음렬주의音列主義를 확대 적용했다는 의미에서 총렬주의總列主義나 전음렬주의全音列主義로도 불린다. 이쯤이면 자연스럽게 '청출어람靑出於藍'이라는 말이 떠오르지만, 반대로 음악의 수학화이자 합리성에 대한 강박관념이라고 비판할 여지도 충분했다.

반면 유럽 클래식 음악의 전통에서 상대적으로 자유로웠던 미국에서는 백화제방이라고 해도 좋을 만큼 다양한 현대음악의 조류가 만개했다. 우선 에런 코플런드에서 레너드 번스타인으로 이어지는 철저하게 미국적이고 대중적인 흐름이 있었다. 이들은 1930~1940년대 프랭클린 루스벨트 대통령 시절에는 좌파 인민주의에 경도됐지만, 1945년 종전 이후 냉전의 시대가 도래하면서 매카시즘의 과녁이 되기도 했다.

코플런드와 번스타인의 반대편에는 존 케이지부터 엘리엇 카터로 이어지는 실험적이고 엘리트적인 조류가 존재했다. 존 케이지는 침묵과 소음, 우연성 같은 화두를 들고 유럽 대륙으로 건너가 슈톡하우젠과 불레즈 등과 영향을 주고받았다. 이처럼 2차 세계대전 이후 유럽과 미국은 음악에서도 더 이상 일방적 관계가 아니라 실시간으로 문제의식을 공유하는 대등한 관계로 발전했다. 가장 극단적이고 실험적으로 보이는 케이지는 실은 그 상징과도 같은 작곡가였다.

1960년대에 접어들면서 필립 글래스와 스티브 라이시로 대표되는 미니멀리즘이 급부상했다. 미니멀리즘은 여러모로 유럽의 아방가르드와 대척점에 있었다. 전후 유럽 세대가 무조와 12음 기법을 넘어서 총렬주의로 치닫고 있을 때 미니멀리즘은 슬그머니 조성 음악으로 복귀했다. 유럽 현대음악에서는 반복이 금기어로 간주됐다면, 미국의 미니멀리즘은 도무지 끝날 것 같지 않은 반복을 통해서 몽환적이고 매력적인 분위기를 자아냈다. 이런 미니멀리즘 특유의 매력은 힙합과 전자 댄스음악EDM까지 대중음악에도 지대한 영향을 미쳤다. 유럽 현대음악이 폐쇄적인 엘리트 예술이라는 혐의에서 자유롭지 않았다면, 미국 미니멀리즘은 대중문화와도 스스럼없이 뒤섞였다.

20세기 후반에 이르면 현대음악 역시 성별과 지역, 인종까지 다양성이 화두로 떠올랐다. 유럽 백인 남성 중심의 작곡가 연구에서 탈피해서 여성이나 유색인종 작곡가와 연주자에 대한 재평가 작업이 활발하게 일어났다. 지역적으로도 유럽과 미국뿐 아니라 남미와 아시아, 아프리카 음악까지 '지역 균형 발전'에 대한 관심이 더욱 커졌다. 현대음악의 역사 역시 현대사 일반과 크게 다르지 않은 것이다. 그렇기에 이 모든 이야기는 지금 살고 있는 우리의 이야기이기도 하다.

　현대음악이 까다로운 건 알쏭달쏭한 명칭 때문이기도 하다. 실은 단어 자체에도 두 가지 의미가 숨어 있다. 일반적으로는 스트라빈스키와 쇤베르크 이후의 20세기 음악 modern music을 통칭하는 용어다. 하지만 우리가 살고 있는 당대 음악contemporary music을 의미하는 말이기도 하다.

　공교롭게도 쇤베르크의 '실내 교향곡 1번'과 스트라빈스키의 〈봄의 제전〉이 빈과 파리에서 충격과 혼란 속에 초연된 것이 모두 1913년의 일이다. 길게 보면 현대음악이 한 세기 이상의 역사를 포괄하기 때문에 혼란을 부채질하는 것이다. 문화사학자 피터 게이는 『모더니즘』의 마지막 구절에서 현대음악의 오랜 수명에 대해 이렇게 낙관적으로 서술했다. "적어도 모더니즘이 너무도 아름답고 늘 참신한 작품들을 120년 동안 문화 시장에 내놓고 있으며 혼란과 놀라움, 기

뺌을 선사하고 있는 것은 확실하다.” 적어도 음악 분야에서
는 현대음악이라는 용어를 대체할 만한 서로운 사조가 아직
등장하지 않았다는 의미로 풀이할 수 있다.

　이런 혼란 때문에 20~21세기의 현대음악을 크게 두 시
기로 구분하기도 한다. 국내에도 출간된『현대음악사Modern
Music』와 아직 번역되지 않은『현대음악과 그 이후Modern
Music and After』등 두 권으로 나눠서 현대음악사를 서술한 영
국 음악 평론가 폴 그리피스가 대표적이다. 그 분기점에 해
당하는 해는 역시 2차 세계대전이 끝난 1945년이다. 독일의
카를하인츠 슈톡하우젠, 프랑스의 피에르 불레즈, 이탈리아
의 루이지 노노, 미국의 존 케이지 같은 신성들이 이 시기에
우후죽순으로 등장한 것도 결코 우연이 아니다. 구대륙 유
럽에서 신대륙 미국으로 주도권이 넘어가고, 전통적인 아날
로그 중심에서 벗어나 전자음악이 전면에 등장하며, 이른바
고급문화가 대중문화에 포위당한 시기이기도 하다.

　흔히 유럽 현대음악 전문 단체의 양대 산맥으로 프랑스
의 ‘앙상블 앵테르콩탕포랭Ensemble Intercontemporain’과 독일
의 ‘앙상블 모데른Ensemble Modern’을 꼽는다. 이들의 연주 곡
목을 살펴보면 철저하게 당대 음악을 지향한다는 것을 알
수 있다. 지금 우리 곁에서 활동하는 생존 작곡가들의 신작
을 소개하는 것을 우선적인 책무로 여기는 것이다. 프랑스
작곡가이자 지휘자 피에르 불레즈가 1976년 창단한 앙상블
앵테르콩탕포랭은 이름에도 ‘당대contemporain’라는 단어가

숨어 있다. 20세기부터 지금 현재의 사이Inter에 있는 작품들을 소개한다는 취지다.

하지만 두 단체는 관객들이 지나치게 당황하거나 놀라지 않도록 스트라빈스키와 쇤베르크의 현대적 고전들을 적절하게 안배하는 방식으로 음악회를 구성한다. 어찌 보면 20세기 초반 작품들이 이들의 음악적 출발점인 셈이다. 대부분의 오케스트라들이 20~21세기 현대음악과 그 이전의 고전·낭만주의 작품들을 함께 연주하는 방식과는 사뭇 대조적이다. 그렇기에 혹시라도 현대음악 전문 단체의 연주회에 갈 일이 생긴다면 입장하기 전에 우선 레퍼토리를 꼼꼼하게 살피는 편이 좋다. 그동안 우리가 종착점이라고 여겼던 작품들이 거꾸로 출발점이 되는 '음악적 물구나무서기'의 놀라운 경험을 하게 될지도 모른다.

그리움은 죽이시고, 상처를 싸개소서,
사랑을 내게서 거두시고, 대신 행복을 즈소서

슈테판 게오르게 「연도가Litanei」 중에서
쇤베르크 현악 사중주 2번 3악장

Stravinsky and Schoenberg

스트라빈스키와 쇤베르크

〈봄의 제전〉을 즐기는 일곱 가지 방법

이고르 스트라빈스키 〈봄의 제전〉

"20세기 음악사에서 가장 중요한 순간을 하나만 선택한다면?"

『음악의 첫날밤』에서 음악학자인 토머스 프리스트 켈리 하버드대 교수는 이런 질문을 던진다. 물론 정답을 알면서도 던지는 일종의 자문자답이다. 그가 "가장 소란스러우면서도 과소평가된 순간 중의 하나"로 꼽는 날은 1913년 5월 29일이다. 이날 파리 샹젤리제 극장에서 스트라빈스키의 발레 〈봄의 제전〉이 초연됐다. 당시 작품의 원시성과 급진성에 놀란 반대자와 지지자들이 야유와 욕설, 비명과 환호를 쏟아내는 바람에 급기야 경찰이 출동하는 소동으로 번졌다. 여기까지는 모든 현대음악 교과서의 첫 장에 등장하는 대목이다.

하지만 간혹 신화는 작품에 대한 온전한 이해를 가로막는 역설을 초래한다. 어떤 작품이든 평가는 초연 당일로 완결되는 것이 아니라 생명과 마찬가지로 서서히 생로병사의 과정을 밟기 때문이다. 〈봄의 제전〉 역시 한 세기 동안 시간의 담금질을 견디면서 급진적 문제작에서 현대의 고전으로 거듭난 경우에 해당한다. 문화사학자 피터 게이의 말처럼 "이단의 분위기를 풍기던 모더니즘 작품이 결국 고전으로 불리게 되었다는 것은 명백한 자기모순이지만 엄연한 역사적 사실인 것"이다.

이런 변화는 초연 이후에도 발레와 관현악, 애니메이션과 청소년 교육 등 다양한 방식으로 작품을 연주하며 생명력을 불어넣었던 후세 음악인들의 숨은 노력이 있었다는 걸 의미한다. 망각의 강을 무사히 건넌 작품을 고전이라고 부른다면, 〈봄의 제전〉을 재해석한 이들이야말로 고전의 든든한 길잡이들일지도 모른다.

1. 발레리 게르기예프의 러시아 발레

물론 〈봄의 제전〉은 러시아산産이다. 기존 낭만주의 발레와는 다른 원시적이고 야만적인 특징은 초연 이전부터 두드러졌다. 당시 지휘를 맡았던 피에르 몽퇴의 회고를 보면 지휘자와 연주자들도 공연 이전부터 소동의 조짐을 느꼈던 것 같다. 몽퇴는 1912년 몬테카를로에서 스트라빈스키의 피아노 연주로 〈봄의 제전〉을 듣고서 이렇게 고백했다. "내 유일한 소원은 그 방에서 달아나서 어디 조용한 구석에서 지끈거리는 내 머리를 좀 쉬게 해주는 것이었다." 하지만 댜길레프는 이렇게 달렸다고 한다. "이건 진정 음악에 혁명을 몰고 올 걸작이고, 자네를 유명하게 만들어줄 거야. 자네가 지휘를 할 거니까." 결과적으로 몽퇴의 염려와 댜길레프의 확신 모두 들어맞은 셈이 됐다.

하지만 지금 시점에서 돌아보면 초연 당시의 소동은 다소 역설적인 구석이 있다. 혁명적으로만 보였던 〈봄의 제전〉은 실은 러시아와 동유럽의 슬라브 음악 전통에 충실한 작품이기 때문이다. 당장 도입부의 유명한 바순 독주부터 리투아니아 민요에서 가져온 것이다. 러시아 선배 작곡가 무소륵스키의 미완성 유작 오페라 〈소로친치의 장터〉에서도 같은 바순 선율이 잠시 모습을 내비친다. 스트라빈스키는 훗날 "이 작품들이 원주민의 민속음악처럼 들린다면, 내 창작력이 일부 무의식적인 '민속적' 기억들을 건드렸기 때문일 것"이라고 눙치고 넘어가려고 했지만, 사실은 정반대에 가까웠다.

특히 1980~1990년대 미국 음악학자 리처드 타루스킨 (1945~2022)의 연구를 통해서 〈봄의 제전〉에 대한 새로운 사실이 속속 드러났다. 폴란드 가톨릭 신부 안톤 유슈키에비치 Anton Juszkiewicz가 남긴 리투아니아 민요집어서 스트라빈스키가 작품 주제를 광범위하게 차용했다는 사실이 밝혀진 것이다. 스트라빈스키의 음악적 차용은 중기 신고전주의가 아니라 이미 초기 러시아 원시주의부터 두드러진 방법론이었던 셈이다. 어쩌면 동시대 작곡가 벨러 버르토크의 비판이 핵심을 찌른 것일지도 모른다. "스트라빈스키는 주제의 출처를 밝힌 적이 없었다. 제목이나 각주를 통해서도 자신의 테마가 창작인지 민속음악에서 차용한 것인지 언급하지 않았다."

　20세기 초반의 발레들은 안무와 관련된 자료가 부족해서 무대에 다시 올리기 쉽지 않았다. 하지만 미국 안무가 밀리슨트 허드슨과 영국 역사가 케네스 아처 부부는 초연 당시 대본과 사진, 스케치 등을 바탕으로 이 작품들의 재구성 작업을 벌여서 '무용계의 탐정들dance detectives'로 불린다. 〈봄의 제전〉 역시 18년간의 자료 수집과 연구 끝에 1987년 미국 조프리 발레단에서 초연했다. 2008년 러시아 마린스키 극장에서도 이 복원판을 무대에 올렸고 영상물로도 남겼다. 당시 지휘를 맡은 발레리 게르기예프는 "스트라빈스키가 작곡한 모든 작품에는 모국의 흔적이 남아 있다"면서 철저하게 러시아적 관점에서 작품을 해석한다.

2. 피에르 불레즈의 프랑스 관현악

　하지만 〈봄의 제전〉이 '러시아산'이라는 말은 사실 절반만 들어맞는 말이다. 이 작품이 초연된 1913년 샹젤리제 극장이라는 시대적 맥락을 빼놓았기 때문이다. 〈봄의 제전〉은 탄생부터 러시아와 프랑스의 문화적 융합이 낳은 산물이다. 피터 게이는 "모더니즘의 반동이 전염되어 퍼져나가기 시작한 장소는 파리였던 경우가 많다. 하지만 프랑스인들, 파리 사람들이 생각하는 것만큼 많지는 않았다"고 설명했다. 전 세계 예술가들이 온갖 장르에서 다채로운 실험을 벌였던 문화적 용광로가 파리였다는 의미다. 그 전형적 사례가 바로 스트라빈스키의 〈봄의 제전〉이었다.

샹젤리제 극장이 있는 몽테뉴가는 파리에서도 가장 우아하고 사치스러운 지역이다. 지금도 루이뷔통과 샤넬 등 명품 매장이 밀집한 거리다. 댜길레프의 공연 홍보 문구를 보면, 당시 주최 측도 지역적 특성을 알고 있었던 것 같다. "샹젤리제 구역은 도시의 우아함의 중심이 될 수밖에 없다. 그 우아함의 최전선에 있는 것이 현대 생활의 예술적 취향과 본능에 부응하는 극장이다."

초연 당일 샹젤리제 극장에는 파리의 유명 인사들이 모두 집결했다. 5월 말이었는데도 이미 섭씨 30도 가까이 기온이 치솟았다. 때 이른 무더위였다. 시인이자 극작가 장 콕토의 구분에 따르면, 〈봄의 제전〉 초연 당시의 소동은 낭만적 발레를 기대했던 부유한 '부르주아'와 새로운 혁신을 환영한 '보헤미안' 관객들의 문화적 차이가 낳은 일종의 '코드 충돌'이었다. 결과적으로 폭발에 필요한 조건이 모두 갖춰진 셈이었다.

스트라빈스키 못지않게 현대음악에 대해서 많은 글을 남긴 후배 작곡가이자 지휘자가 피에르 불레즈(1925~2016)다. 불레즈에게 〈봄의 제전〉은 무엇보다 "현대음악의 초석"과도 같은 작품이었다. 불레즈는 이 작품을 입체주의의 탄생을 알린 1907년 피카소의 유화 「아비뇽의 여인들」에 비유했다. 두 작품은 "우선 논쟁을 낳았고, 그다음에는 찬사를 불러일으켰으며, 마지막에는 필수적인 개념화가 뒤따랐다는 점"에서 닮은꼴이며 "현대음악과 미술의 출생증명서를 찾는 사람들에게 기준점 역할을 했다"는 설명이다. 게르기예프가 언제나 러시아적 전통을 강조한다면, 불레즈는 스트라빈스커의 작품에 내재한 현대적 면모를 날카롭게 부각시킨다.

3. 레너드 번스타인의 하버드대 강연

20세기 음악사를 대표하는 두 작곡가는 물론 쉰베르크와 스트라빈스키다. 먼저 화려한 조명을 받았던 쪽은 스트라빈스키였다. 하지만 곧바로 전세는 역전됐다. 역설적으로 20세기는 스트라빈스키의 리듬보다는 쉰베르크의 조성이 더욱 중요한 화두였던 시기였다. 물론 '조성'보다는 '조성 붕괴'가 정확한 표현이겠지만 말이다.

현대음악의 기울어진 운동장에서 용기 있게 스트라빈스키의 편을 들고 나섰던 후배 음악인이 레너드 번스타인이었다. 그는 1973년 모교 하버드대의 '노튼 강좌'에서 여섯 차례 강연을 한 뒤『대답하지 않은 질문Unanswered Question』이라는 책을 펴냈다. 제목은 작곡가 찰스 아이브스의 곡명에서 따온 것이다.

'대지의 시The Poetry of Earth'라는 제목의 마지막 여섯 번째 강의에서 번스타인은 스트라빈스키의 작품이 지니고 있는 모순적 매력을 명쾌하게 설명한다. "원시성을 지닌 현대, 틀린 음표를 지닌 조성, 하나의 화음이 다른 화음과 싸우고, 리듬이 리듬과 부딪치며, 비대칭적 모순, 연미복과 타이를 말끔하게 차려입고 길거리의 속어를 구사하고, 현대적 스타일로 가득한 고전적 형식 등 짝을 잘못 지은 듯한 음악적 불일치"야말로 스트라빈스키 음악의 매력이라는 설명이었다.

번스타인이 현대음악의 격전지에 뛰어든 이유가 있었다. 20세기 음악이 조성적 질서의 붕괴를 넘어 점차 극단으로 치닫는 양상을 지켜보면서 반론을 펼쳐야 할 필요를 절감한 것이다. 이 강좌의 유명한 마지막 강에서 번스타인은 이렇게 단언한다. "나는 믿는다. 대지에서 솟아나는 음악적 시는 본질적으로 조성적일 것이라고." 어쩌면 선배 스트라빈스키가 베르디의 편에서 바그너 쪽으로 '기울어진 축'을 바로잡고자 했던 것처럼, 후배 번스타인은 스트라빈스키를 통해서 현대음악의 균형을 되찾고 싶었을지도 모른다.

번스타인은 1947년 보스턴 심포니에서 〈봄의 제전〉을 처음 지휘한 뒤 스트라빈스키의 작품을 즐겨 연주했다. "야만적인 불협화음에도 지극히 조성적"이라는 것이 이 작품에 대한 그의 평가였다. 이는 쇤베르크의 대변인을 자처했던 철학자 테오도어 아도르노에 대한 음악적 답변이기도 했다. 독일 중심적 음악관에 맞선 미국의 번스타인과 러시아 스트라빈스키의 '연합군'이라는 점에서는 20세기 현대시와도 묘하게 닮은 구석이 있다.

4. 바렌보임과 아르헤리치의 피아노 이중주

19세기 후반부터 러시아와 동유럽에서는 극심한 유대인 핍박이 일어났다. 러시아어로 '박해'를 뜻하는 포그롬Pogrom은 유대인 탄압을 의미하는 일반명사가 되기에 이르렀다. 당시 수많은 유대인들이 핍박을 피해 대서양을 건너가 남미 아르헨티나에 정착했다.

빈에서 건너온 유대인 사업가이자 아마추어 바이올리니스트였던 에른스트 로젠탈의 부에노스아이레스 자택에서는 매주 금요일 밤마다 실내악 음악회가 열렸다. 아르투르 루빈스타인 같은 유명 피아니스트들도 남미 공연이 있을 때마다 빠지지 않고 들르는 명소였다. 1949년 이 집에서 열린 음악회에 부모의 손을 잡고 나온 당시 일곱 살 소년이 훗날 피아니스트이자 지휘자 다니엘 바렌보임이었다.

그런데 이 집을 찾아온 신동은 한 명이 아니었다. 바렌보임보다 한 살 연상의 소녀 마르타 아르헤리치 역시 여기서 쇼팽의 연습곡을 연주했다. 아르헤리치의 외가도 유대계다. 둘은 피아노 솜씨를 뽐냈지만, 연주가 끝나면 어김없이 테이블 아래에서 술래잡기를 하면서 놀았다.

피아노 교사인 부모 밑에서 자란 바렌보임이 어릴 적부터 무대 체질이었다면, 아르헤리치는 전문 연주자가 된 뒤에도 종종 무대 공포증을 호소했다. 바렌보임이 고전부터 현대까지 폭넓은 레퍼토리를 자랑했다면, 아르헤리치는 모든 피아니스트들이 떠받드는 베토벤의 소나타와 협주곡조차 가려서 칠만큼 선곡 기준이 까다로웠다. 하지만 우정 앞에서 이런 차이는 그야말로 소소했다. 바렌보임이 파리 오케스트라를 이끌었던 1980년대 이들은 지휘자와 독주자로 협연했을 뿐 아니라,

피아노 이중주를 펼치기도 했다.

모처럼 그 추억을 되살린 연주회가 2014년 4월 베를린에서 열렸다. 당시 2부 연주곡이 피아노 두 대를 위한 〈봄의 제전〉이었다. 스트라빈스키도 작품 초연 이전인 1912년 드뷔시와 함께 피아노로 이 곡을 연주한 적이 있었다. 훗날 드뷔시는 스트라빈스키에게 보낸 편지에서 "아름다운 악몽처럼 나를 사로잡고 있어서 그 무시무시한 인상을 다시 떠올리려 해보지만 허사"라고 고백했다.

아르헤리치가 피아노로 이 곡을 연주한 건 이때가 처음이었다. 바렌보임은 "오케스트라로 연주할 때에도 음정이나 리듬에서 불완전한 대목이 생기고 누군가는 실수하게 마련인데, 마르타는 처음 연주하는데도 실수 없이 완벽하게 해내서 깜짝 놀랐다"고 했다. 60여 년 전의 꼬마들은 훗날 세계 최고의 무대에서 나란히 앉아서 연주할 것이라고 상상했을까.

5. 애니메이션 「판타지아Fantasia」

1937년 영화 「오케스트라의 소녀One Hundred Men and a Girl」에 출연했던 지휘자 레오폴드 스토코프스키(1882~1977)는 20세기 미디어가 낳은 스타 지휘자였다. 지휘봉을 사용하지 않고 맨손으로 지휘하는 독특한 동작부터 여배우 그레타 가르보와의 염문까지 그의 일거수일투족이 관심의 대상이었다.

하지만 그는 당대 어떤 지휘자보다 현대음악에 관심을 기울였던 진지한 음악인이기도 했다. 찰스 아이브스의 교향곡

4번, 에드가 바레즈의 〈아메리카〉, 쇤베르크의 바이올린 협주곡과 피아노 협주곡까지 난해한 작품도 마다하지 않고 세계 초연했다. 1930년 〈봄의 제전〉을 미국 초연한 지휘자도 스토코프스키였다. 어쩌면 그는 진지함과 가벼움의 두 얼굴을 지닌 야누스적 음악가였을지도 모른다.

1940년 스토코프스키와 월트 디즈니의 의기 투합으로 탄생한 애니메이션이 「판타지아」다. 당초 디즈니는 폴 뒤카의 교향시 〈마법사의 제자〉를 바탕으로 미키마우스가 등장하는 단편을 만들 생각이었다. 하지만 스토코프스키의 제안으로 연주곡이 하나둘씩 추가되면서 2시간 분량의 장편으로 규모가 커졌다. 〈봄의 제전〉의 애니메이션은 원작 발레와는 무관하게 지구의 탄생과 생명의 진화, 공룡의 멸종으로 과감하게 내용을 탈바꿈시켰다. 스트라빈스키는 스토코프스키가 편곡한 축약본 음악에 대해 "작품의 순서가 뒤죽박죽이 됐고 가장 까다로운 대목은 잘려나갔다"며 불쾌감을 드러냈다. 하지만 역설적으로 〈봄의 제전〉을 대중적으로 널리 알리는 데 가장 기여한 건 「판타지아」라고 해도 과언이 아니다.

6. 번스타인의 후계자 마이클 틸슨 토머스

20세기 미국 음악계를 이해하고자 할 때 빼놓을 수 없는 세 명의 음악가가 있다. 작곡가 에런 코플런드와 번스타인, 지휘자 마이클 틸슨 토머스다. 이들은 모두 미국에 정착한 러시아의 유대인 집안 출신이다. 번스타인은 하버드대 재학 시절인 1937년 뉴욕 음악회에서 코플런드의 옆자리에 앉은 것을 계기로 친분을 쌓았다. 그 뒤로 코플런드 작품의 지휘자이자 연주자, 해설자라는 '1인 3역'을 자청했다. 번스타인이 진행했던 뉴욕 필하모닉 '청소년 음악회'의 바통을 건네받은 후배 지휘자가 틸슨 토머스였다. 이렇듯 러시아에서 핍박받던 유대인 집안의 후손들이 미국 음악계의 주류로 변모하는 과정이 이채롭다.

스트라빈스키에 대한 애정도 이들을 묶어주는 공통분모다. 틸슨 토머스가 샌프란시스코 심포니 오케스트라의 음악 감독으로 취임한 뒤 야심 차게 시작한 영상 프로그램이 「키핑 스코어Keeping Score」다. '청소년 음악회'의 21세기 버전인 「키핑 스코어」에서 틸슨 토머스는 스트라빈스키가 유년 시절을 보냈던 러시아 상트페테르부르크와 〈봄의 제전〉이 초연된 파리 샹젤리제 극장을 누비면서 작곡가의 자취를 부지런히 뒤쫓는다. 그는 "한 세기 전에 베토벤의 〈영웅〉 교향곡이 그랬던 것처럼 〈봄의 제전〉은 음악을 재정의했다"고 설명한다.

7. 베를린 필의 청소년 음악 교육

베를린 필하모닉의 음악 교육 프로그램에는 '베를린 필의 미래Zukunft@Bphil'라는 이름이 붙어 있다. 2007년 이 교육 프로그램을 현장 취재한 적이 있다. 청소년들이 기타와 바이올린, 탬버린 같은 악기와 랩을 통해서 다소 서툴더라도 공동의 성과물을 만드는 과정이 이 프로그램의 핵심이었다. 이들의 창작물은 베를린 필의 연주회가 열리기 전에 관객들 앞에서 실제 연주됐다. 세계 정상의 교향악단이 엘리트주의를 벗어던지고 클래식 음악의 미래를 향해 손짓을 보내기 시작한 것이다. 이런 과감한 혁신은 "음악은 단지 부유한 기업인 가족을 위한 것만은 아니다. 만약 내게 믿음이 있다면 음악은 모든 사람을 위해 존재한다는 점"이라는 당시 지휘자 사이먼 래틀의 신념 덕분이기도 했다.

2002년 래틀이 베를린 필의 상임 지휘자로 취임할 당시 내걸었던 화두가 디지털 중계와 음악 교육이었다. 베를린 필 하모니 홀에 고화질 영상 카메라를 설치해서 베를린 필의 연주를 실시간으로 중계하는 '디지털 콘서트홀'을 시작했고, '베를린 필의 미래'를 과감하게 추진했다.

이런 혁신이 낳은 결과물이 다큐멘터리 「리듬 이즈 잇 Rhythm Is It!」이다. 2003년 피부색과 출신 국가, 나이와 성별도 다른 25개국 출신의 청소년 250여 명이 베를린 필의 연주에 맞춰 〈봄의 제전〉을 무용으로 표현하기까지 과정을 담았다. 이혼 가정에서 자란 마리, 나이지리아 내전 때문에 고아 처지가 된 올라인카, 무용에 재능을 지니고 있지만 매사에 자신이 없고 좀처럼 웃지 않던 마르틴 등 다양한 10대 청소년들이 공연을 위해 한자리에 모인다. 이들이 가장 먼저 배우는 건 웃거나 떠들지 않고 침묵을 지키는 법이다. 불안과 긴장감을 떨어내기 위해서는 무엇보다 혼자 서는 법부터 익혀야 한다.

처음에는 공연을 제대로 해낼 수 있을지 반신반의하던 아이들이 5주간의 연습을 거치면서 조금씩 변화하는 모습이 카메라에도 그대로 담겼다. 여기엔 무용과 음악이 세상에 도움을 줄 수 있다는 낙관적이고 이상주의적인 믿음이 깔려 있다. 래틀의 말처럼 예술이 사치재가 아니라 숨 쉬는 공기와 마시는 물처럼 필수적이라는 걸 일러주는 영상이다. 이런 과정들을 통해서 어제의 문제작은 오늘의 고전이 되고, 내일의 예술을 위한 든든한 발판이 되는 것일지도 모른다.

필자가 추천하는 음반과 영상

Igor Stravinsky 〈Le Sacre du Printemps〉

• 지휘 발레리 게르기예프, 마린스키 극장 오케스트라(데카·CD, 벨에르·DVD)
Valery Gergiev/Mariinsky Orchestra/Decca, BelAir

• 지휘 피에르 불레즈, 클리블랜드 오케스트라(소니 클래시컬, CD)
Pierre Boulez/Cleveland Orchestra/Sony Classical

• 지휘 피에르 불레즈, 런던 심포니 오케스트라(스펙트럼, DVD)
Pierre Boulez/London Symphony Orchestra/Spectrum

• 지휘 레너드 번스타인, 런던 심포니 오케스트라(소니 클래시컬·CD, ICA 클래식스·DVD)
Leonard Bernstein/London Symphony Orchestra/Sony Classical, ICA Classics

• 피아노 다니엘 바렌보임, 마르타 아르헤리치(도이치 그라모폰, CD, DVD)
Daniel Barenboim, Martha Argerich/Deutsche Grammophon

• 디즈니 애니메이션 「판타지아」(월트 디즈니 스튜디오 모션 픽쳐스, DVD)
Disney Animation Fantasia/Walt Disney Studios Motion Pictures

• 「키핑 스코어」, 지휘 마이클 틸슨 토머스, 샌프란시스코 심포니 오케스트라(SFS 미디어, DVD)
Keeping Score/Michael Tilson Thomas/San Francisco Symphony Orchestra/SFS Media

• 「리듬 이즈 잇!」, 지휘 사이먼 래틀, 베를린 필하모닉 오케스트라(붐타운미디어, DVD)
Rhythm Is It!/Simon Rattle/Berlin Philharmonic Orchestra/Boomtown Media

댜길레프와 스트라빈스키

작곡가 스트라빈스키의 삶에서 빼놓을 수 없는 딱 한 사람이 있다면 그를 발탁한 러시아 공연 기획자 세르게이 댜길레프(1872~1929)일 것이다. 요즘 말로 댜길레프는 주변의 관심을 받고 싶어 하는 욕구가 넘치는 '관종(관심 종자)'에 가까웠다. "우선 저는 대단히 재주 있는 허풍쟁이고요. 다음으로 매력이 넘치며 셋째로 강심장이지요. 넷째로 논리는 좋지만 원칙은 부족하고, 다섯째로 재능은 없는 것 같아요. 하지만 제가 할 일을 찾았으니 바로 예술 후원자입니다. 돈 말고는 모든 게 있지만 어쨌든 잘되겠지요." 어릴 적 그를 보살펴준 양모에게 보낸 편지에서도 두둑한 뱃심을 엿볼 수 있다.

그는 1906년 파리에서 러시아 미술 전시회로 성공을 거두자 오페라와 발레로 눈을 돌렸다. 러시아 정상급 베이스인 표도르 샬랴핀이 주역을 맡은 무소륵스키의 오페라 〈보리스

고두노프)를 파리에 소개한 뒤 곧바로 '러시아 발레단Ballets Russes'을 창단했다. 연인이 되는 전설적 무용수 바츨라프 니진스키를 영입했고, 작곡가 드뷔시와 모리스 라벨, 프로코피예프 등에게 동시다발적으로 작품을 의뢰했다. 이렇게 탄생한 발레 작품의 초연은 지휘자 피에르 몽퇴에게 맡겼다. "나는 위대한 사상을 전파하는 자로 성공할 거야. 내 주위에는 추종자들이 모여들 테고, 성공은 내 몫이 될 거야." 댜길레프의 자신만만한 예언 그대로였다.

특히 1909년 파리 시즌을 위해서 러시아에서 초청한 오페라와 발레 단원만 250여 명, 오케스트라도 80여 명에 이르렀다. 한 세기 뒤인 지금 기준에서 봐도 엄청난 규모다. 당시 지출이 수입을 8만 6000프랑이나 초과하는 바람에 파산 위기에 내몰렸지만, 배짱 가득한 댜길레프는 발 빠르게 다음 시즌을 준비하기 위해 러시아로 향했다. 물론 이듬해에는 오케스트라는 부르지 않았고 오페라 예산도 절감해서 흑자 전환에 성공했다.

댜길레프는 남다른 경쟁력이 있었다. 무용과 음악뿐 아니라 무대와 의상까지 당대 최고의 예술가들을 발탁하는 '인재 발굴 능력'이었다. 시기마다 참여 인원은 달라졌지만 피카소와 앙리 마티스(무대 미술), 장 콕토(대본), 코코 샤넬(의상) 등이 대표적이다. 이를 통해서 발레를 종합 예술로 끌어올린 것이야말로 댜길레프의 예술적 혁신으로 꼽힌다. 샤넬은 "댜길레프는 부랑자가 길가에서 담배꽁초를 찾아다니는 것처럼 천재를 찾아다녔다"고 회고했다.

드뷔시와 라벨, 에릭 사티 같은 작곡가뿐 아니라 피카소와 코코 샤넬, 니진스키와 장 콕토까지 모든 예술 분야를 망라했던 화려한 '댜길레프 사단'의 막내 작곡가가 바로 스트라빈스키였다. 1909년 상트페테르부르크에서 스트라빈스키의 초기 곡을 접한 댜길레프는 이 청년 작곡가의 재능을 깨닫고 과감하게 발탁했다. 〈불새〉(1910), 〈페트루슈카〉(1911), 〈봄의 제전〉(1913) 등 발레 3부작을 포함한 스트라빈스키의 초기 주요작들은 대부분 '러시아 발레단'에 의해 초연됐다. 청년시절 스트라빈스키의 정신적 아버지가 스승 림스키코르사코프였다면, 1908년 스승 사후에는 댜길레프가 그 자리를 대신한 셈이었다. 스트라빈스키와 댜길레프는 이탈리아 베네치아 인근 산 미켈레 섬의 공동 묘지에 나란히 묻혀 있다. 지금도 참배객들은 댜길레프를 기리기 위해서 운치 있게 토슈즈를 그의 묘지 앞에 올려놓는다. 죽어서도 이들은 예술적 운명을 함께하는 사이가 된 것이다.

역수입된 러시아 수출품

〈봄의 제전〉은 러시아 작곡가 스트라빈스키(1882~1971)의 대표작이지만 이 곡에는 20세기 현대사가 낳은 역설이 있다. 1917년 러시아 혁명 이후 정작 소련에서는 한동안 연주되지 않았다는 점이다. 이 때문에 〈봄의 제전〉 초연 100주년을 맞아서 2013년 인디애나 대학 출판부에서 펴낸 『봄의 제전 100년The Rite of Spring at 100』은 "수입된 러시아 수출품Imported Russian export"이라고 표현했다. 러시아 작곡가의 작품이 뒤늦게 러시아에 다시 수입됐다는 의미다. 우리말로는 흔히 '역수입됐다'고 하는데 이 경우에 딱 들어맞는 셈이다.

이런 역설이 일어난 건 스트라빈스키가 1914년 1차 세계대전이 일어난 이후 소련을 찾지 않은 데다 반공주의적 입장을 견지했기 때문이다. 이 때문에 〈봄의 제전〉 역시 소련에서도 오랫동안 연주되지 않았다. 다만 금지된 기간에 대해서는 학계에서도 이론이 있다. 발레 형식으로는 무대에 올라간 적이 없지만, 관현악 버전은 1928~1929년 데르네스트 앙세르메의 지휘로 레닌그라드(현 상트페테르부르크)에서 연주된 적이 있다. 1930년 레닌그라드에서도 피아노 편곡 버전으로 연주한 기록이 남아 있다.

『봄의 제전 100년』에 따르면 소련에서 이 작품에 대한 공식적인 금지령이 떨어진 건 1948년 무렵이다. 프로코피예프와 쇼스타코비치 등 이른바 '형식주의자'에 대한 비판이 거세게 일어났던 시기다. 당시 티혼 흐레니코프(1913~2007) 소련 작곡가 연맹 회장은 서방에서 활동하던 스트라빈스키에 대해서도 "반동적인 부르주아 음악의 대변자"라고 원색적인 비난을 퍼부었다.

하지만 스탈린 사후 흐루쇼프가 집권하면서 소련에도 '스트라빈스키 해금'이 찾아왔다. 여기에 결정적 물꼬를 텄던 사건이 1959년 레너드 번스타인이 이끄는 뉴욕 필하모닉의 소련 방문이었다. 〈봄의 제전〉과 쇼스타코비치 교향곡 5번 등이 연주 레퍼토리에 포함됐다. 심지어 스트라빈스키의 〈피아노와 관악기를 위한 협주곡〉은 소련 초연이었다. 당시 번스타인은 "스트라빈스키의 〈봄의 제전〉은 당신들의 혁명이 일어나기 5년 전에 일어난 음악적 혁명"이라고 설명했다. 이 연주회를 계기로 스트라빈스키의 작품들도 사실상 복권되기에 이르렀다. 3년 뒤인 1962년에는 급기야 스트라빈스키의 역사적인 소련 방문도 성사됐다. 여든 살의 작곡가에게는 무려 48년 만의 고향 방문이었다.

흥미로운 건 1948년 스트라빈스키를 맹비난했던 흐레니코프가 1962년 스트라빈스키의 고향 방문 추진에도 앞장섰다는 점이다. 이전 해 로스앤젤레스에서 열린 국제 음악제에 소련 대표단을 이끌고 방문해서 작곡가에게 초청 의사를 전달한 '전령'이 흐레니코프였다. 당시 흐레니코프는 "스트라빈스키가 나를 껴안고 키스했다"고 했지만, 정반대로 스트라빈스키는 "토하고 싶을 때 웃어야 하는 것도 곤욕스럽다"고 회고했다.

흐레니코프는 1991년 소련 붕괴까지 무려 40여 년간 소련 작곡가 연맹 회장을 맡았다. 냉전 이후 서방 인터뷰에서 그는 "쇼스타코비치와 프로코피예프를 공격하는 연설문을 읽도록 그들이 강요했다. 내가 어쩔 수 있었겠는가"라고 변명했다. 이처럼 역사란 쓰디쓴 아이러니로 가득한 것일지도 모른다.

그가 잃은 건 조성이었을까, 아내였을까

아르놀트 쇤베르크 〈달에 홀린 피에로〉

오스트리아 빈의 벨베데레 궁전은 「키스」와 「유디트와 홀로페르네스의 머리」 같은 구스타프 클림트(1862~1918)의 걸작들이 즐비한 미술관이다. 이 때문일까. 전 세계에서 몰려든 관광객들은 언제나 한 치의 망설임도 없이 클림트의 「키스」 전시실로 향한다. 그러다 보니 실은 중간에 놓치거나 건너뛰는 화가의 작품들도 적지 않다.

그 가운데 한 명이 스물다섯에 세상을 떠난 비운의 오스트리아 표현주의 화가 리하르트 게르스틀(1883~1908)이다. 벨베데레 궁전에는 「웃는 자화상Selbstbildnis, lachend」을 비롯해 게르스틀의 유화들이 있다. 하지만 갈 길 바쁜 관람객들은 게르스틀의 작품에는 좀처럼 눈길을 주지 않는다. 그럼에도 음악사에서는 결코 지나칠 수 없는 이름이다. 그가 그림을 가르쳤던 제자의 부인과 짧지만 비극적이었던 사랑 때

문이다. 게르스틀의 제자가 바로 작곡가 아르놀트 쇤베르크
(1874~1951)였다.

빼어난 아마추어 화가였던 쇤베르크는 음악과 마찬가지
로 그림 역시 정규 교육 기관에서 체계적으로 배운 적이 없었
다. 세 살 연상의 작곡가이자 처남이 된 알렉산더 폰 쳄린스키
(1871~1942)가 그의 작곡 스승이었다면, 게르스틀은 유일한
그림 스승이었다. 게르스틀은 당시 클림트가 이끄는 빈 분리
파와는 일정한 거리를 두고 있었다. 게르스틀이 빈의 화단 대
신에 어울렸던 것이 쇤베르크와 제자 알반 베르크, 안톤 베베
른의 현대음악 작곡가 모임이었다. 게르스틀은 쇤베르크 부
부에게 틈틈이 그림을 가르쳤다. 쳄린스키의 누이동생 마틸데
(1877~1923)가 쇤베르크의 부인이었다. 급기야 마틸데와 게르
스틀 사이에는 연정이 싹텄다. 둘이 키스하는 광경을 쇤베르
크의 딸이 목격했다고 한다. 결정적 파국은 1908년 여름에 찾
아왔다. 게르스틀과 마틸데가 함께 도주한 것이었다.

당시 쇤베르크가 작곡하고 있던 현악 사중주 2번에서도
정신적 상흔을 고스란히 느낄 수 있다. 슈테판 게오르게의 시
詩를 바탕으로 한 마지막 4악장에서 소프라노는 "나는 다른
행성의 공기를 느낀다"고 노래한다. 이 마지막 악장은 쇤베르
크가 조성의 법칙에서 이탈한 무조無調 시기의 작품이다. 의미
심장하게도 쇤베르크는 '내 아내에게'라는 헌정사를 이 사중
주의 악보에 적었다. 과연 작곡가가 잃어버린 건 조성이었을
까, 아내였을까.

비극은 여기서 끝이 아니었다. 게르스틀과 함께 떠났던 마틸데는 같은 해 9월 말 집으로 돌아왔다. 게르스틀은 연인으로부터 버림받고 쇤베르크의 음악가 모임에서도 배제되는 처지가 되고 말았다. 결국 두 달 뒤인 11월 4일 밤 게르스틀은 편지와 글을 모두 태운 채 스스로 목숨을 끊었다. 최후의 자화상에서 화가는 의미심장하게도 실오라기 하나 없는 누드로 정면을 응시한다. 비극적 죽음과 사후의 재평가라는 공통점 때문에 그는 '오스트리아의 반 고흐'로도 불린다.

하지만 불륜 때문에 조성의 법칙이 흔들렸다고 단정하면, 지나치게 사태를 단순화하고 그 이면에 놓인 예술적 맥락을 놓치게 된다. 미국 예술사가인 칼 쇼르스케가 『세기말 빈』에서 비유한 것처럼, 당시 빈을 뒤흔들었던 예술적 도발은 미술과 건축, 문학과 음악 등 전 분야에서 동시다발적으로 일어나고 있었다. 클림트의 분리파와 말러가 모든 것이 과잉으로 치닫던 빈의 예술적 황금기를 상징했다면, 그 후속 세대는 '분리파와의 분리'를 통해서 자신의 목소리를 찾아 나섰다. 쇼르스케는 "코코슈카가 회화에서 정원에서의 폭발을 일으키고 있는 동안 쇤베르크는 같은 해인 1908년에 음악어서의 폭발을 위한 화학 열차를 준비하고 있었다"고 비유했다. 표현주의 미술과 쇤베르크의 무조음악은 동시적으로 진행된 예술적 사건과도 같았다. 둘 사이에는 구상과 조성의 벅칙에서 해방된다는 공통점이 존재했던 것이다.

오늘날 추상회화의 개척자로 꼽히는 바실리 칸딘스키는

동료 프란츠 마르크 등과 함께 1911년 1월 2일 쇤베르크의 작품 연주회에 참석했다. 문제의 현악 사중주 2번도 이날 연주됐다. 당시 음악회에서 깊은 인상을 받은 칸딘스키가 그린 작품이 「인상 3: 음악회Impression 3: Concert」다. 보름 뒤 칸딘스키는 쇤베르크에게 "회화와 음악에서 '오늘'의 불협화음은 '내일'의 협화음"이라는 편지를 보냈다. 둘의 의기투합이 이때부터 시작됐다.

이 시기인 1912년 작품인 〈달에 홀린 피에로Pierrot lunaire〉는 쇤베르크가 벨기에의 상징주의 시인 알베르 지로Albert Giraud의 시집을 바탕으로 작곡한 일종의 연가곡이다. 쇤베르크는 이 시집의 독일어 번역본에 실린 50편 가운데 21편을 뽑아서 7편씩 3부로 나누는 방식으로 재구성했다. 작품 제목에서 '달에 홀린'이나 '미치광이'로 번역되는 형용사 '뤼네르lunaire'는 '달lune'이라는 프랑스어 명사에서 나온 말이다.

1911년 빈에서 베를린으로 이주한 쇤베르크는 여배우이자 성악가인 알베르티네 체메Albertine Zehme의 위촉으로 작곡에 착수했다. 하지만 초반에는 작업 진도가 나가지 않아서 단단히 애를 먹었다. 당시 작곡가는 "다시는 작곡할 수 없을 것이라고 생각했다"고 토로할 만큼 극심한 침체를 겪고 있었다. 하지만 쇤베르크는 1부의 아홉 번째 곡인 「피에로를 향한 기도Gebet an Pierrot」를 처음으로 완성한 뒤 조금씩 자신감을 되찾았다. 그는 일기에도 이렇게 적었다. "어제 〈달에 홀린 피에로〉의 첫 곡을 작곡했다. 내 생각에 작품이 굉장히 잘될 것 같다. 많은 자극을 주고 확실히 새로운 표현 방식으로 향하고 있는 것 같다. 이 작품의 사운드는 관능적이고 심리적 감정에 대해 동물적일 만큼 즉각적으로 표현한다.”

'새로운 표현 방식'이라는 작곡가의 말처럼, 이 작품에는 음악적으로 독특한 점이 적지 않았다. 우선 5명의 연주자가 8개의 악기를 연주하는 편성이다. 바이올린 연주자는 비올라, 플루트는 피콜로, 클라리넷은 베이스클라리넷을 함께 연주하고 거기에 피아노와 첼로가 추가되는 방식이다. 이처럼 피아노 삼중주나 현악 사중주 같은 고전적인 틀에서 벗어나 건반과 현악, 목관악기가 골고루 참여하고 한 연주자가 여러 악기를 다루는 모습은 예전에는 볼 수 없었던 풍경이었다. 이 작품의 제목을 따서 성악가와 타악기 연주자들까지 자유롭게 결합하는 편성을 '피에로 앙상블Pierrot Ensemble'이라고 부른다. 존 케이지와 엘리엇 카터, 스티브 라이시 등 후배 작곡가들이 비슷한 편성의 작품을 발표하면서 20세기를 상징하는 새로운 실내악 편성이 되기에 이르렀다.

파격적인 발상의 전환은 여기서 그치지 않았다. 피아니스트이자 음악학자 찰스 로젠이 "쇤베르크의 가장 논쟁적인 발명품"이라고 불렀던 '말하는 선율Sprechstimme'을 전면적으로 시도한 작품이기도 했다. '말하는 선율'이란 노래와 낭송을 절반씩 섞은 듯한 창법이다. 처음에는 음높이가 잠시 존재하는 것 같지만 오래 지속되지 않고 곧바로 낭송조로 바뀐다. 악보 서문에서도 쇤베르크는 "연주자는 노래하는 음과 말하는 음의 차이를 정확하게 의식해야 한다"고 두 창법을 구분했다. "노래 부를 때는 변함없이 음높이가 유지되지만, 말하는 음은 하강이나 상승을 통해서 빠르게 떠나야 한다"는 설명이었다. 심지어 악보에도 콩나물의 줄기에 해당하는 음표의 기둥에 곱표(X)로 표기해서 차이를 드러냈다. 하지만 노래와 낭송 사이에 어쩔 수 없이 알쏭달쏭하고 애매모호한 구석이 존재하게 마련이다. 언제까지 음높이를 유지할 것인가에 대한 음악적 고민은 지금도 계속된다.

이탈리아 전통 희극의 어릿광대에서 유래한 피에로는 팬터마임이나 카바레, 서커스와 즉흥극에서 빠지지 않는 캐릭터다. 처음에는 과장스러운 연기로 객석에 웃음을 불어넣는 단순한 역할이었지만, '웃음 속의 눈물'이나 '가면 이면의 진심' 같은 복합적인 의미를 갖게 됐다. 19세기 낭만주의 시대에 이르면 피에로는 세상과 쉽사리 어울리지 못하는 '아웃사이더 예술가'의 초상을 뜻하기에 이르렀다. 이 작품 역시 쇤베르크의 자의식이 반영된 음악적 자화상으로 풀이된다.

3부로 나뉜 작품 가운데 1부에서는 달에 탐닉하고 도취한 피에로라는 세기말 유미주의적 정서가 두드러진다. 당장 첫 곡인 「달에 취하여Mondestrunken」부터 달의 파도에 쏟아붓는 포도주를 눈으로 음미하는 모습에 대한 지극히 공감각적인 묘사에서 출발한다. 3번 곡 「멋쟁이Der Dandy」에서 피에로가 빨강과 초록 대신에 자기 얼굴을 분장하는 색도 "환상적인 달빛"이다. 급기야 1부의 마지막 곡인 「병든 달Der Kranke

Mond」에 이르면 "죽음의 병이 드는 달"이라는 노랫말이 보여주듯이 죽음의 이미지가 달에 중첩된다.

1부가 달의 노래라면, 2부는 죽음의 세계다. 시각적으로도 1부는 흰 달빛과 백장미의 이미지로 가득했다면, 2부에서는 검붉은색이 두드러진다. 작품 전체의 중심에 해당하는 11번 곡 「붉은 미사Rote Messe」에서는 성직자로 분장한 피에로가 예배당에서 갈기갈기 의상을 찢은 뒤 피투성이의 성체를 보여주는 섬뜩한 장면을 묘사한다. 쇼르스케는 이 곡에 대해 "쇤베르크가 피에로의 초현실적 순교를 다루는 방식은 대중적이고 비극적인 광대라는 주제를 전통 예술과 현대 예술가 모두의 운명이라는 더 보편적인 층위로 끌어올린다"고 분석했다.

고향에 대한 향수가 마지막 3부의 주제다. 이탈리아 전통 희극에서 피에로의 고향은 북부 베르가모다. 하지만 쇤베르크의 작품 속에서 고향은 실제 지명을 일컫는 것은 아니다. 오히려 쇤베르크 악파의 대변인을 자처했던 철학자 테오도어 아도르노의 말처럼 "쇤베르크에서는 모든 것이 그 자신의 내부로 들어가는 고독한 주관성을 향하고 있다'고 보는 편이 정확할 것이다.

쇤베르크의 음악은 대체로 전통과의 급진적 단절이라는 측면에서만 바라보기 쉽다. 하지만 무조음악이라는 극심한 진통의 시기에도 그의 음악에는 바흐 같은 선배 작곡가들의 옛 그림자가 어른거리고 있었다. 〈달에 홀린 피에로〉에서도 쇤베르크는 바로크 실내악의 트리오 소나타 형식이나 푸가와 카논 같은 기법, 3박자의 왈츠 등을 적극적으로 활용했다.

마지막 21번째 곡인 「옛 향기O alter Duft」 역시 "동화 시절의 옛 향기가 다시 내 감각을 사로잡네!"라는 회고적인 가사에서 출발하고 끝난다. 무조음악이지만 유독 이 대목에서는 E장조의 조성적 감각이 지속된다는 점도 의미심장했다. 빈의 복고적 정서는 여전히 쇤베르크의 작품에 기나긴 그림자를 드리우고 있는 것이다. 과연 쇤베르크는 '동화 시절의 옛 향기'를 그리워한 것일까, 아니면 지나간 과거에 작별을 고하는 것일까. 혹시 쇤베르크야말로 혁신적 기치 이면에 복고적 심성을 지니고 있던 '음악적 피에로'는 아니었을까.

필자가 추천하는 음반과 영상

Arnold Schoenberg 〈Pierrot lunaire〉

• 소프라노 크리스티네 셰퍼, 지휘 피에르 불레즈, 연주 강상블 앙테르콩탕포랭
(도이치 그라모폰, CD)
Christine Schäfer/Pierre Boulez/Ensemble Intercontemporain/Deutsche
Grammophon

• 소프라노 이본 민튼, 지휘 피에르 불레즈, 피아노 다니일 바렌보임, 바이올린과
비올라 핀커스 주커만, 첼로 린 해럴 등(소니 클래시컬, CD)
Yvonne Minton/Pierre Boulez/Daniel Barenboim/Pinchas Zukerman/Lynn
Harrell/Sony Classical

• 소프라노 알레산드라 마르크, 지휘 주세페 시노폴리, 연주 드레스덴 슈타츠카펠
레(워너 클래식, CD)
Alessandra Marc/Giuseppe Sinopoli/Dresden Staatskapelle/Warner Classics

• 소프라노 제인 매닝, 지휘 사이먼 래틀, 연주 내시 앙상블(샨도스, CD)
Jane Manning/Simon Rattle/Nash Ensemble/Chandos

1917년 러시아 혁명의 격랑 속에서 작곡가 프로코피예프는 첫 교향곡을 쓰고 있었다. 빼어난 피아니스트였던 프로코피예프는 평소 피아노 앞에 앉아서 작곡을 했지만, 이번 교향곡만큼은 피아노 없이 작곡하겠다는 야심 찬 계획을 세웠다. 실은 작곡가의 포부보다도 더욱 인상적인 건 작품의 형식이었다.

모차르트나 하이든의 빈 고전주의 작품을 연상시키는 단출한 편성에 4악장 전체를 합쳐도 15분 안팎에 불과했다. 고전적인 형식미 속에 유쾌한 익살이 녹아든 이 교향곡에 프로코피예프는 〈고전〉이라는 제목을 붙였다. "우리 시대에 하이든이 살아 있었다면 음악에서 새로운 요소를 받아들이면서도 자신의 고유한 스타일을 유지했을 것이다. 그런 교향곡을 쓰고 싶었다"는 취지도 덧붙였다.

흥미로운 건 20세기 초반에 고전주의나 그 이전의 바로크 음악으로 되돌아가는 듯한 작품들이 약속이나 한 것처럼 우후죽순으로 쏟아졌다는 점이다. 러시아와 독일, 프랑스 같은 작곡가들의 국적부터 음악적 스타일과 배경까지 모두 제각각이지만, 다분히 의고적擬古的인 이런 경향을 통칭해서 신고전주의라고 부른다. 왜 갑자기 시대를 거스르는 듯한 작품들이 이 시기에 쏟아진 것일까.

당시 20대 중반이었던 프로코피예프의 경우에는 아무래도 교육적 이유가 컸을 것이다. 상트페테르부르크 음악원 재학 시절 지휘 스승이었던 니콜라이 체레프닌은 하이든과 모차르트 교향곡의 중요성을 누누이 강조했고, 당시 경험은 프로코피예프에게도 영향을 미쳤다. 반대로 스트라빈스키는 음악적 탈출구를 모색하던 과정에서 의도적으로 후진을 택한 경우에 가깝다.

당초 스트라빈스키는 〈불새〉, 〈페트루슈카〉, 〈봄의 제전〉 등 러시아 원시주의적 색채가 짙은 발레 3부작으로 파리를 연이어 강타했다. 하지만 1차 세계대전 발발 이후 자신을 발굴했던 흥행주 댜길레프의 발레단은 해산했다. 러시아 혁명으로 귀국길도 막혔고, 설상가상으로 아내마저 결핵에 걸리는 바람에 6년간 스위스의 요양원에 머물렀다. 전시에 동원 가능한 악단도 대편성 오케스트라에서 조촐한 소편성으로 줄어들었다. 음악적 색채에도 변화는 불가피했다.

그런 스트라빈스키에게 전환점이 된 작품이 발레 〈풀치넬라〉였다. 풀치넬라는 이탈리아의 대중적 가면극인 코메디아 델라르테Commedia dell'arte에 등장하는 익살맞은 난봉꾼 캐릭터다. 스트라빈스키는 댜길레프가 건넨 이탈리아 바로크 아리아 악보집의 수록곡들을 이 작품에 알뜰살뜰하게 활용했다. 〈봄의 제전〉의 야수파 작곡가가 불과 7년 만에 바로크 음악으로 회귀한 셈이었다. 스트라빈스키는 "처음엔 작곡가가 페르골레시라는 말에 댜길레프가 미친 줄 알았지만, 악보를 보는 순간 사랑에 빠졌다"고 회고했다.

당시 스트라빈스키와 댜길레프는 이탈리아 작곡가 페르골레시의 작품들인 줄 알고서 작업했지만, 실은 알레산드로 파리소티와 도메니코 갈로 등 다른 작곡가의 노래도 섞여 있었다. 이런 사실은 나중에야 밝혀졌다. 1920년 초연 이후 〈풀치넬라〉는 스트라빈스키 초기의 원시주의에서 중기 신고전주의로의 노선 전환을 상징하는 작품이 됐다. 훗날 스트라빈스키 역시 제자이자 조수인 로버트 크래프트에게 "〈풀치넬라〉를 통해 나는 과거를 발견했다. 그런 깨달음을 통해서 후기작들도 가능해진 것"이라고 말했다.

흥미로운 건 '음악의 패셔니스타' 스트라빈스키가 후진을 선택하자 그 방향이 최신 트렌드처럼 보이기 시작했다는 점이다. 그 사정권 안에 있었던 작곡가들이 프랑스 6인조였다. 6인조는 남성 작곡가 다리우스 미요와 아르튀르 오네게르, 루이 뒤레, 조르주 오리크, 프랑시스 풀랑크와 여성 작곡가 제르멘 타유페르 등 전후 프랑스 음악계에 혜성처럼 등장한 여섯 명의 작곡가를 일컫는 말이다.

따지고 보면 1차 세계대전 이후 등장한 이들의 음악 세계에는 공통점보다는 차이점이 많았다. 하지만 이들의 공통분모에 해당하는 음악가 가운데 하나가 스트라빈스키였다. 특히 연극 「다윗 왕」의 극 부수 음악을 쓰고 있던 오네게르는 악기 편성 등에 대해 실시간으로 스트라빈스키에게 고민을 상의했다. 1921년 극 부수 음악으로 초연한 뒤 성공을 거두자 2년 뒤 오라토리오로 개작해서 다시 무대에 올렸다. 실제로 오네게르의 작품에서는 스트라빈스키의 〈봄의 제전〉 같은 초기 발레곡이나 신고전주의로 분류되는 중기 작품들의 영향을 강하게 느낄 수 있다.

물론 스트라빈스키 이전에도 바로크나 초기 고전주의를 음악적 재료로 활용하는 경우는 적지 않았다. 그런데도 작곡가 한 명의 방향 전환이 20세기 초반 음악계에서 파장을 일으킨 이유가 있었다. 스트라빈스키는 쇤베르크와 더불어 당시 현대음악의 혁신을 주도했던 쌍두마차였기 때문이다. 스트라빈스키가 후퇴하는 조짐을 보이자 당연히 음악계에선 찬반 논란이 불거질 수밖에 없었다. 불편한 기색을 드러낸 건 반대편에 있던 쇤베르크였다. 쇤베르크는 라이벌이었던 스트라빈스키를 향해서 "비천한 모데른스키Modernsky가 낭만주의를 조롱하고 오로지 순수한 고전주의만을 숭배한다"고 비판했다. 모데른스키는 현대modern와 스트라빈스키의 이름을 합성한 말로 초기의 현대성에서 갑자기 복그풍으로 되돌아간 것을 노골적으로 비판하는 일종의 비아냥거림이었다. 하지만 스트라빈스키는 1935년 자서전에서 이렇게 해명했다. "나는 과거에 살지도, 미래에 살지도 않는다. 나는 현재에 속할 뿐이다."

말 그대로 신고전주의는 '고전으로 돌아가자'는 뜻이다. 돌아간다는 뜻은 그 이전의 궤도를 수정한다는 의미다. 음악사에서 이전의 궤도가 바로 후기 낭만주의다. 작품의 길이와 편성, 주제 의식까지 모든 것이 포화로 치닫던 후기 낭만주의를 상징하는 작품이 바로 '천인千人 교향곡'으로 불리는 말러 교향곡 8번이었다.

당초 '천인 교향곡'은 상업적 마케팅을 다분히 염두에 둔 제목이었지만, 실은 과잉과 포화를 상징한다는 의미에서 정확한 제목이기도 했다. 영국 음악 평론가 폴 그리피스는 "구시대와 관련된 낭만주의는 이미 많은 사람들에게 부적절하게 보이거나 싫증을 불러일으켰다. 그 야심은 겉만 번드르르하게 보였고, 감성주의는 감상주의처럼 인식됐다"고 표현했다. 그리피스의 날카로운 지적처럼 "반反낭만주의적 태도가 신고전주의의 태동에 결정적 역할을 한 것"이었다.

이처럼 20세기 초반의 신고전주의에는 낭만주의 대신에 바로크와 고전주의 정신으로 돌아간다는 음악적 격세유전의 의미가 숨어 있었다. 그 분기점에 해당하는 해가 1차 세계대전이 발발한 1914년이었다. 반면 2차 세계대전 이후에는 12음 기법과 총렬주의 등 음악적 실험의 홍수 속에서도 여전히 조성의 법칙에 대한 믿음을 버리지 않은 작곡가나 작품들로 의미가 확대되기에 이른다. 당초 낭만주의에 대한 반작용에서 출발했지만 급진적 모더니즘에 대비되는 복고적 색채의 음악으로 강조점이 달라진 것이다. 영국의 벤저민 브리튼과 소련의 쇼스타코비치 같은 작곡가들이 넓은 의미에서 모두 신고전주의로 분류되는 것도 이 때문이다. 결국 20세기에 일어난 두 차례 세계대전은 예술적 심미안에도 결정적 영향을 미친 셈이다.

“총이 말하면 뮤즈는 침묵한다”는 러시아 속담이 있다.
하지만 작곡가 쇼스타코비치는
“여기서는 뮤즈가 총과 함께 말한다”고 말했다.

1942년 7월 『타임』에서

Hitler and Stalin

히틀러와 스탈린

스탈린에 대한 굴종인가, 은밀한 저항인가?
드미트리 쇼스타코비치 교향곡 5번

스탈린은 실은 화가 날 만했다. 그가 모스크바의 볼쇼이 극장에 앉아 있었던 1936년 1월 26일 저녁의 일이었다. 쇼스타코비치의 오페라 〈므첸스크의 맥베스 부인〉이 이날 공연 작품이었다. 지도자의 참석 소식을 통보받은 극장은 하루 종일 난리법석이었다. 러시아 소프라노 갈리나 비시넵스카야는 이렇게 회고했다. "스탈린은 음악을 좋아했던 것일까. 그렇지 않았다. 그가 좋아한 것은 볼쇼이 극장이었고 그 화려함과 호화로움이었다. 거기에 오면 황제와 같은 기분에 젖을 수가 있었던 것이다. 그는 극장과 그 예술가들의 후원자로서의 역할을 즐기고 있었다. 그들은 스탈린의 노예였다.' 쇼스타코비치 역시 두려움으로 하얗게 질려서 극장으로 달려갔다고 한다.

스탈린은 청중 대부분이 자리에 앉은 직후, 수행원들과 함께 오케스트라 피트 위의 박스석 커튼 뒤에 앉았다. 참석자들의 회고를 보면, 확실히 공연 초반부터 분위기가 좋지 않았던 것 같다. 스탈린의 박스석 아래에서 금관과 타악 연주자들이 강한 인상을 주기 위해 더 시끄럽게 연주하다가 오히려 지도부의 심기를 건드렸다는 이야기도 있다. 결국 파국이 일어났다. 스탈린과 측근들이 공연이 끝나기도 전에 자리를 박차고 나가버린 것이다.

아니나 다를까. 이틀 뒤에 당 기관지 『프라우다』에는 '음악이 아니라 혼란'이라는 제목의 비판 기사가 실렸다. "(작곡가가) 휘갈겨 쓴 음악은 온갖 소리들을 뒤섞어 건전한 취향을 잃어버린 무력한 '형식주의자'에게나 먹힐 것이다. 그는 소비에트 삶의 구석구석에서 조잡함과 야만성을 모두 몰아내도록 한 소비에트 문화의 요구를 무시했다." 곧바로 쇼스타코비치에게는 '인민의 적'과 '반동'이라는 낙인이 찍혔다. 쇼스타코비치의 교향곡 4번은 초연 날짜가 잡히고 리허설에 들어갔지만, 막판에 작곡가는 작품 발표를 철회했다. 스탈린이 세상을 떠날 때까지 이 교향곡은 빛을 보지 못했다.

이 오페라에 얽힌 일화는 스탈린의 공포정치에 고독하게 맞서야 했던 작곡가의 이미지를 강화시킨다. 흔히 예술가에게 따라다니는 낭만적이고 비극적인 초상의 소련 버전이다. 그런데 스탈린이 격분했던 건 과연 음악적 무지 때문이었을까. '스탈린은 쇼스타코비치의 예술 세계를 이해할 수 없었던 독재자'라고만 여기고 넘어가는 건 사태의 절반만 이해하는 것과도 같다. 이 오페라의 급진성은 실은 다른 곳에 있기 때문이다. 바로 욕망의 문제다.

레닌 사후 권력을 움켜쥔 스탈린은 1928년부터 경제개발 5개년 계획에 착수했다. 『혁명의 러시아 1891~1991』을 쓴 영국 사학자 올랜도 파이지스는 이 5개년 계획이야말로 소련의 '두 번째 혁명'에 해당한다고 말했다. 1917년 러시아 혁명으로 정치 체제가 변화했다면, 1930년대에는 공장과 댐, 운하와 철도 등 급속한 공업화를 통해서 소련 경제가 근본적으로 재편됐다는 설명이다.

스탈린은 강제 이주와 노동수용소를 통해서 농촌 집단화를 밀어붙였다. 하지만 결과는 1932~1933년의 대기근이었다. 최대 850만 명이 이 시기에 굶주림과 질병으로 죽은 것으로 추정된다. 파이지스는 "수백만의 노동 가구를 그들의 터전에서 뿌리째 뽑아내어 소련 전역에 흩어놓았던 농촌 집단화는 농민에 대해 치른 전쟁이자 사회적 홀로코스트"라고 말했다. 소련 사회주의의 완성을 위해 개인의 노동력뿐만이 아니라 욕망마저 통제의 대상으로 삼고자 했던 권력자에게 거침없이 불륜과 살인을 저지르는 오페라 여주인공의 모습이 결코 달가울 리 없었다. '천리마 운동'에 나서도 모자랄 판에 '자유부인'이 활개 치는 격이라고 할까. 의도하지는 않았지만 쇼스타코비치는 역린을 건드린 셈이었다.

말 그대로 생사를 넘나드는 위기 속에서 탄생한 문제적 작품이 쇼스타코비치의 교향곡 5번이다. 이 작품은 1937년 11월 21일 예브게니 므라빈스키의 지휘와 레닌그라드 필하모닉 오케스트라(현 상트페테르부르크 필하모닉)의 연주로 빛을 보았다. 쇼스타코비치는 초연 직전 모스크바 신문 인터뷰에서 이 작품에 대해 "정당한 비판에 대한 소비에트 예술가의 창조적 답변"이라고 말했다. 작곡가 자신도 정치적 심판대 위에 올라가 있다는 사실을 알고 있었다는 뜻이다.

문제는 이 작품이 작곡가의 생명을 부지하기 위한 비굴한 탄원과 독재자에 맞선 내밀한 저항이라는 대조적인 양 갈래로 해석될 가능성이 모두 있다는 점이다. 쇼스타코비치의 교향곡들은 대체로 이런 이분법적인 도식에 따라서 이해하는 경향이 있다. 씩씩하고 우렁찬 장조의 행진곡이나 팡파르는 어김없이 환희에 찬 찬가로 해석된다. 반대로 단조의 현악 합주는 탄식 어린 비가로 받아들인다. 20세기 음악사는 두 극단 사이에서 끊임없이 요동쳤다고 해도 과언이 아니다.

냉전 시기 쇼스타코비치의 공식적 이미지는 '공산주의 소련을 굳건히 지킨 소비에트 작곡가'였다. 하지만 이런 이미지는 소련 출신의 음악학자 솔로몬 볼코프가 『증언』이라는 책을 펴내면서 산산이 깨졌다. 소련 음악 잡지 기자 출신인 볼고프는 쇼스타코비치 말년에 수차례 인터뷰한 뒤 1976년 미국으로 건너가 작곡가 사후인 1979년 작곡가의 회고록 형식으로 이 책을 펴냈다. "요즘 나는 무례한 행동을 견디지 못하겠다. 무례함과 잔인함은 내가 가장 싫어하는 속성이다. 무례함과 잔인함은 늘 함께 붙어 다닌다. 그런 수많은 예 가운데 하나가 스탈린이다." 볼코프의 책은 스탈린과 소련 체제에 대한 회의와 비판으로 가득했다. 단숨에 쇼스타코비치는 소련의 '수호천사'에서 반체제 지식인으로 변모한 것처럼 보였다.

1990년대 소련 붕괴 이후에는 쇼스타코비치가 모진 핍박과 탄압을 겪었다는 사실 자체에는 대체로 이견이 없다. 하지만 『증언』이 어디까지 신뢰할 만한 자료인지는 또 다른 문제다. "『증언』에 진정한 쇼스타코비치가 얼마나 나오는지, 솔로몬 볼코프가 사실을 얼마나 윤색하고 왜곡하거나 아예 조작했는지는 내가 이 글을 쓰는 2017년까지도 종결되지 않은 문제"라는 영국 음악 칼럼니스트 스티븐 존슨의 회의적인 고백이 대표적이다. 심지어 작곡가의 유족들도 시기마다 조금씩 엇갈린 답변들을 내놓아서 혼란을 부채질했다.

『증언』 출간을 계기로 20여 년간 계속된 음악학계의 비판과 반비판을 '쇼스타코비치 전쟁Shostakovich Wars'이라고 부른다. 특히 미국 음악학자 로럴 페이는 러시아 사료들과 꼼꼼하게 비교 검토한 뒤 볼코프의 『증언』은 이전 기록들을 적당히 윤색하거나 짜깁기한 것에 불과하다고 정면 비판해서 논쟁에 불을 붙였다. "좋게 보아도 『증언』은 애초의 문답과 시간적 맥락에서 벗어난 입증되지 않은 유령 작가의 짜깁기이자 위장된 독백"이요, "나쁘게 보면 사기"라는 대담한 주장이었다.

그 이후 '쇼스타코비치 전쟁'도 볼코프의 편과 페이의 편으로 나뉘어 진행됐다. 지금은 『증언』 가운데 다른 기록과 교차 확인을 거쳐서 일치하는 경우가 아니면 조심스럽게 인용하는 것이 음악학계의 규범에 가깝다. 특히 페이의 『쇼스타코비

치: 생애Shostakovich: A Life』나 영국 첼리스트이자 음악학자 엘
리자베스 윌슨의 『쇼스타코비치: 시대와 음악 사이에서』 같은
권위 있는 저서들이 나온 이후에는 더욱 그렇다.

1960~1970년대 모스크바 음악원에서 므스티슬라프 로
스트로포비치에게 첼로를 사사한 윌슨은 소련 붕괴 직전 쇼
스타코비치의 가족과 동료들을 인터뷰해서 책을 완성했다.
쇼스타코비치가 KGB의 전신인 소련 내무인민위원회NKVD
의 소환 조사를 한 차례 받았고 추가 소환을 앞두고 있었지
만, 담당 조사관이 투옥되는 바람에 간신히 숙청의 위기를 넘
겼다는 생생한 일화도 처음으로 소개됐다. 쇼스타코비치의 제
자인 작곡가 베니아민 바스네르(1925~1996)는 "볼코프의 『증
언』에는 이 이야기가 안 나오니 날조된 설명이라고 내가 믿을
수밖에 없는 것"이라고 했다. 결과적으로 윌슨의 책은 『증언』
의 자의적 해석이나 왜곡 여부를 꼼꼼하게 팩트 체크한 셈이
됐다. 역사학에서 중요한 것이 사료를 다루는 능력이라고 한
다면, 볼코프의 『증언』 역시 예외일 수는 없다. 볼코프의 책은
'쇼스타코비치의 증언'보다는 차라리 '쇼스타코비치에 대한
또 하나의 증언'으로 이해하는 편이 낫다는 의미다.

그런데도 『증언』의 확대 재생산은 지금도 계속된다. 그 가
운데 하나가 쇼스타코비치의 삶을 그린 영국 소설가 줄리언
반스의 『시대의 소음』이다. 여전히 작가의 시선은 『증언』의 작
곡가상에 머물고 있다. "냉혹하고 아둔한 권력에 의해 난타당
하는 수동적이고 비관적이지만 성직자 같은 인물이라는 냉전

시기에 대한 감상적 우화”라는 음악학자 리처드 타루스킨의 서평은 야박하지만 크게 틀린 말은 아니다. 하지만 소설은 권력자의 말과 예술가의 음악에 대한 예리한 통찰력을 보여준다. “권력층이 말을 갖게 하라. 말이 음악을 더럽힐 수는 없으니까. 음악은 말로부터 도망간다. 그것이 음악의 목적이며 음악의 장엄함이다.” 소설의 구절은 흡사 김수영 시인의 「풀」을 닮았다. 권력자의 말이 바람이라면, 음악은 그보다 빨리 눕고 다시 일어나는 풀과도 같다.

과거 냉전 시절 이 교향곡의 마지막 4악장은 흔히 사회주의 소련의 찬연한 승리를 알리는 선언으로 이해됐다. “우리 청중은 퇴폐적이고 음울하고 염세적인 예술을 이해하지 못한다. 하지만 밝고 명확하고 즐겁고 낙관적이며, 삶을 긍정하는 모든 것에 대해선 열정적으로 반응한다”는 소련 작가 알렉세이 톨스토이의 평가가 대표적이다. 하지만 볼코프는 『증언』에서 같은 악장을 두고 정반대로 해석했다. “이런 것이 도대체 무슨 종류의 찬양이란 말인가? 완전히 백치가 아닌 다음에야 음악 속에서 그런 것을 알아듣지 않을 수 없다. 작가 파데예프는 그런 것을 알아들었고 이 사실을 비밀스럽게 보관하던 자기 일기에 썼다. 교향곡 5번의 피날레는 어찌할 수 없는 비극이라고.”

지금도 이런 양극단의 해석은 계속된다. 4악장 종결부를 승리의 선언으로 간주했던 미국 지휘자 레너드 번스타인은 ‘닥치고 공격’이라고 외치듯이 일말의 주저도 없이 오케스트라에 질주를 지시한다. 반면 작곡가의 음악적 지기였던 첼리스트 겸 지휘자 로스트로포비치는 같은 종결부에서 예정된 승리를 지연시키는 것처럼 의도적으로 속도를 뚝 떨어뜨린다. 실제로 이 대목에서 금관과 타악은 승리를 향해 치닫는 것 같지만, 그럴 때조차 목관과 현악은 라(A)음으로 제자리를 지킨다. 승리의 확신과 위장된 기쁨으로 모두 해석할 여지를 남겨놓은 것이다.

실은 쇼스타코비치는 메시지를 전할 때조차 철저하게 음악적인 방법을 택했다. 가령 교향곡 5번 4악장에도 중요한 단서를 남겼다. 이 교향곡과 같은 시기에 써나간 작품이 〈푸시킨의 시에 의한 네 곡의 낭만 가곡〉이다. 그 첫 곡인 「부활」은 "엉터리 화가가 졸린 화필로/천재의 그림에 덧칠을 하고/그 위에 말도 안 되는 제 그림을/아무렇게나 그려놓는다"는 의미심장한 시구詩句에서 시작한다. 이 가곡의 반주는 4악장에서도 고스란히 반복된다. 미국 음악 평론가 알렉스 로스는 『나머지는 소음이다』에서 쇼스타코비치 가곡과 교향곡의 공통점을 찾아낸 뒤 "승리하는 것은 누구인가?"라고 묻는다. 과연 여기서 엉터리 화가는 누구이며, 천재의 그림은 누구의 작품을 뜻했을까. 쇼스타코비치는 굳이 소리 높여서 외치지 않는다. 그저 반주를 통해서 넌지시 암시할 뿐이다.

그렇기에 이 마지막 악장을 들을 때마다 자문하게 된다. 체제의 옹호자와 핍박당한 지식인이라는 이분법에 가려서 혹시 작곡가의 마지막 중요한 얼굴을 놓치고 있는 건 아닐까. 과

도한 정치적 해석은 작품 자체에 대한 온전한 허석을 가로막
고 자기 함정에 빠지는 결과를 낳는다. 쇼스타코비치는 고독
한 영웅처럼 보이지만 실은 고통받는 영혼이기도 했다. 그런
점에서도 어쩌면 그는 '소련의 베토벤'이었을지도 모른다.

Dmitri Shostakovich Symphony No.5

- 지휘 예브게니 므라빈스키, 레닌그라드 필하모닉 오케스트라(멜로디야, CD)
Evgeny Mravinsky/Leningrad Philharmonic Orchestra/Melodiya

- 지휘 아르비드 얀손스, 레닌그라드 필하모닉 오케스트라(알투스, CD)
Arvid Jansons/Leningrad Philharmonic Orchestra/Altus Music

- 지휘 마리스 얀손스, 빈 필하모닉 오케스트라(워너 클래식, CD)
Mariss Jansons/Vienna Philharmonic Orchestra/Warner Classics

- 지휘 므스티슬라프 로스트로포비치, 내셔널 심포니 오케스트라(도이치 그라모폰, CD)
Mstislav Rostropovich/National Symphony Orchestra/Deutsche Grammophon

- 지휘 바실리 페트렌코, 로열 리버풀 필하모닉 오케스트라(낙소스, CD)
Vasily Petrenko/Royal Liverpool Philharmonic Orchestra/Naxos

- 지휘 사도 유타카, 베를린 필하모닉 오케스트라(유로아츠, DVD)
Yutaka Sado/Berlin Philharmonic Orchestra/EuroArts

- 지휘 발레리 게르기예프, 마린스키 극장 오케스트라(아트하우스, DVD)
Valery Gergiev/Mariinsky Orchestra/Arthaus

- 「키핑 스코어」, 지휘 마이클 틸슨 토머스, 샌프란시스코 심포니 오케스트라(SFS 미디어, DVD)
Keeping Score/Michael Tilson Thomas/San Francisco Symphony Orchestra/SFS Media

- 다큐멘터리 「전쟁 교향곡들: 스탈린에 맞선 쇼스타코비치」(필립스, DVD)
The War Symphonies: Shostakovich Against Stalin/Philips

1979년 솔로몬 볼코프의 『증언』 출간 이후 서방에서는 이 책의 진위 여부를 둘러싸고 뜨거운 논쟁이 벌어졌다. 20여 년 간 계속된 음악학계의 논쟁을 '쇼스타코비치 전쟁'이라고 부른다. 물론 이 전쟁의 불씨를 남긴 당사자는 볼코프였지만, 정작 선전포고를 했던 주인공은 따로 있었으니 미국 음악학자인 로럴 페이였다.

당시 코넬대 대학원에서 쇼스타코비치의 후기 현악 사중주에 대한 논문을 쓰고 있던 페이는 『증언』의 출간이 임박했다는 소문을 접했다. 처음엔 볼코프에게 '도움을 주고 싶다'는 편지를 보낼 정도로 순수한 관심에 가까웠다. 하지만 『증언』 출간 이후 페이는 쇼스타코비치의 육성을 담은 미공개 회고록이라는 볼코프의 주장과는 달리 예전 소련 인터뷰와 겹치는 대목들을 책에서 찾아냈다. 결국 페이는 1980년 논문

「쇼스타코비치 대 볼코프: 누구의 증언인가?」를 통해서 이 책의 짜깁기나 윤색 가능성에 대해 처음으로 문제 제기를 했다. 둘의 인연이 악연으로 바뀐 셈이다. 그 이후 '볼코프파派'와 '페이파'로 나뉘어 벌어진 세계 음악학계의 치열한 논쟁을 흔히 '쇼스타코비치 전쟁'이라고 부른다. 처음에는 볼코프의 사연이 워낙 극적이고 입심마저 강해서 감히 반박하기 힘들었지만, 1991년 소련 붕괴 이후 새로운 사료들이 속속 발굴되면서 점차 '페이파'가 우세를 점하기 시작했다.

영국 첼리스트이자 음악학자 엘리자베스 윌슨 역시 『쇼스타코비치: 시대와 음악 사이에서』를 통해서 "로럴 페이는 '쇼스타코비치 전쟁' 당시 악의적인 공세의 표적이 되기도 했지만, 자신의 확고한 믿음을 용감하게 밝혔고 아무 탈 없이 이 전쟁을 이겨내며 최종 승자가 되었다"고 높게 평가했다. 윌슨은 냉전 당시인 1964~1971년 모스크바 음악원에서 로스트로포비치에게 첼로를 배웠던 독특한 이력의 소유자다. 이런 경력은 당시 그의 아버지 덩컨 윌슨이 주소련 영국 대사였다는 사실과도 무관하지 않다. 물론 시기상으로는 딸의 유학이 앞서지만, 일종의 '아빠 찬스'가 작용했던 셈이다.

윌슨은 자신의 책 후반부에서도 당시 사연을 소개하고 있다. 작곡가 가족과 친지, 동료들의 인터뷰를 바탕으로 집필한 이 책에서 윌슨은 저자이자 인터뷰어인 동시에 '등장인물'로도 직접 나오는 것이다. "대사의 딸 엘리자베스 윌슨은 이 기간 동안 쇼스타코비치를 여러 차례 만난 것을 다음과 같이 회고했다"처럼 3인칭으로 자기 가족의 이야기를 서술한 대목들을 읽고 있으면 슬그머니 웃음이 나온다.

월슨 가족의 사연은 20세기 음악사에서 두 가지 점에서 의미가 있다. 우선 월슨의 아버지인 덩컨 대사가 영국 작곡가 벤저민 브리튼과 쇼스타코비치 사이에서 일종의 가교 역할을 했다는 사실이다. 실제로 쇼스타코비치 교향곡 14번을 브리튼에게 헌정할 당시, 1969년 모스크바 초연 소식을 브리튼에게 전해준 당사자도 덩컨 대사였다.

또 하나는 월슨이 당시 유학 경험을 바탕으로 소련 해체 이전인 1988~1990년 다시 광범위한 현지 인터뷰를 진행했고, 그 결과 월슨의 『쇼스타코비치』도 출간됐다는 점이다. 냉전 이후 출간된 이런 책들 덕분에 쇼스타코비치에 대한 이분법적 논의도 상당 부분 극복될 수 있었다. 드물기는 하지만 이처럼 세상에는 좋은 방향으로 작용하는 '아빠 찬스'도 존재하는 법이다.

두 천재 세르게이의 만남
세르게이 프로코피예프 〈알렉산드르 넵스키〉

작곡가 세르게이 프로코피예프(1891~1953)가 1936년 파리에서 모스크바로 돌아왔다. 러시아 혁명 직후인 1918년 고국을 떠난 뒤 18년 만의 영구 귀국이었다. 그의 가족에게는 모스크바 동쪽 역 근처의 방 네 개를 갖춘 아파트가 배정됐다. '예술가의 집'으로 불렸던 이 아파트에는 피아니스트 겐리흐 네이가우스와 에밀 길렐스, 바이올리니스트 다비드 오이스트라흐 등이 살았다. 오이스트라흐는 하루에도 몇 시간씩 프로코피예프와 함께 체스를 두었던 맞수이기도 했다. 오이스트라흐는 "프로코피예프가 이기면 얼마나 행복해했는지, 거꾸로 패하기라도 하면 얼마나 낙심했는지 모른다"고 회고했다.

프로코피예프는 파리에서 가구와 가재도구를 직접 챙겨 왔다. 체코슬로바키아에서는 새 피아노를 공수해 왔다. 아파트 인근에서 산책하다가 작곡가를 만난 당시 20대 피아니스트 스뱌토슬라프 리흐테르는 이렇게 회고했다. "웬 이상한 사람이 눈에 띄었다. 내면에 어떤 도발적인 힘 같은 것을 지니고 있는 듯했다. 그는 마치 유령처럼 내 옆을 지나갔다. 체크무늬 재킷에 빨간색과 주황색이 어우러진 넥타이를 매고 밝은 노란색 신발을 신은 차림이었다. 나는 발길을 돌려 그를 뒤따라가지 않을 수 없었다. 그 사람이 바로 프로코피예프였다."

악명 높은 스탈린의 공포정치 시대에 울긋불긋한 의상으로 거리를 활보하는 패셔니스타의 모습은 쉽게 연상이 되지 않는다. 하지만 소련과 서방 사이의 교류가 거의 단절됐던 시절에도 프로코피예프는 '소련의 문화 대사' 역할을 했다. 1936년 가을 프로코피예프는 유럽과 미국 연주를 위해 3개월간 모스크바를 떠났다. 파리에서는 스트라빈스키의 신작 발레를 관람했고, 시카고에서는 자신의 피아노 협주곡 3번을 협연했다. 투어가 끝날 무렵에 프로코피예프는 날렵한 청색 포드 자동차를 구입해서 배에 실어 보냈다. 당시 소련에서 자가용은 상상하기 힘든 사치였다.

그 즈음 프로코피예프가 주창했던 음악관이 '새로운 단순성New Simplicity'이었다. "무엇보다 멜로디가 단순하고 이해하기 쉬워야 하지만, 반복적이거나 지엽적이어서는 안 된다. 단순함이라는 건 구식이 아니라 새로운 단순함이어야 한다"는 것이 그의 지론이었다. 실제로 소련 복귀 이후 그의 작품에서 불협화음은 대폭 줄어든 대신, 명징한 멜로디가 강조됐다. 그런 점에서는 소련 당국의 입장과도 통하는 면이 없지 않았다. 하지만 그가 간과한 점이 하나 있었다.

1920년대와 1930년대 예술적 노선의 차이였다. 역사학자 리처드 오버리의 말처럼 "1920년대에 폭발한 소련의 실험적 문화는 뿌리 깊은 예술적 자율성의 옹호를 반영했다. 전위예술은 파괴적이었고 독립적이었으며, 일부러 도발했고 통제 불능이었으며, 혁명적이고 우상파괴적"이었다. 프로코피예프가 귀국을 결심했던 동기 가운데 하나였을 것이다. 하지만 작곡가는 "1930년대 소련의 문화 통제는 전위예술의 요란한 해체적 활동에 대한 반작용"이라는 사실까지는 미처 내다볼 수 없었다. 1920년대가 급진적인 모더니즘이 만개했던 시기라면, 반대로 1930년대는 사회주의 리얼리즘의 시대였던 것이다.

더구나 '굴러온 돌'인 프로코피예프와 '박힌 돌'인 소련의 동료 작곡가들 사이에도 심각한 균열이 존재했다. 실은 소련 작곡가들의 입장도 이해할 만한 구석이 있었다. 러시아 혁명 직후에 고국을 떠났던 프로코피예프가 18년이 지난 뒤에야 돌아와서 거꾸로 자신들을 가르치려 든다고 생각하면 괘씸하게 보일 법도 했다. 러시아 문화사를 전공한 역사학자 할로 로빈슨은 프로코피예프 전기에서 작곡가의 동료 작곡가들을 재치 있게 '소련의 살리에리'에 비유했다. 거꾸로 프로코피예프는 '소련의 모차르트'였던 셈이다. 프로코피예프는 지나칠 정도로 솔직한 반면에 외교적 수완은 떨어진다는 점도 모차르트와 꼭 닮았다.

하지만 프로코피예프는 동료들의 눈치를 보거나 타협하

기보다는 정면 대응하는 쪽을 택했다. 1937년 4월 소련 작곡가 연맹 회의에서도 이렇게 반문했다. "우리는 소련 경제의 모든 면에서 앞서기 위해 노력 중입니다. 정치적으로는 현재만이 아니라 미래의 국가이기도 합니다. 그런데 왜 우리 음악가 동지들은 오로지 어제의 빵과 썩은 고기를 먹어야 한다고 상상하는 겁니까?"

작곡가의 반문에도 불구하고, 여전히 문제의 불씨는 남아 있었다. 프로코피예프가 추구했던 진취적이고 미래지향적인 음악은 자칫 '형식주의'로 낙인찍힐 우려도 다분하다는 점이었다. 스탈린 치하에서 '형식주의자'는 반동이나 인민의 적과 사실상 동의어였다. 피아니스트이자 음악 칼럼니스트 그레고리 하트의 말처럼 "프로코피예프가 소련으로 돌아온 시기가 스탈린이 예술을 사회주의 리얼리즘으로 몰고 가던 시기와 겹친다는 사실은 지독한 아이러니"였다.

1938년 프로코피예프와 아내 리나는 마지막 서방 여행을 떠났다. 로스앤젤레스에서 작곡가는 월트 디즈니를 만났고, 애니메이션 「백설공주」를 본 뒤 깊은 인상을 받았다. 그는 할리우드에서 주급 2500달러의 파격적 제안도 받았지만, 모스크바에 남아 있는 아이들 생각에 마음을 돌렸다. 그해 5월 모스크바에 돌아온 뒤에 만난 영화감독이 세르게이 예이젠시테인(1898~1948)이었다.

두 세르게이는 여러모로 공통점이 많았다. 프로코피예프와 예이젠시테인은 모두 중산층 가정에서 자랐고 혁명의 격동기를 보냈다. 오랜 해외 활동 때문에 소련 당국의 의심을 받고 있는 점도 흡사했다. 가까스로 숙청의 위기에서 벗어난 예이젠시테인이 맡았던 작품이 13세기 러시아의 민족 영웅 알렉산드르 넵스키에 대한 전기 영화였다. 나치 독일이 유럽의 패권을 장악하기 위해 침략 야욕을 드러내던 당시, 〈알렉산드르 넵스키〉처럼 재기작으로 어울리는 작품도 없었다.

노브고로드공국을 다스렸던 넵스키는 독일 튜턴 기사단의 침략을 막아내 러시아인들에게 성인으로 추앙받는 역사적 위인이다. 1242년 4월 5일 노브고로드 근방의 페이푸스 호수에서 농민 보병이 주축을 이룬 러시아군이 독일기사단의 중무장한 기병대와 격돌했다. 넵스키는 얼음이 녹기 시작한 봄철의 호수를 전투 장소로 택했다. 결국 러시아군의 좌우협공에 포위당한 독일기사단은 호수 안쪽으로 후퇴하다가, 따뜻해진 날씨에 빙판이 깨지면서 익사하고 말았다. 기사단의 패전은 분명한 역사적 사실이지만, 익사설은 후대에 승리를 극적으로 과장하기 위한 윤색이라는 주장도 있다.

영화는 불과 5개월 만에 제작을 마쳤다. 마감 기한을 5개월이나 앞당긴 전광석화의 속도였다. 유명한 '빙판 위의 전투 Battle on the Ice' 장면은 한여름 불볕더위 속에서 촬영했다. 얼어붙은 호수를 연출하기 위해서 모스크바 근교에 있는 축구장 여섯 개 크기의 야외 스튜디오에 으깬 아스팔트와 유리, 하얀 모래 등을 잔뜩 뿌리고 찍었다. 설경이라는 환상을 불러일으키기 위해 원경의 군중 장면은 낮은 지점에서 카메라가 올려다보는 '로 앵글low angle'로 촬영했다.

이 영화의 음악을 위해 예이젠시테인이 점찍은 작곡가가 프로코피예프였다. 두 세르게이의 만남은 기대 이상의 폭발력을 가져왔다. 예이젠시테인이 영사실에서 프로코피예프에게 촬영분을 보여주면, 프로코피예프는 손가락을 특툭 두드리면서 영화를 보았다. 화면에 어울리는 음악적 템포를 찾기 위한 습관이었다. 다음 날 차에서 내린 프로코피예프는 어김없이 다음 곡의 악보를 손에 쥐고 있었다. 예이젠시테인은 "나는 언제나 아무런 걱정이 없었다. 정확히 오전 11시 55분이면 푸른색 작은 차가 영화사 출입문을 통과하리라는 것을 알았기 때문"이라고 회고했다. 예이젠시테인은 프로토피예프를 결코 빠르거나 늦는 법이 없는 '시계'에 비유했다.

독일과 몽골 가운데 주적主敵을 가리기 위한 논쟁, 주전론과 주화론까지 영화의 주제들은 2차 세계대전 직전 소련의 상황을 고스란히 반영하고 있었다. 독일기사단이 나치라면, 외적에 맞서 러시아의 단결을 호소하는 넵스키는 스탈린의 모습과도 같았다. "칼을 들어 우리를 겨누는 자는 칼로 망할 것"이라는 넵스키의 대사는 독일 나치에 대한 공개적인 경고 메시지였다.

작곡을 맡은 프로코피예프 역시 서방 체류 시절의 급진적 모더니즘을 잠시 내려놓고 관객의 감정에 직접적으로 호소하는 방식을 택했다. 독일기사단의 사악하고 호전적인 성격을 부각시키기 위해 호른을 비롯한 금관악기를 동원했다. 특히 낙후된 녹음 기술을 역으로 이용해서 마이크에 금관악기를 밀착시킨 뒤 군가풍의 불협화음을 통해서 거칠고 공격적인 분위기를 부각시켰다.

반대로 러시아군이 등장하는 장면에서는 민요풍의 합창이나 서정적인 현악과 목관악기를 통해서 뚜렷한 대비를 빚어냈다. 특히 한 폭의 그림처럼 전투 장면을 묘사한 '빙판 위의 전투' 이후에 전사자들을 애도하는 소녀의 노래인 '죽은 자들의 들판The Field of the Dead' 장면을 곧바로 이어 붙였다. 격동적인 전쟁의 서사에 이어서 슬픔과 추모의 서정이 뒤따르면서 감정적인 진폭을 극대화하도록 치밀하게 설계한 것이다.

예이젠시테인은 이처럼 시간의 흐름에 따라서 음악과 영상이 유기적으로 결합하는 방식을 '수직적 몽타주Vertical Montage'라고 불렀다. 무성영화 시절에는 장면과 장면의 연속적 결합인 '수평적 몽타주'를 선보였다면, 자신의 첫 유성영화 완성작이었던 이 작품에서는 음악과 장면의 동시적 결합을 탐구한 것이었다. 그 파트너가 바로 프로코피예프였다.

영화는 1938년 12월 1일 개봉 당시부터 대성공을 거뒀다. 스탈린이 예이젠시테인의 등을 치면서 "세르게이, 정말 훌륭한 볼셰비키로군!"이라고 말했다는 오싹한 일화도 있다. "스탈린은 러시아 역사에 등장한 일련의 강력한 지도자들 가운데 자신을 가장 최근이자 빛나는 사례로 여겼다"는 로빈슨의 말이 아마도 진실에 가까울 것이다. 영화는 개봉 5개월 만에 소련 전역에서 관객 2300만 명을 동원했다. 학교에서 아이들은 프로코피예프가 작곡한 합창 「러시아 민중이여 일어나라 Arise, People of Russia」를 불렀다. 프로코피예프는 재빨리 영화 음악을 7악장의 칸타타로 개작했다.

하지만 의도하지 않게 예술이 정치를 앞서는 순간도 있다. 1939년 독일과 소련이 악명 높은 독소 불가침 조약을 체결하자 이 영화는 잠시 '불편한 작품'이 됐다. 틀가침 조약에 따라서 독일은 소련의 적국에서 친구로 변모했다. 그러자 이 영화가 자칫 양국의 우의를 깨뜨릴 수도 있다는 우려가 일어난 것이다.

하지만 2년 뒤 독일이 조약을 깨고 소련을 침공하면서 영화는 나치에 맞선 소련의 저항을 상징하는 작품으로 재부상했다. 이처럼 「알렉산드르 넵스키」 같은 예이젠시테인의 영화들은 철저하게 정치적 프로파간다의 성격을 지니고 있었다. 하지만 이 작품들이 훗날 할리우드 영화에 지대한 영향을 미친 것도 역사의 아이러니다.

커크 더글라스 주연의 「스파르타쿠스Spartacus」나 '스타워즈' 시리즈의 「제국의 역습The Empire Strikes Back」 같은 블록버스터 영화들에서도 「알렉산드르 넵스키」의 영향은 고스란히 드러난다. 「제국의 역습」을 구상할 당시에 조지 루카스가 제작진에게 보여줬던 영화도 「알렉산드르 넵스키」였다. 실제 얼음 행성인 호스에서 벌어지는 설원 전투 장면은 '빙판 위의 전투'를 SF 버전으로 옮겼다고 해도 과언이 아니다. 사악한 제국군을 이끄는 사령관 다스 베이더가 독일기사단의 지휘관이라면, 공화국을 지키는 정의의 기사 제다이는 알렉산드르 넵스키와도 같았다.

이처럼 냉전 당시 미국과 소련은 정치적으로는 극단적으로 대립했지만, 문화적으로는 끊임없이 영향을 주고받으며 자극제가 된 것도 사실이다. 만약 예이젠시테인과 프로코피예프가 이런 역사의 아이러니를 보았다면 웃었을까 울상을 지었을까. 역사에는 가정이 없다고 하지만, 어쩐지 전자였을 것 같다는 생각이 든다. 미워하면서도 닮는다는 말이 과히 틀리지 않은 셈이다.

필자가 추천하는 음반과 영상

Sergei Prokofiev 〈Alexander Nevsky〉

• 영화「알렉산드르 넵스키」, 연출 세르게이 예이젠시테인(씨네코리아, DVD)
Alexander Nevsky/Sergei Eisenstein

• 칸타타 〈알렉산드르 넵스키〉, 메조소프라노 크리스틴 케언스, 지휘 앙드레 프레빈, 로스앤젤레스 필하모닉 오케스트라(텔락, CD)
Christine Cairns/André Previn/Los Angeles Philharmonic Orchestra/Telarc

• 메조소프라노 엘레나 오브라스초바, 지휘 클라우디오 아바도, 런던 심포니 오케스트라(도이치 그라모폰, CD)
Elena Obraztsova/Claudio Abbado/London Symphony Orchestra/Deutsche Grammophon

• 메조소프라노 아군다 쿨라에바, 지휘 드미트리 키타엔코, 쾰튼 귀르체니히 오케스트라(OEHMS, CD)
Agunda Kulaeva/Dmitri Kitayenko/Gürzenich Orchester Köln/OEHMS

• 메조소프라노 올가 보로디나, 지휘 발레리 게르기예프, 마린스키 극장 오케스트라(아트하우스·DVD, 필립스·CD)
Olga Borodina/Valery Gergiev/Mariinsky Orchestra/Arthaus, Philips

프로코피예프의 슬픈 가족사

1975년생 영국 작곡가이자 건반 연주자인 가브리엘 프로코피예프는 이름에서 짐작할 수 있듯이 러시아 작곡가 세르게이 프로코피예프의 친손자다. 런던에서 태어난 가브리엘 역시 클래식 작곡가이자 전자음악 연주자, 음반사 대표, 클럽 사장 등으로 활동하는 만능 음악인이다. 그는 내한 인터뷰에서 "힙합이나 전자음악, 클럽처럼 젊은 세대와 교감하고 소통 가능한 방식으로 클래식 음악을 전달하는 것이 내 음악적 화두"라고 말했다.

그런데 그의 이력을 보면 한 가지 궁금증이 생긴다. 가브리엘의 고향은 왜 러시아가 아니라 영국일까. 얼핏 간단하게 보이는 이 질문에 실은 프로코피예프의 슬픈 가족사가 숨어 있다. 할아버지 프로코피예프가 고국 러시아를 떠난 건 러시아 혁명 이듬해인 1918년 봄이었다.

피아니스트로도 유명했던 프로코피예프는 미국 순회 공연에서 "강철 손가락과 강철 손목, 강철 근육과 강철 어깨"(『뉴욕타임스』)라는 찬사를 받으며 화제를 모았다. 당시 뉴욕 카네기홀 협연에 참석했던 여성 관객이 그의 첫 번째 아내가 된 성악가 리나 프로코피예프(1897~1989)였다. 스페인계 아버지와 폴란드·프랑스계 어머니 사이에서 태어난 리나는 1923년 이탈리아 밀라노에서 베르디 오페라 〈리골레토〉의 질다 역으로 데뷔했다. 프로코피예프의 피아노 반주로 프로코피예프의 가곡들을 부르기도 했다. 결국 이들은 1923년 결혼한 뒤 파리에 정착했다. 이들 부부 사이에서 태어난 차남 올렉(1928~1998)이 바로 가브리엘의 아버지다.

이들의 가족사가 비극으로 치닫기 시작한 건 1936년 소련에 영구 귀국한 이후였다. 오페라 〈수도원에서의 약혼〉을 작곡하던 프로코피예프는 모스크바 문예원을 갓 졸업한 문학도인 미라(1915~1968)와 함께 대본 작업을 했다. 당시 프로코피예프는 48세, 미라는 그 절반인 24세였다. 급기야 이들은 내연 관계로 발전했다. 1941년 프로코피예프는 아내 리나와 두 아들을 남겨둔 채 집을 나와서 미라와 동거하기에 이르렀다. 그 뒤 프로코피예프는 양육비는 보냈지만 집으로 돌아가지는 않았다.

문제는 1948년 2월 첫 번째 부인 리나가 간첩과 반역 혐의로 체포됐다는 점이다. 여러 외국어에 능통했던 리나는 모스크바의 서방 대사관 직원이나 기자들과도 종종 어울렸고 번역 작업도 맡았다. 프랑스에 거주하는 어머니를 방문하기 위해 비자 발급을 신청했다가 거절당한 것도 소련 당국의 의심을 부채질했다. 냉전 초기에 미소 대립이 격화하면서 서방 출신의 리나가 서슬 푸른 스탈린 체제의 희생양이 됐다는 것이 정설이다. 공교롭게도 같은 해 프로코피예프도 형식주의자로 낙인찍히는 바람에 고초를 겪었다.

결국 리나는 20년형을 선고받고 강제수용소에서 8년간 복역했다. 훗날 동료 수감자들의 증언에 따르면, 리나는 1953년 3월 5일 프로코피예프가 스탈린과 같은 날 숨졌다는 사실도 수개월 뒤에야 비로소 알게 됐다. 리나는 흐루쇼프 주도의 스탈린 격하 운동이 일어났던 1956년 석방됐다. 1974년 두 아들과 함께 소련을 떠나서 영국에 정착했고, 런던 골드스미스대에는 작곡가의 기록 보관소가 설립됐다. 영국이 프로코피예프 연구의 중심으로 부상한 이면에는 이렇듯 냉전이 빚어낸 슬픈 가족사가 숨어 있다.

지독한 술고래 글라주노프

20세기 러시아 음악사에서 '약방의 감초'처럼 빠지지 않는 이름이 작곡가이자 지휘자 알렉산드르 글라주노프 (1865~1936)다. 림스키코르사코프의 수제자로 상트페테르부르크 음악원장을 지냈고 쇼스타코비치 같은 작곡가들의 스승이었으니 어쩌면 당연할지도 모른다. 흥미로운 건 음악가들과의 관계에 따라서 그에 대한 묘사도 조금씩 달라진다는 점이다.

우선 스트라빈스키에게 글라주노프는 '질투의 대상'이었다. 둘은 모두 림스키코르사코프의 문하였지만, 학창 시절 이들의 입지는 천양지차였다. 열한 살부터 작곡을 시작한 글라주노프는 탁월한 음감과 기억력 덕분에 일찍부터 음악 신동으로 주목받았다. 스승 림스키코르사코프도 "글라주노프는 하루가 아니라 매 시간 음악적으로 성장한다"고 격찬했다.

1905년 림스키코르사코프가 시위 학생들의 편에 섰다가 음악원장에서 물러나는 고초를 겪었을 때 그의 후임자도 글라주노프였다. 당국의 비위를 거스르지 않는 동시에 스승도 보호하기 위한 일종의 '절충안'이었다.

그에 비하면 스트라빈스키는 전공부터 음악원이 아니라 법대 출신이었다. 림스키코르사코프의 아들과 함께 법대를 다닌 인연으로 스승을 만나서 3년간 개인 레슨을 받았다. 스트라빈스키는 1908년 림스키코르사코프가 세상을 떠나자 '장송 음악'을 작곡했다. 하지만 정작 장례식에서 스승의 부인에게 들었던 말 한마디가 평생 마음의 상처로 남았다. "슬퍼하지 마. 우리에겐 아직 글라주노프가 있잖니." 스승의 음악적 후계자는 스트라빈스키가 아니라 글라주노프라는 뜻이었다. 훗날 스트라빈스키는 "내 일생을 통해서 가장 불행한 날의 하나였기 때문에 일부러 언급하지 않았다"고 술회했다.

그보다 어린 제자 프로코피예프와 쇼스타코비치에게 글라주노프는 '권위의 상징'이었다. 타고난 피아니스트였던 프로코피예프는 음악원 졸업 연주회에서도 리스트나 생상스의 협주곡 대신에 자작곡을 들고 나왔다. 이때 눈살을 찌푸렸던 스승이 음악원장 글라주노프였다. 하지만 프로코피예프는 피아노 협주곡 1번을 자작자연自作自演하며 당당히 1등 상을 거머쥐었다.

반대로 쇼스타코비치의 경우에는 따뜻한 일화가 적지 않다. 음악원 재학 시절에 장학금이 끊길 위기에 처하자 글라주노프는 "쇼스타코비치는 우리 예술의 가장 큰 희망"이라며 정부에 탄원서를 썼다. 어릴 적 아버지를 여읜 쇼스타코비치가 계속 음악 공부를 할 수 있었던 것도 스승 글라주노프가 발벗고 나선 덕분이었다.

　같은 인물인데도 이토록 다른 일화들이 쏟아지는 건 음악가들의 세대 차이 때문이다. 스트라빈스키에게 글라주노프는 선배이자 라이벌이었지만, 프로코피예프와 쇼스타코비치에게는 이미 하늘 같은 스승이었다. 하지만 변치 않는 사실도 있다. 바로 글라주노프의 지독한 음주벽이다.

　1897년 라흐마니노프의 교향곡 1번 초연 당시 글라주노프는 직접 지휘봉을 잡았지만 처참한 실패로 끝나고 말았다. 리허설 부족 이외에 글라주노프가 술을 마시고 '음주 지휘'를 했다는 것도 유력한 설로 꼽힌다. 악몽으로 끝난 당시 연주회 때문에 라흐마니노프는 3년간 펜을 놓았을 만큼 극심한 슬럼프에 빠졌다. 그 뒤 피아노 협주곡 2번으로 간신히 재기했다. 제자 쇼스타코비치 역시 스승이 음악원 책상 서랍 속에 술을 몰래 넣어놓고서 평소 수업 시간에도 틈날 적마다 튜브를 통해서 홀짝였다고 증언했다.

히틀러와 스탈린이 모두 미워한 불온한 오페라

알반 베르크 〈보체크〉

1914년 1차 세계대전이 발발했다. 사실상 예고된 전쟁이었다. 오스만 튀르크 제국의 몰락으로 발칸반도에 거대한 힘의 공백이 생겼다. 그 틈을 타서 러시아의 범슬라브주의와 독일과 오스트리아의 범게르만주의가 정면 충돌했다. 그해 6월 오스트리아 황태자 부부 암살 사건이 연쇄 폭발의 뇌관이었다. 국제전의 위험이 다분했는데도 군축 협상 같은 제어 장치는 제대로 작동하지 않았다. 거기에 호전적 민족주의와 제국주의적 열망이 불쏘시개 역할을 했다.

두 달 뒤인 8월 독일군은 벨기에의 국경을 통해서 프랑스를 침공했다. 파죽지세의 기세였다. 쇤베르크와 제자 안톤 베베른, 알반 베르크 등 신新빈악파 작곡가들도 범게르만주의의 맹목적 열기에 휩쓸렸다. 당시 베베른은 스승 쇤베르크에게 보낸 편지에 이렇게 적었다. "독일과 우리 군의 승리를 위해 하늘에 기도하고 있습니다. 우리가 사는 독일제국이 멸망하리라고는 생각할 수 없어요. 인류 문화를 만들어낸 독일 정신에 대한 흔들리지 않는 믿음이 제 안에서 깨어나고 있습니다." 불과 사반세기 이후 2차 세계대전이 발발한 뒤 쇤베르크와 베베른이 겪었던 망명과 죽음의 비극을 떠올리면 지독한 아이러니였다. 하지만 미래를 내다볼 수 있는 사람은 아무도 없었다.

1차 세계대전이 터지자 스승 쇤베르크는 나이 마흔에도 전쟁에 자원했다. 1916년 쇤베르크는 장교가 될 요량으로 사관학교 훈련을 받았다. 하지만 나이와 지병인 천식이 걸림돌이었다. 결국 쇤베르크는 예비 연대에 배치됐다가 이듬해 군악대 요원으로 들어갔다. 지독한 근시였던 베베른도 산악 지역의 예비 연대에 배치됐다. 알반 베르크 역시 1915년 사관학교에 들어갔지만 한 달도 지나지 않아 신체적 쇠약으로 병원에 후송됐다. 종전까지 그는 전쟁 부서에서 행정직으로 근무했다.

이렇듯 이들 사제는 독일군의 전투력 강화에는 별 도움이 되지 않았다. 하지만 거꾸로 전쟁 경험은 이들의 음악 세계에는 톡톡히 영향을 미쳤다. 1차 세계대전 직전인 1914년 5월 5일 베르크는 빈에서 게오르크 뷔히너(1813~1837)의 연극 「보이체크Woyzeck」를 관람했다. 빈 초연 무대였다.

곧바로 베르크는 작곡에 들어갔지만, 1차 세계대전으로 계획은 기약 없이 연기되고 말았다. 하지만 그럴수록 베르크의 열망은 커졌다. 관료적인 군대 행정과 무의미한 살상을 지켜보면서 자의식을 작품에 투영하기에 이른 것이다. "(보체크에게는) 나 같은 면이 있어요. 이 전쟁 기간을 내가 증오하는 사람들에게 의존해서 보내고 있고, 사슬에 매여 있고, 병들고 포로인 데다, 자포자기하고, 사실상 굴욕당하고 있으니 말이오." 종전 직전인 1918년 6월 아내에게 보낸 편지에서 베르크는 오페라의 주인공과 자신을 동일시했다. 사실상 오페라는 베르크의 음악적 자화상이었다.

오페라의 원작인 『보이체크』는 1837년 스물넷의 나이로 세상을 떠난 극작가 뷔히너의 희곡이다. 뷔히너의 집안은 16세기부터 대대로 의학에 종사했다. 아버지도 내과 의사였고, 뷔히너 역시 1831~1834년 프랑스 스트라스부르 대학에서 의학을 전공했다. 하지만 프랑스 유학 시절 그는 1830년 7월 혁명의 여파로 급진적 사상에 물들었고, 독일로 돌아온 뒤에는 비밀결사 조직을 만들었다. 급기야 지배층의 부패를 고발하고 민중 봉기를 호소하는 전단을 배포하다가 지명 수배자가 되기에 이르렀다.

당시 경험은 『보이체크』에도 고스란히 녹아들었다. 뷔히너는 1836년 취리히 대학교의 자연과학 강사가 됐지만, 첫 학기도 마치지 못한 채 불과 석 달 뒤 티푸스로 요절했다. 첫 희곡인 『당통의 죽음』을 비롯한 그의 작품들은 생애 마지막 2년간 대부분 집필했다. 『보이체크』는 미완성 유작이다. 뷔히너는 작가이자 혁명가, 자연과학자이자 의사라는 르네상스적 인물이었다.

이 희곡은 전직 군인이자 이발사인 요한 크리스티안 보이체크가 1821년 라이프치히에서 자신의 정부를 살해한 실제 사건에 바탕하고 있다. 보이체크보다 다섯 살 연상인 이 여인은 가난한 연인의 처지를 비웃고 군인들과 어울리고 다녔다. 급기야 보이체크의 질투와 분노는 살인으로 이어졌다. 당시 재판에서 변호인은 보이체크가 환청과 환영에 시달린다는 이유로 정신이상을 주장했지만, 법원에서 기각되고 말았다. 결국 보이체크는 1824년 라이프치히 광장에서 공개 처형됐다. 이 듬해 궁정 참사관이 보이체크의 정신감정 결과를 의학 전문지에 게재했다. 이 잡지의 구독자였던 아버지 덕분에 뷔히너도 사건의 전말을 알게 됐다. 청년 시절 급진적 사상에 이끌렸던 뷔히너는 이 사건의 비극성에 깊이 공감했다. "가진 자와 가지지 못한 자들 간의 대립적인 상황만이 유일한 혁명적 요인"이라고 믿었던 작가에게 보이체크는 단순한 범죄자가 아니라 불합리하고 부조리한 세상의 희생자로 비쳤던 것이다.

뷔히너 사후 40년 가까이 『보이체크』는 잊힌 작품으로 남아 있었다. 1870년대 소설가이자 저널리스트였던 카를 에밀 프란초스가 뷔히너의 전집 발간에 착수하면서 이 작품도 비로소 망각의 늪에서 깨어났다. 하지만 난관이 적지 않았다. 원고 일부는 유실됐고 막과 장의 구분도 없었다. 남아 있는 원고도 작가의 깨알 같은 글씨체 때문에 읽기 힘들었고, 잉크색이 변색되는 바람에 화학적 처리를 통해서야 겨우 판독할 수 있었다. 심지어 제목인 『보이체크』마저 잘못 읽는 바람에 처음에는 '보체크Wozzeck'라고 출간됐다. 나중에 알반 베르크도 오페라로 작곡할 때 원작 제목의 y를 z로 바꿔서 '보체크'라고 명명했다.

이 작품은 뒤늦게 발견됐다는 점에서는 불행했지만, 세대를 훌쩍 뛰어넘어서 프랑크 베데킨트와 프란츠 카프카, 베르톨트 브레히트 등에게도 영향을 미쳤다는 점에서는 오히려 행운이었다. 비평가 조지 스타이너의 말처럼 "『보이체크』는 하층민에 대한 첫 진정한 비극"이었다. 19세기 작품이 20세기 현대문학의 전조로 재평가를 받은 것이었다.

1차 세계대전이 끝난 뒤 베르크는 다시 작곡에 들어갔고, 오페라는 1922년에야 최종 완성됐다. 연극을 처음 관람하고 무려 8년이 지난 뒤였다. 1923년 베르크는 유니버설 에디션UE과 악보 출판 계약을 맺었지만, 오페라 공연까지는 더 많은 난관이 남아 있었다. 우선 무명이나 다름없는 작곡가의 까다로운 오페라를 무대에 올리겠다고 선뜻 나서는 극장이 없었다.

다른 걸작 오페라들과 마찬가지로 〈보체크〉 역시 뛰어난 지휘자들의 도움이 없었다면 빛을 보기 힘들었을 것이다. 현대음악 지휘자로 명성이 높은 헤르만 셰르헨은 〈보체크〉에서 세 개의 단편을 간추린 뒤 모음곡 형식으로 먼저 연주하는 방안을 제안했다. 일종의 맛보기로 발췌곡부터 선보인 뒤, 전막 공연을 추진하는 우회 전략이었다. 1924년 6월 프랑크푸르트에서 셰르헨의 지휘로 「세 개의 단편」이 연주된 뒤 베르크는 "관객, 단원, 언론에 모두 대성공"이라는 편지를 동료 베베른에게 보냈다.

　같은 해 베를린 국립 오페라극장의 지휘자 에리히 클라이버가 오페라의 초연을 위해서 발 벗고 나섰다. 1925년 12월 베를린 초연을 앞두고 리허설만 137회에 이르렀다는 전설 같은 이야기도 남아 있다. 하지만 클라이버의 반대편에서 극장 내부의 혼란을 부각하기 위해 의도적으로 부풀린 수치라는 반론도 있다. 실제로는 파트별 연습은 15차례, 총연습은 34차례에 그쳤다는 것이다. 물론 이 역시 대단한 수치임에는 틀림없다.

　초연 불과 3주 전에 극장 총감독이 독일 문화부와 갈등 끝에 사임하는 등 일촉즉발의 위기는 계속됐다. 베르크 역시 반년간 몸무게가 10kg이나 빠질 만큼 몸살을 앓았다. 클라이버의 자리를 건 도박이었지만, 결국 〈보체크〉는 베를린 초연에서 대성공을 거뒀다. 그 뒤 유럽 전역은 물론이고 소련 레닌그라드와 미국 필라델피아에서도 공연될 만큼 인기를 누렸다.

　대중적 성공에도 불구하고 〈보체크〉는 드라마적으로나 음악적으로 여전히 급진적인 작품이다. 베르크의 제자이기도 했던 철학자 테오도어 아도르노의 평가처럼 "자유로운 무조의 언어로 이야기한 첫 번째 오페라 작품"이기 때문이다. 바그너가 〈트리스탄과 이졸데〉에서 멈춰 섰고, 리하르트 슈트라우스가 〈살로메〉와 〈엘렉트라〉 이후 얌전하게 돌아갔던 종착점에서 과감하게 한 걸음 더 나아간 것이다. 조성의 질서 내에서 광기와 소외의 문제를 다뤘던 이전 오페라들과는 달리, 〈보체크〉는 조성이라는 전제 조건을 허물어버렸다.

〈보체크〉의 음악적 묘미는 여기서 그치지 않았다. 원작 희곡은 전통적인 기승전결 구조에서 벗어나 암시와 생략으로 가득한 파격적인 열린 형식을 택했다. 그래서 희곡을 읽고 있으면 흩어진 낱장을 느슨하게 묶어놓은 노트를 보는 것 같다는 느낌이 든다. 어찌 보면 파편적이고 달리 보면 개방적인 형식은 20세기 현대극에도 지대한 영향을 미쳤다. 작곡가에게는 이처럼 분절된 부분들을 재통합시키는 것이야말로 음악적 과제였다.

원작자가 남긴 '구슬 서 말'을 하나로 꿰는 방법이 바로 음악이었다. 조성의 법칙이 부재할 경우 생겨날 수밖에 없는 음악적 혼란을 막기 위해서 작곡가는 눈에 보이지 않는 다양한 장치들을 동원했다. 어쩌면 〈보체크〉가 걸작인 것은 이 때문일지도 모른다.

원작과 마찬가지로 오페라 역시 영원과 순간, 도덕과 본능, 부유함과 가난함 같은 대립항으로 가득 차 있다. 극중 이름 없이 직업과 계급으로 나오는 대위와 의사는 권력과 지식을 상징한다. 이들은 도덕이나 이성의 명분으로 보체크를 가르치려고 든다. 하지만 가난과 본능을 상징하는 보체크에게는 그런 설교가 통하지 않는다. 여기서 작곡가는 "우리 가난한 사람들Wir arme Leut"이라는 보체크의 대사를 바그너 오페라의 유도동기처럼 사용한다. 1막 1장의 면도 장면에서 처음 나온 '가난의 동기'는 오페라 전체에서 보체크를 상징하는 선율로 등장한다.

또 작곡가는 기존 음악적 형식의 바탕 위에서 오페라의 전체 3막 15장을 축조했다. 당장 1막의 첫 장부터 전주곡과 파반, 지그와 가보트, 에어 등 바로크 모음곡의 형식을 활용했다. 2막의 다섯 장은 소나타, 판타지와 푸가, 라르고, 스케르초, 론도로 구성된 5악장의 교향곡으로 볼 수 있다. 3막 역시 선율과 음표, 리듬 패턴에 따라서 다양하게 변주되는 '6개의 인벤션invention'이다. 음악학자 레온 보트슈타인은 "무조와 조성적 방법의 종합, 낭만주의적 표현에 대한 경도, 소나타와 변주곡 같은 고전적 형식을 표제가 있는 이야기와 통합시키는 능력이야말로 베르크의 대중성을 설명하는 요인"이라고 분석했다. 그의 말처럼 "베르크는 모더니즘을 인간적으로 만든" 작곡가였던 것이다.

〈보체크〉는 이전의 오페라들과는 달리 가난과 욕망의 문제를 단죄나 동정의 시각에서 바라보지 않는다. 부도덕하고 부조리한 것은 개인이 아니라 사회이며 공허한 도덕률을 설파하는 지배층이다. 이 오페라는 단절과 균열을 강조하고 사회 고발적 성격을 지니고 있다는 점에서도 철저하게 20세기적인 작품이었다. 하지만 〈보체크〉는 1930년대 소련에서 '퇴폐적 부르주아 예술'이라는 이유로 상연 금지됐다. 나치 치하에서도 문화적 볼셰비즘이라는 이유 때문에 '타락한 음악Entartete Musik'으로 낙인찍히고 말았다. 한편에서는 '부르주아적'인 작품이 다른 편에서는 '문화적 볼셰비즘'으로 몰린 셈이었다. 20세기 좌우의 양극단을 대표하는 스탈린과 히틀러의 미움

을 동시에 받았다는 점도 무척 역설적이었다

　〈보체크〉를 초연했던 명지휘자 클라이버는 작곡가의 두 번째 오페라 〈룰루〉 역시 "클라겐푸르트(오스트리아 도시)에서라도 초연하겠다"며 의욕을 불태웠다. 하지만 대본을 제출받은 나치 당국은 오페라 공연에 대해 불허 방침을 내렸다. 클라이버는 1934년 11월 30일 오페라 전곡 대신에 〈룰루〉에서 발췌한 모음곡을 연주했지만, 이번에는 〈보체크〉의 성공 같은 기적은 일어나지 않았다. 결국 나치의 정치적 압력을 견디지 못한 클라이버는 극장에서 사임하고 독일을 떠났다. 작곡가 베르크는 이듬해 성탄 전야에 패혈증 악화로 눈을 감았다. 숨을 거두기 직전 베르크는 아도르노에게 보낸 편지에 이렇게 적었다. "독일에서 100% 절망적이라면 오스트리아에서도 100% 희망이 없기는 마찬가지다. 그곳의 가톨릭교도들에게 나는 충분히 가톨릭적이지 않고, 유대인들에게는 유대인처럼 보이지 않으니까." 이토록 지독한 역사의 아이러니가 과연 베르크뿐이었을까.

Alban Berg 〈Wozzeck〉

• 지휘 클라우디오 아바도, 빈 필하모닉 오케스트라(도이치 그라모폰, CD)
Claudio Abbado/Vienna Philharmonic Orchestra/Deutsche Grammophon

• 지휘 다니엘 바렌보임, 베를린 슈타츠카펠레(워너 클래식, CD, DVD)
Daniel Barenboim/Berlin Staatskapelle/Warner Classics

• 지휘 피에르 불레즈, 파리 오페라 오케스트라와 합창단(소니 클래시컬, CD)
Pierre Boulez/Paris National Opera/Sony Classical

• 지휘 마르크 알브레히트, 연출 크시슈토프 바를리코프스키, 네덜란드 필하모닉 오케스트라(낙소스, DVD)
Marc Albrecht/Krzysztof Warlikowski/Netherlands Philharmonic Orchestra/
Naxos

• 지휘 제바스티안 바이글레, 연출 칼릭스토 비에이토, 리세우 오페라극장 오케스트라와 합창단(오푸스 아르테, DVD)
Sebastian Weigle/Calixto Bieito/Gran Teatre del Liceu Orchestra and Chorus/
Opus Arte

인생의 황혼, 낭만주의의 종착점에서
리하르트 슈트라우스 〈네 개의 마지막 노래〉

히틀러가 자살한 1945년 4월 30일, 작곡가 리하르트 슈트라우스(1864~1949)의 가르미슈 빌라에 연합군이 진주했다. 젊어서 작곡가는 오페라 〈살로메〉로 성공을 거둔 뒤 알프스 풍광이 펼쳐진 독일 남단 가르미슈에 집을 지었다. 미군 부대는 당초 이 건물을 본부로 쓰려고 했다. 하지만 슈트라우스는 "내가 오페라 〈장미의 기사〉와 〈살로메〉를 작곡한 리하르트 슈트라우스요. 그냥 내버려둘 수 없겠소"라고 간청했다. 음악 애호가 출신의 미군 장교가 마침 그를 알아보고 작곡가의 집 앞에 '출입 금지'라는 팻말을 세워줬다.

그 뒤로도 미군 병사들은 그의 별장을 자연스럽게 드나들면서 작곡가와 대화를 나눴다. 작곡가는 사진 촬영과 피아노 연주 요청에도 흔쾌히 응했다. 훗날 필라델피아 오케스트라의 오보에 수석과 커티스 음악원장이 되는 존 드 랜시의 부탁으로 오보에 협주곡을 쓰기도 했다. 반면 작가 토마스 만의 아들인 클라우스 만은 슈트라우스와 만난 뒤 "히틀러를 찬양했던 늙은 기회주의자"라는 지극히 비판적 기사를 미군 신문인 『성조기Stars and Stripes』에 실었다. 슈트라우스와 나치의 복잡미묘한 관계가 드러나는 계기 가운데 하나였다.

인연일까 악연일까. 슈트라우스의 인생 후반은 히틀러의 나치를 빼놓고는 설명하기 힘들다. 바그너 서거 50주기였던 1933년 바이로이트 페스티벌에서 슈트라우스는 아돌프 히틀러를 만났다. 그해 1월 히틀러가 독일 총리에 취임한 이후였다. 같은 해 반파시스트였던 이탈리아 거장 아트투로 토스카니니가 바이로이트 페스티벌의 출연을 거부하자, 그 자리를 대신 맡은 것도 슈트라우스였다. 토스카니니는 "작곡가 슈트라우스에게는 모자를 벗어 경의를 표하겠지만 인간 슈트라우스 앞에서는 다시 그 모자를 쓸 것"이라고 말한 것으로 전해진다. 하지만 그럴싸한 이야기일수록 오히려 근거는 불분명한 경우도 많다. 토스카니니는 전후에도 슈트라우스의 관현악을 즐겨 녹음했다. 슈트라우스 역시 이 말을 믿지 않았다고 한다.

히틀러 집권 초기에 나치와 슈트라우스는 분명 밀월 관계였다. 1933년 11월 제국문화원Reichskulturkammer이 공식 출범할 당시, 영화 음악 문학 연극 미술 신문 방송 등 7개 분과 가운데 초대 음악원장을 슈트라우스가 맡았다. 작곡가는 "나와는 상의 없이 진행된 일이지만 독일 음악계가 자리를 노리는 문외한이나 아마추어의 손에 넘어가는 불행을 방지하고 조금이라도 좋은 일을 할 수 있지 않을까 하는 마음으로 이 명예직을 받아들였다"고 변명조로 말했다. 하지만 슈트라우스에 대한 총 세 권의 기념비적인 평전을 펴낸 영국 음악학자 노먼 델 마는 이 변명에 대해 "자기 기만에 빠진 수많은 사람들self-deluders 가운데 하나가 정치적으로 순진무구한 칠순의 슈트라우스였다"고 통렬하게 지적했다.

당시 제국문화원 출범식에서는 슈트라우스가 1913년 작곡한 〈축전 서곡〉이 작곡가 자신의 지휘로 울려 퍼졌다. 다음 달 슈트라우스는 가곡 「개울Das Bächlein」을 요제프 괴벨스 선전부 장관에게 헌정했다. 이 가곡의 마지막 두 행은 '나를 이 바위에서 불러내는 사람이/내 길잡이mein Führer가 되리'라는 의미심장한 가사로 끝났다. 이 노래에 나오는 '퓌러'는 길잡이와 히틀러의 직책인 총통이라는 이중적 의미를 지니고 있었다. 이렇듯 자발적 협력과 불가피한 타협 사이의 경계는 애매모호했다.

엄밀히 말해서 게르만 우월주의와 반유대주의 같은 나치의 이데올로기와 슈트라우스 사이의 공통분모는 적었다. 작곡가는 멘델스존과 말러 같은 유대인 작곡가의 작품에 대한 금지령에 비판적이었다. 게다가 후고 폰 호프만슈탈부터 슈테판 츠바이크까지 오페라들을 함께 작업한 극작가들도 모두 유대인이었다. 더 큰 문제는 슈트라우스의 며느리도 유대인이라는 점이었다. 작곡가가 끔찍하게 아꼈던 친손자 두 명 역시 결과적으로 절반의 유대인으로 분류됐다.

히틀러는 당시 문화 정책 전반을 괴벨스에게 일임했다. 좋든 싫든 슈트라우스와 괴벨스는 계속 마주칠 수밖에 없는 처지였다. 슈트라우스의 음악을 그리 좋아하지 않았던 괴벨스는 이렇게 일기에 적었다. "불행하게도 여전히 그는 우리에게 필요하다. 하지만 언젠가 우리의 음악을 갖게 되면 이 퇴폐적인 노이로제 환자가 필요 없는 날이 올 것이다." 슈트라우스의 속내 역시 크게 다르지 않았다. 작곡가 역시 비망록에 "율리우스 슈트라이허나 괴벨스의 유대인 박해는 독일 명예의 치욕이며 더 높은 지성과 재능에 대한 재능 없고 게으른 범인들의 저열한 무기"라고 썼다. 히틀러와 괴벨스가 철저한 인종주의자라면, 슈트라우스는 재능만이 유일한 판단 기준이라는 점에서 예술 지상주의자에 가까웠다.

나치와 슈트라우스 사이에 잠재된 갈등은 작곡가의 오페라 〈말 없는 여인Die schweigsame Frau〉의 상연을 계기로 폭발했다. 이 오페라의 대본을 츠바이크가 썼던 것이다. 오페라는 1935년 드레스덴에서 카를 뵘의 지휘로 초연됐지만, 단 두 차례 공연을 끝으로 막을 내리고 말았다. 히틀러와 괴벨스 모두 초연에 참석하지 않았다. 츠바이크는 회고록 『어제의 세계』에서 슈트라우스에 대한 양가적인 심경을 솔직하게 토로했다. 한편으로는 "슈트라우스가 할 수 있는 한 내게 우정에 찬 신의를 지켰다"고 높이 평가했다. 그러면서도 동시에 "그는 나로서는 도저히 공감이 안 가는 수단을 취했다. 그는 권력자들을 가까이했고 히틀러와 괴링, 괴벨스와 자주 만났으며, 푸르트벵글러까지도 아직은 거절하고 있었던 시기에 제국음악원장 직을 받아들였다”고 비판했다. 츠바이크는 나치에 대한 외면적 협조와 내면적 경멸이라는 슈트라우스의 이중성을 꿰뚫어 본 셈이었다.

공교롭게도 오페라 초연을 앞두고 슈트라우스가 츠바이크에게 보냈던 편지 사본이 히틀러의 손에 들어가면서 사태는 걷잡을 수 없이 악화됐다. 이 편지에는 슈트라우스의 속마음이 고스란히 드러나 있었다. “모차르트가 의식적으로 독일인으로서 작곡했다고 믿습니까? 제게 대중은 관객이 되는 순간에만 존재할 뿐입니다. 중국인이든 바이에른 주민이든, 뉴질랜드인이든 베를린 시민이든 입장료만 낸다면 제게는 똑같습니다. 내가 정치에 지나치게 깊숙이 관여했다고 누가 그럽니까? 내가 제국음악원장으로 거들먹거린다고요? 저는 어떤 정부에서라도 이 지겨운 명예직을 맡았을 겁니다.” 결국 슈트라우스는 음악원장직에서 물러나야 했다. 어쩌면 히틀러 치하에서도 유대인 작가 츠바이크와의 협업이 가능하다고 믿었던 슈트라우스의 천진난만함이야말로 비극의 근본 원인이었을지도 모른다.

음악이든 삶이든 슈트라우스는 평생 남부러울 것이 없었다. 모차르트처럼 음악가 집안에서 태어나서 멘델스존처럼 일찍부터 재능을 드러냈고 말러처럼 세기말 빈의 아이콘으로 부상했다. 하지만 그의 역경은 인생 후반부에 물밀듯이 쏟아졌다. 나치의 폴란드 침공으로 2차 세계대전이 발발하자 그를 둘러싼 구세계는 서서히 붕괴했다. 1943년에는 슈트라우스 부자가 대를 이어서 몸담았던 뮌헨 오페라극장이 폭격당했다. 아버지 프란츠가 반세기 가까이 호른 주자로 연주했고 젊은 시절 작곡가 자신도 오페라를 처음 듣고 지휘했던 곳이었다. 그 광경을 목도한 작곡가는 "내 삶에서 가장 커다란 재앙"이라고 탄식하며 장송곡을 써나갔다. 이 장송곡은 전쟁 막바지인 1945년 4월 23개의 현악기를 위한 〈미타모르포젠 Metamorphosen〉으로 완성됐다.

설상가상으로 나치의 유대인 대량 학살을 의미하는 소위 '최종 해결책'이 확정되자 당장 유대인인 며느리 알리스 가족들의 목숨도 위태로워졌다. 슈트라우스는 나치 권력 핵심부와 가까운 지휘자 하인츠 티티엔에게 며느리와 손자들의 신변 보장을 간청하는 편지를 보냈다. 또한 알리스의 할머니를 구하기 위해 테레지엔슈타트(테레진) 강제수용소까지 찾아갔지만 정문에서 출입을 제지당했다. 결국 알리스와 손자들은 무사했지만 며느리의 가족 26명이 목숨을 잃었다. 전쟁이 끝날 즈음 슈트라우스는 일기에 이렇게 적었다. "인류 역사에서 가장 끔찍한 시절이 끝나고 있다. 가장 끔찍한 범죄자들이 짐승 같고 무지하고 반문화적으로 지배한 지난 12년간 독일의 2000년 문화적 발전도 파멸을 맞았다." 과연 슈트라우스는 나치 협력자였을까 피해자였을까.

전쟁이 끝나자 슈트라우스의 은행 계좌는 동결됐고 로열티 수입도 압류됐다. 당시 작곡가 부부는 독일을 떠나 스위스에 머물고 있었다. 경제적 어려움과 건강 악화, 나치 협력 혐의라는 삼중고 속에서 극심한 무기력함과 우울함에 빠진 작곡가는 책과 악보에 파묻혀 지냈다. 남는 시간에는 독일 예술계 재건을 촉구하는 편지를 썼다. 보다 못한 아들이 "차라리 가곡을 쓰시라"고 권유할 정도였다.

이 무렵에 작곡한 〈네 개의 마지막 노래Vier Letzte Lieder〉는 인생 후반의 고난에 대한 노작곡가의 응답과도 같았다. 19세기 독일 시인 요제프 폰 아이헨도르프의 시 「저녁놀에Im Abendrot」가 출발점이었다. 이어서 슈트라우스는 「9월」과 「잠들기 전에」 「봄」 등 헤르만 헤세의 시 세 편에 차례로 곡을 붙였다. 여섯 살 때부터 평생 200여 곡을 작곡한 슈트라우스에게 가곡은 예술적 고향과도 같은 장르였다. 네 곡 모두 소프라노가 대편성 관현악 반주를 뚫고서 상향하는 멜로디를 불러야 하고, 호른이 중요한 역할을 맡는다는 공통점이 있었다. 소프라노는 아내 파울리네의 음역이었고, 호른은 아버지 프란츠의 악기였다.

영국 음악학자 노먼 델 마는 말년에 다시 불붙은 슈트라우스의 창작력을 '인디언 서머Indian summer'에 비유했다. 흡사 늦가을에 봄날처럼 화창한 날씨가 찾아오는 것처럼 70~80대에도 호른 협주곡 2번과 〈메타모르포젠〉, 오보에 협주곡 같은 걸작들을 쏟아냈다는 의미였다. 그 종착점에 해당하는 작품이 〈네 개의 마지막 노래〉였다. "우리는 슬픔도 기쁨도 손 맞잡고 견뎌왔네. 이제 방황을 멈추고 저 높고 고요한 곳에서 안식을 누리리." 아이헨도르프의 시에 곡을 붙인 「저녁놀에」의 첫 구절에는 슈트라우스와 평생의 반려였던 파울리네 부부의 모습이 투영되어 있었다. 후반으로 가면서 가사는 조금씩 어두워지고 결국 쓸쓸한 반문으로 끝난다. "저녁노을 속에서 우리 피로로 지쳐 있네. 이것이 아마도 죽음이 아닐까." 여기서 슈트라우스는 '그것das'이라는 어휘를 '이것dies'으로 바꿔서 임박한 죽음의 느낌을 강조했다.

하지만 여기엔 놀라운 반전이 있다. 1888~1889년 작곡한 교향시 〈죽음과 변용〉에 등장하는 '변용의 주제'를 소프라노가 부르는 이 마지막 가사에 살포시 덧입힌 것이다. 당시 20대 중반의 청년 슈트라우스는 죽음을 앞둔 예술가가 자신의 삶을 돌아보고 피안의 세계를 상상한다는 대담한 내용의 단악장 교향시를 작곡했다. 청춘과 노년, 과거와 현재, 삶과 죽음이 60년 만에 〈네 개의 마지막 노래〉에서 다시 만난다. 부드러운 후주가 울리는 가운데 아름다운 여운을 남기면서 곡은 마무리된다. 죽음마저 껴안는 노작곡가의 탈속적이고 초월적인 시선이 느껴지는 결말이다.

슈트라우스는 1948년 뮌헨 탈나치화 법정에서 무혐의 처분을 받았다. 〈네 개의 마지막 노래〉는 1950년 5월 22일 런던의 로열 앨버트홀에서 소프라노 키르스텐 플라그스타트의 노래와 빌헬름 푸르트벵글러의 지휘로 초연됐다. 하지만 8개월 전에 세상을 떠난 작곡가는 이 곡이 연주되는 모습을 생전에 볼 수 없었다. 말년의 작곡가는 며느리 알리스에게 "죽음이라는 건 내가 60년 전 〈죽음과 변용〉에서 작곡했던 대로"라는 유머 섞인 말을 건넸다. 아내 파울리네도 초연 9일 전에 눈을 감았다. 결과적으로 이 곡은 서서히 저물어가는 독일 후기 낭만주의 전통에 대한 마지막 작별 인사가 됐다. 동시에 무조와 12음 기법을 넘어서 총렬주의로 치닫는 현대음악의 격랑 속에서도 온전하게 복고적 정서를 간직한 모순적 걸작으로 남았다.

Richard Strauss 〈Vier letzte Lieder〉

• 소프라노 키르스텐 플라그스타트, 지휘 빌헬름 푸르트벵글러, 필하모니아 오케
스트라(1950년 5월 22일 세계 초연 실황, 테스타먼트, CD)
Kirsten Flagstad/Wilhelm Furtwängler/Philharmonia Orchestra/Testament

• 소프라노 엘리자베트 슈바르츠코프, 지휘 조지 셀, 베를린 방송 교향악단(워너
클래식, CD)
Elisabeth Schwarzkopf/ George Szell/Radio-Symphonieorchester Berlin/Warner
Classics

• 소프라노 군둘라 야노비츠, 지휘 헤르베르트 폰 카라얀, 베를린 필하모닉 오케
스트라(도이치 그라모폰, CD)
Gundula Janowitz/ Herbert von Karajan/Berlin Philharmonic Orchestra/
Deutsche Grammophon

• 소프라노 리세 다비드센, 지휘 에사 페카 살로넨, 필하므니아 오케스트라(데카,
CD)
Lise Davidsen/Esa-Pekka Salonen/Philharmonia Orchestra/Decca

• 소프라노 황수미, 피아노 헬무트 도이치(도이치 그라모폰, CD)
Sumi Hwang/Helmut Deutsch/Deutsche Grammophon

• 소프라노 안야 하르테로스, 지휘 크리스티안 틸레만, 드레스덴 슈타츠카펠레
(C메이저, DVD)
Anja Harteros/Christian Thielemann/Dresden Staatskapelle/ C-Major

• 다큐멘터리 「리하르트 슈트라우스: 무지개의 끝에서」(C메이저, DVD)
Richard Strauss: At The End of The Rainbow/C-Major

헤세와 슈트라우스

괴테와 니체, 토마스 만까지 음악에 대한 남다른 통찰력을 지녔던 독일 문호는 적지 않다. 1946년 노벨 문학상 수상자인 헤르만 헤세(1877~1962) 역시 마찬가지였다. 어릴 적부터 바이올린을 배웠던 헤세는 자신의 작품에도 음악인을 등장시키거나 음악과 연관된 구절을 즐겨 넣었다. "우리는 고전음악을 문화의 정수이자 화신으로 여긴다. 그것이 우리 문화의 가장 명확하고 특징적인 몸짓이자 표현이기 때문"이라고 했던 소설 『유리알 유희』가 대표적이다. 그가 음악에 대해서 쓴 운문과 산문들을 따로 모은 『헤르만 헤세, 음악 위에 쓰다』(북하우스)가 국내 출간되기도 했다. 특히 바흐의 종교음악과 모차르트의 오페라를 사랑했던 헤세는 "독일 음악에서 둘(종교음악과 오페라)은 짧은 간격을 두고 차례로 그 최고봉에 올랐고 가장 위대한 거장을 만났다"고 격찬했다.

더불어 헤세는 생전에 동시대 작곡가들이 그의 시에 곡을 붙인 노래만 2000여 곡에 이를 만큼 음악적인 작가였다. 헤세가 음악에서 끊임없이 자양분을 얻고, 음악인들은 다시 그의 문학에서 영감을 받았던 셈이다. 그 가운데 한 명이 작곡가 리하르트 슈트라우스였다. 슈트라우스는 말년 걸작인 〈네 개의 마지막 노래〉에서도 헤세의 시 세 편에 곡을 붙였다. 이 정도면 각별한 인연으로 여길 법하지만, 정작 헤세는 슈트라우스와 줄곧 비판적 거리를 유지했다. 스위스 바덴에 머물 무렵에는 지인이 둘의 만남을 주선했지만 헤세는 제안을 거절했다. 심지어 슈트라우스가 타계한 뒤인 1957년에도 헤세는 자신의 시에 곡을 붙인 슈트라우스 가곡들에 대해 "빼어난 기교에 세련되고 아름다운 세공이 가득한, 하지만 중심이 없고 그저 그 자체가 목적"이라며 "저는 그걸 라디오에서 세 번 들은 것이 전부"라고 했다.

헤세가 슈트라우스를 탐탁지 않게 여긴 이유가 있다. 무엇보다 나치 협력 문제였다. 전쟁 직후인 1946년 편지에서 헤세는 "인생이 그(슈트라우스)에게 의미하는 건 성공, 예우, 막대한 수입, 축제 공연 등이었을 것"이며 "그러니 그 악마(나치)에게 저항할 방법을 찾을 수 없었다. 우리에게 그를 심하게 비난할 권리는 없지만 그래도 그와 거리를 둘 권리는 있다고 생각한다"고 적었다. 히틀러 집권 초기에 제국음악원장을 맡았던 슈트라우스와 달리, 2차 세계대전 당시 헤세의 작품들은 대부분 독일에서 금지 서적으로 분류됐다.

　헤세와 슈트라우스 모두 사회 참여적인 예술가는 아니었다. 하지만 도덕과 예술의 갈림길에서 헤세는 언제나 엄격한 도덕적 잣대를 유지하고자 했다. 「어느 여자 성악가에게 쓴 부치지 않은 편지」에서 헤세는 "저는 예술에 대해 말하고 사유할 때 예술가의 시선을 고수하지만, 예술비평가나 미학자가 아니라 모럴리스트로서 바라본다"라고 말했다. 물론 헤세의 도덕(모럴)은 지극히 개인적 영역에서 출발하지만 "제멋대로 생각하고 행동하는 공동체, 특히 집단 영혼, 집단 심리적인 모든 것을 그 못지않게 싫어한다"고도 했다. 나치 집권 이후 바그너의 오페라를 정치적으로 이용하려는 움직임이 노골화하자 헤세가 비판적 자세를 보였던 것도 어쩌면 당연했다. 반면 슈트라우스는 나치 시절 바이로이트 페스티벌에서도 스스럼없이 지휘했다. 이 작지만 결정적 차이가 2차 세계대전 이후 둘 사이의 심리적 거리를 빚어낸 셈이다.

이제 나는 낮에 지쳤다네,
내 그리운 갈망은 이제
별빛 하늘의 밤이 상냥하게
곤한 아이 품에 안듯 받아주기를

헤르만 헤세 「잠들러 가는 길에Beim Schlafengehn」 중에서
리하르트 슈트라우스 〈네 개의 마지막 노래〉

Between the 19th and 20th centuries

19세기와 20세기의 중간에서

인상주의에 대한 예술적 이중 전선
클로드 드뷔시 〈바다〉

요즘 말로 작곡가 클로드 드뷔시(1862~1918)는 타고난 탕 아였다. 드뷔시가 은행가의 부인이자 성악가인 엠마 바르닥 (1862~1934)과 만나기 시작한 건 1903년 무렵이었다. 둘은 모두 기혼자였다. 당시 드뷔시는 엠마의 아들인 라울에게 틈틈이 작곡을 가르치고 있었다. 제자의 어머니와 사랑에 빠진 셈이었다.

1904년 7월 19일 드뷔시는 아내 릴리에게 이런 편지를 보냈다. "예술가란 내면적으로 혐오스러운 존재이자 아마도 개탄스러운 배우자일 것이오. 바꿔 말해서 완벽한 남편은 한심한 예술가가 되고 말지. 일종의 악순환이오." 편지의 말미에는 '남편 클로드' 대신에 무뚝뚝하게 '드뷔시'라고 성만 써놓았다. 엠마의 이름을 명시하지는 않았지만 사실상 불륜을 암시한 것이나 다름없었다. 그 즈음 드뷔시는 엠마와 함께 프랑스 북

서부 노르망디의 섬으로 여행을 떠났다. 그 이전부터 드뷔시는 끊임없이 스캔들을 일으키고 다녔다. 엠마 역시 1890년대 작곡가 가브리엘 포레와 염문을 뿌렸다. 포레는 엠마에게 가곡을 헌정한 적도 있다.

스캔들은 여기서 끝나지 않았다. 석 달 뒤인 10월 13일 드뷔시의 아내 릴리가 권총 자살을 기도했다. 총탄이 왼쪽 가슴에 박혔지만, 다행히 생명은 건졌다. 오페라 〈펠레아스와 멜리장드〉를 초연했던 소프라노 메리 가든은 병문안을 다녀온 뒤 "의사들은 탄환을 꺼내지 못했다. 그녀가 남편 드뷔시에게 지니고 있었던 사랑의 작은 징표는 죽을 때까지 남아 있었다"고 적었다.

이 사건은 프랑스뿐 아니라 대서양 건너편 미국에서도 대서특필됐다. 요즘 온라인에 떠도는 연예인의 가십처럼 국제적 스캔들로 번졌던 것이다. 당장 폴 뒤카와 에릭 사티 같은 동료 작곡가들부터 드뷔시에게 싸늘하게 등을 돌렸다. 게다가 엠마가 유대인이라는 사실도 드뷔시에게는 불리하게 작용했다. 1894년 '드레퓌스 사건' 이후 프랑스 전역에서는 반反유대주의가 기승을 부리고 있었다.

하지만 드뷔시는 이런 불리한 상황에도 전혀 개의치 않았다. 1905년 5월 4일 엠마의 이혼에 이어서 드뷔시도 석 달 뒤 이혼했다. 전처 릴리에게 매달 400프랑씩 위자료를 지급한다는 조건이었다. 그해 10월에는 드뷔시와 엠마 사이에서 딸이 태어났다. 드뷔시는 자신과 엠마에서 하나씩 따서 '클로드 엠마'라고 이름을 지었다. '슈슈'라는 애칭으로 친숙한 이 딸을 위해서 훗날 드뷔시가 작곡한 피아노 독주곡이 〈어린이 차지〉다. 1908년 드뷔시와 엠마는 정식으로 결혼했다.

이 시기에 탄생한 드뷔시의 관현악곡이 〈바다La Mer〉다. 당시 작곡과 비평을 겸업하고 있던 드뷔시는 1903년 초 베토벤의 교향곡 〈전원〉과 바그너의 4부작 〈니벨룽의 반지〉 공연을 관람하기 위해서 런던을 수차례 방문했다. 〈바다〉의 작품 구상을 담은 편지를 지휘자 앙드레 메사제(1853~1929)에게 보낸 것도 이 즈음이다. 메사제는 드뷔시의 오페라 〈펠레아스와 멜리장드〉를 초연할 만큼 각별한 사이였다.

"〈바다〉라는 제목으로 세 개의 교향악적 스케치를 작곡 중입니다. 1악장은 「상기네르 섬의 아름다운 바다Mer belle aux îles Sanguinaires」, 2악장은 「파도의 희롱Jeux de vagues」, 3악장은 「바람이 바다를 춤추게 한다Le vent fait danser la mer」입니다. 제가 원래 뱃사람이 되려고 했다는 걸 아실지도 모르겠네요. 삶의 우여곡절로 인해서 멀어지기는 했지만, 여전히 바다에 대한 애정을 간직하고 있지요."

'뱃사람'은 유년 시절에 드뷔시의 아버지가 아들을 선원으로 키우려고 했다는 일화에서 나온 말이다. 1903년 8월 드뷔시는 부르고뉴의 처가에서 작곡에 착수했다. 작곡 과정에서 1악장의 제목은 '바다의 새벽부터 낮까지De l'aube à midi sur la mer', 3악장은 '바다와 바람의 대화Dialogue du vent et de la mer'로 각각 수정했다. 1905년 작곡을 마친 드뷔시는 일본 에도 시대의 화가 가쓰시카 호쿠사이葛飾北斎의 목판화 「가나가와의 거대한 파도」를 악보 표지로 사용했다. 당시 인상주의 화가들에게도 지대한 영향을 미쳤던 작품이었다.

〈바다〉는 1905년 10월 15일 초연됐다. 전처 릴리의 자살 기도 사건이 일어난 지 정확히 1년 뒤였다. 초연 당시 반응은 별로 신통치 않았다. "나는 바다를 듣지도, 보지도, 냄새를 맡지도 못했다"는 일간지 『르 탕Le Temps』의 음악 평론가 피에르 랄로의 혹평이 대표적이다. 작곡가 에두아르 랄로의 아들인 그는 이렇게 비판했다. "드뷔시의 첫 묘사적인 작품을 들으면서도 나는 자연 자체가 아니라 자연의 복제를 보는 듯했다. 물론 미묘하고 독창적이고 솜씨가 빼어나지만, 그럼에도 불구하고 복제품에 불과하다." 그는 〈바다〉에 대해서 세 차례 평했지만, 호평은 한 차례도 없었다.

랄로의 평에 격분한 드뷔시는 "내 음악관이 당신과 같지 않다고 해도, 나는 여전히 예술가이며 오직 예술가일 뿐"이라는 반박 편지를 보냈다. 드뷔시는 "문제의 핵심은 내게는 더 이상 존재하지 않거나 존재한다고 해도 전혀 가치 있거나 빼어나지도 않은 시대적 전통을 당신이 여전히 사랑하고 대변한다는 점"이라며 "과거의 낡은 먼지가 언제나 존중받아야 하는 건 아니다"라고 단언했다. 이들이 주고받은 편지에 당시 프랑스 음악계의 핵심적인 쟁점이 담겨 있었다. 바로 음악의 인상주의라는 문제였다.

드뷔시는 인상주의 작곡가였을까. 간단한 질문 같지만 막상 대답하기는 쉽지 않다. 당장 작곡가부터 인상주의에 대해 지극히 양가적인 태도를 보였기 때문이다. 드뷔시와 인상주의의 친화성은 일찍부터 감지됐다. 1884년 스물두 살의 드뷔시는 로마 대상을 차지한 뒤 로마 유학길에 올랐다. 그가 로마 체류 시절에 제출한 초기 관현악곡이 〈봄Printemps〉이다. 하지만 이 작품의 악보를 받아본 음악원 교수들은 "막연한 인상주의는 예술 세계에서 가장 위험한 진리의 적 가운데 하나"라는 우려를 나타냈다. 드뷔시 작품에 깃들어 있는 인상주의적 요소를 일찌감치 간파한 셈이었다.

하지만 정작 드뷔시는 자신의 작품이 인상주의로 분류되는 걸 그리 반기지 않았다. 아마도 음악이 다른 장르에 비해 부차적이고 종속적으로 비칠 수 있다는 우려 때문이었을 것이다. 오히려 "사실상 음악이야말로 자연에 가장 근접한 예술"이라는 것이야말로 작곡가의 예술적 자부심이었다. 1913년 그는 "화가와 조각가들은 시간의 한순간에 드러나는 면모를 붙잡을 뿐이다. 작곡가들은 낮과 밤, 대지와 하늘의 모든 시詩를 포착하고, 대기를 재구성하며, 자연의 거대한 박동에 리듬을 부여할 특권을 지니고 있다"고 적었다. 작곡가의 이런 자긍심이 응축된 문제적 걸작이 〈바다〉였다.

이전까지 표제음악은 비발디의 〈사계〉처럼 자연이나 사물을 있는 그대로 묘사하는 작품에 가까웠다. 하지만 드뷔시는 그런 비판을 전제부터 흔들었다. 심지어 드뷔시는 베토벤의 교향곡 〈전원〉에 대해서도 지독한 독설을 빼놓지 않았다.

"〈전원〉 교향곡의 한 부분을 이루는 '폭풍우'만 보아도 알 수 있다. 존재와 사물의 공포를 낭만파의 외투 자락이 감싸는 동안, 시원찮은 천둥소리가 울릴 뿐이다." 하지만 드뷔시는 〈전원〉 교향곡 전체를 졸작으로 폄하한 것이 아니다. 오히려 작품의 진정한 아름다움을 놓치고 단순한 묘사에만 집착해서는 안 된다는 따끔한 일침에 가깝다. 실제로 같은 글에서 그는 이렇게 단언했다. "이 위대한 거장의 작품에는 아름다운 풍경을 훨씬 더 심오하게 표현한 다른 대목들이 있다. 그 대목들이 한결 심오한 이유는 단지 풍경을 직접적으로 모사하지 않고 자연 속의 '보이지 않는 것'을 감정적으로 옮겨냈기 때문이다."

이 구절이 보여주듯이 드뷔시에게 음악은 외부 세계의 풍경과 사물을 있는 그대로 모방하는 것이 아니었다. 실은 인상주의impressionism라는 말 자체에 그런 전제가 함축되어 있다. 외부 세계가 인간 내면에 남긴 정신적 자국이 인상印象이다. 반대로 내면의 감정을 외부로 분출하는 것이 표현表現이다. 인상주의와 표현주의expressionism가 그 이전의 사실주의에 대한 예술적 반작용이라는 사실이 단어의 의미에도 깔려 있는 것이다.

그 인상이 외부 세계의 풍경이나 사물과 정확하게 일치해야 하는 당위성은 더 이상 존재하지 않는다. 인상주의 화가들이 사실주의의 굴레에서 벗어날 탈출구를 발견한 것처럼, 드뷔시는 절대음악과 표제음악의 이분법 사이에서 미묘한 틈새를 찾아낸 것일지도 모른다. "바다의 소리, 굽은 수평선, 나뭇

잎을 스치는 바람, 새의 지저귐이 우리에게 수많은 인상들을 남긴다. 그리고 갑자기 우리가 원하지도 않았을 때 이 기억 가운데 하나가 쏟아져 나와서 음악 언어로 표현된다."

작곡가 자신의 말처럼 음악은 자연현상의 직접적 묘사가 아니라 우리 내부의 기억을 투과해서 나오는 결과물이다. 그렇기에 드뷔시는 비평집 『안티 딜레탕트 크로슈 씨』에서도 이렇게 말했다. "정말이지, 부디 '인상'이라는 단어를 기억해주셨으면 좋겠습니다. 나는 인상을 중요하게 생각합니다. 쓸데없이 들러붙는 미학으로부터 내 감정의 자유를 지켜주니까요."

드뷔시와 인상주의의 관계를 쉽게 이해하기 힘든 것은 실은 작곡가의 태도가 이중적이기 때문이다. 음악과 미술의 대외적 관계에서는 인상주의라는 용어를 거부하면서 음악의 독립성을 옹호하고자 했다. 반면 음악 내부에서는 인상주의적 방법론을 받아들이면서 독일 고전파 음악의 형식성과 표제음악의 기능적 측면을 모두 넘어서고자 했다. 드뷔시는 당대 예술의 이중 전선을 설치한 셈이다.

21세기의 우리는 더 이상 오르세 미술관의 인상주의 미술을 보면서 파격적이거나 급진적이라고 여기지 않는다. 마찬가지로 드뷔시의 작품에서 바다가 보이거나 들리지 않는다고 불평하지도 않는다. 작품 초연 이후 한 세기가 흐르면서 우리의 미학적 기준 자체가 달라진 것이다. 이처럼 기존의 낡은 미학관을 뒤흔들고 새로운 취향의 변화를 가져왔다는 점이야말로 드뷔시의 으뜸가는 공로일지도 모른다.

Claude Debussy 〈La Mer〉

- 지휘 피에르 불레즈, 뉴 필하모니아 오케스트라(소니 클래시컬, CD)
Pierre Boulez/New Philharmonia Orchestra/Sony Classical

- 지휘 피에르 불레즈, 클리블랜드 오케스트라(도이치 그라모폰, CD)
Pierre Boulez/Cleveland Orchestra/Deutsche Grammophon

- 지휘 세르주 첼리비다케, 뮌헨 필하모닉 오케스트라(워너 클래식, CD)
Sergiu Celibidache/München Philharmonic Orcheatra/Warner Classics

- 지휘 클라우디오 아바도, 루체른 페스티벌 오케스트라(유로아츠, DVD)
Claudio Abbado/Lucerne Festival Orchestra/EuroArts

- 지휘 사이먼 래틀, 베를린 필하모닉 오케스트라(워너 클래식, CD)
Simon Rattle/Berlin Philharmonic Orchestra/Warner Classics

- 지휘 에사 페카 살로넨, 로스앤젤레스 필하모닉 오케스트라(소니 클래시컬, CD)
Esa-Pekka Salonen/Los Angeles Philharmonic/Sony Classical

현대미술과 현대음악

　　현대미술이 경매 최고가 경신 같은 화제와 논란을 연일 낳는 것과는 달리, 현대음악은 상대적으로 비인기 종목에 가깝다. 현대음악은 왜 인기가 덜할까. 이 단순한 질문 앞에서 언제나 전문가들은 골머리를 앓는다. 우선 '현대음악 책임론' 이 있다. 우리의 귀가 불협화음보다는 협화음을 선호하기 때문이라는 주장이다. 이러한 선호가 인간의 선천적 본능에 가까운지, 후천적인 환경과 교육 영향 때문인지를 놓고서 또다시 의견이 분분하다.

　　하지만 이런 주장엔 허점이나 공백도 있다. 비슷한 시기에 전통적인 구상을 해체했던 피카소의 입체파 회화에 대해서는 크게 반감을 드러내지 않는다는 점이다. 오히려 현대미술은 당당하게 주류의 반열에 올라선 지 오래다. 이 때문에 청각이 시각에 비해서 더욱 보수적인 감각기관이라는 주장도 있다. 하지만 유독 현대음악이 무관심과 냉대에 시달리는 이유를 명쾌하게 설명하지는 못했다.

이 지점에서 음악 외적인 이유에 대한 사회학적 분석이 등장한다. 우선 예술 장르마다 생산과 소비 방식에 차이가 있다. 미술은 붓질과 끌질이 끝나는 순간, 사실상 관람객과 만날 채비가 끝난다. 반면 작곡가가 악보에 마침표를 찍더라도 연주라는 행위를 거치지 않으면 관객들은 실제 음악을 접할 방도가 없다. 음악은 작곡과 연주라는 두 단계로 구분되는 예술인 셈이다. 바로크부터 인상주의와 미니멀리즘까지 예술 사조의 명칭이 음악보다는 미술에서 먼저 탄생하는 것도 이와 무관하지 않다. "변화의 속도라는 문제를 놓고 볼 때 음악 예술은 결코 시각 예술 분야를 따라갈 수 없었다"는 작곡가 필립 글래스의 말은 결코 과장이 아니다.

또한 미술관은 관람객들이 작품을 감상하는 동선과 속도, 시간을 자유롭게 조절할 수 있다. 반면 음악 같은 공연 예술은 주어진 시간 동안 객석에 꼼짝없이 앉아 있어야 하는 시공간적 제약이 심한 편이다. 스트라빈스키의 〈봄의 제전〉 초연 당시 적대적인 관객 반응과 소동이 이어졌던 것도 이 때문이다. 가벼운 발걸음으로 언제든 자유롭게 오갈 수 있는 미술관과는 달리, 공연장은 떠날 명분이 쌓이기 전까지는 스트레스와 거부감을 속으로 감내해야 하는 것이다. 현대음악 관객들은 겉으로 웃고 있는 것처럼 보일 때조차 실은 웃는 게 아닐 수도 있다.

마지막으로 소비 방식에도 차이가 있다. 현대미술이 주류의 위치에 오르게 된 이유 가운데 하나는 바로 경매 시장이다. 화제와 논란이 고스란히 가격 인상으로 이어지는 예술과 상업의 기묘한 '동거 장소'다. 작품을 관람할 뿐 아니라 얼마든지 소장할 수 있는 미술과 달리, 음악은 사실상 소유가 불가능하다. 천하의 베를린 필 티켓도 공연 시간이 지나면 무용지물이고, 극소수의 희귀 음반을 제외하면 아무리 세월이 흘러도 음반은 제값 받기 힘든 공산품이다.

20세기 중반 대중문화의 폭발적 성장 이후 현대음악과 미술의 운명은 더욱 극명하게 엇갈렸다. 현대미술은 만화와 광고 같은 대중문화의 영역을 적극적으로 수용하면서 영역이 팽창했다. 팝아트가 대표적인 사례다. 반면 현대음악은 비틀스의 록 음악이나 힙합, 전자음악에 지대한 영향을 미쳤지만, 영향력을 대중음악에 넘겨주는 역설적 결과를 낳았다. 아직 최종 판정을 내리기는 이르지만, 21세기 현대음악의 부활은 어쩌면 대중음악과의 두꺼운 벽을 허무는 일에서 출발해야 하는 걸지도 모른다.

정답을 알 수 없기에 더욱 매력적인 수수께끼
에드워드 엘가 〈수수께끼 변주곡〉

과연 에드워드 엘가(1857~1934)는 보수적인 작곡가일까? 클래식 애호가라면 아마도 십중팔구는 그렇다고 답할 것 같다. 영국 특유의 위엄과 허장성세 사이에서 아슬아슬한 줄타기를 하는 「위풍당당 행진곡」, 깜찍하고 사랑스러운 소품인 「사랑의 인사」까지 엘가는 친숙하기 때문에 오히려 거리를 두고 싶은 불가근불가원不可近不可遠의 작곡가다. 2차 세계대전 이후의 탈식민주의 시대에는 엘가가 표상하는 대영제국의 이미지가 조금은 불편해진 것도 사실이었다.

하지만 생각의 반전이 찾아온 건 지휘자이자 피아니스트 다니엘 바렌보임의 자서전을 번역할 때였다. 1960년대 바렌보임은 영국 지휘자 존 바비롤리의 할레 오케스트라와 즐겨 협연했다. 바비롤리가 말러와 하이든, 브람스와 함께 애정을 기울였던 작곡가가 바로 엘가였다. 첼리스트 출신의 바비롤리는

1919년 엘가의 첼로 협주곡이 초연될 당시 런던 심포니의 단원으로 직접 연주에 참가한 인연이 있다. 1년 뒤 그는 독주자로서도 같은 곡을 협연했다.

영국 출신의 지휘자가 엘가의 곡을 연주할 때 따라다니는 비판은 크게 두 가지다. 지나치게 감상적이거나 과도하게 애국적이거나. 바비롤리의 엘가 역시 이런 비판에서 자유롭지 않았다. 하지만 바렌보임은 그의 엘가 해석어서 새로운 측면에 주목했다. "바비롤리는 엘가의 음악에서 흔히 놓치기 쉬운 측면, 즉 말러의 작품에서와 같은 일종의 신경질적인 측면을 끄집어냈다"는 주장이었다. 그제야 당대 유럽 대륙의 작곡가들과 엘가 사이에 숨어 있던 공통분모가 조금씩 보이기 시작했다. 이들은 영불해협을 사이에 두고 있는 지역적 차이가 있을 뿐, '세기말의 작곡가'라는 시대적 특징을 곧유하고 있었던 것이다. 동시대 독일 작곡가인 리하르트 슈트라우스가 "영국 최초의 진보적 작곡가인 거장 엘가"라고 격찬한 이유도 아마도 이 때문일 것이다.

엘가의 삶에는 지극히 아이로니컬한 구석이 있다. 지금은 영국의 국민 작곡가처럼 보이지만, 작곡가 생전에는 오히려 아웃사이더에 가까웠다는 점이다. 국교회 중심의 영국에서 그는 소수인 가톨릭 교도였고, 런던이 아니라 우스터 근교 출신이었다. 또 음악 서적과 악기 판매상의 아들로 태어나 사실상 독학으로 음악을 공부했다. 종교, 지역, 계층적으로도 주류의 조건에 들어맞는 점이 없었던 셈이다.

어쩌면 당연하게도 그는 대기만성의 작곡가일 수밖에 없었다. 오라토리오 〈제론티우스의 꿈〉이나 관현악곡 〈수수께끼 변주곡〉 같은 대표작을 쏟아내기 시작한 건 40대에 들어서다. 흥미로운 점은 그의 작품들이 영국보다 유럽 대륙에서 먼저 인정받기 시작했다는 점이다. 특히 〈제론티우스의 꿈〉은 1901년 독일 연주 당시 베를리오즈와 바그너, 리스트에 비견될 만하다는 격찬을 받았다.

실제로 지금 엘가의 작품들을 다시 들어보면 슈트라우스나 말러의 후기 낭만주의가 영국적으로 변모한 듯한 모습에 깜짝 놀라는 경우가 있다. 특히 종교적 테마가 유도동기처럼 지속적으로 등장하는 구조는 분명 바그너의 음악극에서 영향받은 것이다. 엘가는 1892년 바이로이트 페스티벌에서 바그너의 작품을 처음 본 뒤 깊은 감명을 받았다.

브람스와 드보르자크의 형식미와 베를리오즈의 화려한 색채도 엘가의 작품에 적지 않은 영향을 끼쳤다. 1884년 드보르자크가 엘가의 고향인 우스터의 페스티벌에서 자신의 교향곡 6번을 지휘했을 때 엘가는 바이올린 단원으로 연주에 참가했다. 같은 해 엘가는 한스 리히터가 지휘한 브람스의 교향곡 3번 영국 초연을 접했다. 리히터는 브람스와 바그너의 작품을 초연한 당대의 명지휘자였다. 이런 동시대적 경험이야말로 엘가에게 든든한 음악적 자산이 됐다. 엘가의 음악이 사랑받는 건 사실은 영국적일 뿐만 아니라 충분히 유럽적이기 때문이다.

엘가가 42세에 발표한 〈수수께끼 변주곡〉은 작곡가의 이름을 전 유럽에 알린 출세작 가운데 하나다. 잉꼬 부부였던 엘가에게는 아내와 연관된 창작 에피소드가 유달리 많다. 이 곡역시 그렇다. 1898년 10월 21일 엘가가 하루 종일 바이올린 레슨을 한 뒤 조금은 지치고 우울해진 기분으로 피아노 앞에 앉았다. 이런저런 멜로디를 연주하자 이를 듣고 있던 아내가 "에드워드, 좋은 선율이네요"라고 격려했다. 이 선율은 변주곡의 주제였을 것으로 추정된다.

주제와 14개의 변주로 구성된 이 작품에는 제목처럼 적잖은 수수께끼들이 숨어 있다. 엘가는 퀴즈를 내듯이 변주곡마다 아내와 주변 친지들의 이름 약자를 소제목으로 붙였다. 첫 번째 변주에는 아내 캐럴라인 앨리스 엘가의 이름을 따서 'C.A.E'라고 붙이는 방식이다. 올림픽 같은 행사와 영화음악, 추모곡으로 두루 사랑받는 아홉 번째 변주곡 「님로드Nimrod」는 엘가의 악보 출판사 편집자이자 절친한 친구였던 아우구스트 예거August Jaeger를 의미한다. 님로드는 구약성서 창세기에 등장하는 전설적 사냥꾼이다. 예거가 독일어로는 사냥꾼이라는 점에서 착안한 제목이다.

엘가가 작곡에 대한 회의와 고민에 빠질 때마다 예거는 악성 베토벤의 사례를 들면서 격려했다. 엘가는 이 일화를 떠올리면서 베토벤의 피아노 소나타 〈비창〉의 두 번째 악장을 연상시키는 테마를 「님로드」의 도입부에 사용했다. 작곡가는 「님로드」를 피아노 곡으로 편곡하면서 악보에 '고결하게 Nobilmente'라고 적었다. 훗날 엘가의 악보에서 자주 등장하는 단어였다.

이처럼 주변 지인들의 성격과 일화를 알뜰살뜰하게 활용한 것도 이 변주곡의 특징이다. 엘가는 1911년 작품 해설에서 "모든 변주들은 '초상화'가 아니며 인물의 특징이나 우리 둘만 알고 있는 사건들에 바탕한 아이디어들을 담고 있다"고 설명했다. 「님로드」는 1997년 영국의 가장 중요한 두 사건에서 모두 울려 퍼졌다. 홍콩의 주권을 중국에 돌려주는 반환식과 다이애나 전 왕세자빈의 장례식이었다.

결론에 해당하는 마지막 14번째 변주곡에는 자신의 별명인 '에두E.D.U'라는 제목을 붙였다. 에드워드의 독일식 이름인 에두아르트Eduard에서 착안해 평소 아내가 부르던 별명이다. 이 마지막 변주곡에서 아내의 첫 변주곡과 예거의 아홉 번째 변주곡의 주제가 다시 모습을 내비친다. 이들이 엘가의 삶과 예술에 얼마나 커다란 영향을 미쳤는지 자연스럽게 짐작할 수 있는 대목이다. 결국 이 변주곡은 작곡가의 자전적 이야기이기도 했다.

하지만 작품의 수수께끼는 여기서 끝나지 않는다. 작곡가는 이 변주곡의 첫 주제도 "일종의 수수께끼"로 남겨놓았다. 그는 1900년 인터뷰에서 "그 주제의 정체는 작곡가밖에는 아무도 모른다. 그래서 '수수께끼'"라고 언급했다. 문제를 출제하고서도 정작 단서는 제공하지 않은 작곡가의 알쏭달쏭한 화법 때문에 후대의 음악학자들은 단단히 골머리를 앓았다. 「올드 랭 사인Auld Lang Syne」의 대선율對旋律에 해당한다는 분석부터 성경 구절, 셰익스피어의 소네트, 심지어 수학기호인 파이와 연관 있다는 갖가지 기상천외한 주장들이 쏟아졌다.

지금도 퀴즈 풀이는 계속되고 있지만, 정작 채점을 해야 하는 심사위원이 세상을 떠났으니 영원한 수수께끼로 남을 공산이 높다. "작품의 매력은 풀리지 않는 수수께끼 자체에 있기 때문에 오히려 정답을 찾는다면 상당한 손실일 것"이라는 음악학자이자 지휘자 노먼 델 마의 말이 어쩌면 정답일지도 모른다. 이 작품은 1899년 런던에서 한스 리히터의 지휘로 초연된 뒤 세계 전역으로 빠르게 퍼져나갔다. 1901년 독일과 1904년 러시아에서 잇따라 연주됐고, 1910년 뉴욕에서는 말러가 지휘봉을 잡았다.

1695년 헨리 퍼셀이 세상을 떠난 이후 영국은 자국 작곡가를 육성하기보다는 해외에서 수입하는 방식을 택했다. 헨델과 하이든이 부와 명예를 누린 곳도, 멘델스존과 드보르자크가 작품을 발표하고 지휘한 곳도 모두 영국이었다. 영국인들의 음악성이 떨어진다는 뜻은 아니다. 그렇다면 20세기 비틀스와 롤링스톤스 등 수많은 영국 록 밴드들의 세계 석권을 설명할 방도가 없으니 말이다. 오히려 자본주의의 눈부신 발전으로 음악계에도 일찌감치 시장 논리가 정착하면서, 유럽 전역의 작곡가들을 끌어당기는 강력한 유인책이 되었다고 보는 편이 정확할 것이다. 야구 최강국인 미국 메이저리그와 축구 종주국인 영국 프리미어리그에서 전 세계 선수들을 끌어들이는 것과 흡사하다고 할까.

　　수입 일변도의 영국 음악계에서 다시 수출의 물꼬를 틀었던 선구자가 엘가였다. 그 기념비적인 작품이 〈수수께끼 변주곡〉이다. 영국 후배 작곡가 구스타브 홀스트(1874~1934)의 말처럼 〈수수께끼 변주곡〉은 "퍼셀의 죽음 이후 이 나라에 등장한 적이 없었던 음악"이었던 것이다. 만약 오늘날 엘가의 작품이 영국적으로 들린다면, 거꾸로 유럽 대륙의 음악을 철저하게 자국화하는 데 성공했기 때문일 것이다.

필자가 추천하는 음반과 영상

Edward Elgar 〈Enigma Variations〉

- 지휘 에드워드 엘가, 로열 앨버트 홀 오케스트라(워너 클래식, 낙소스, CD)
Elgar Conducts Elgar/Edward Elgar/Royal Albert Hall Orchestra/Warner Classics, Naxos

- 지휘 콜린 데이비스, 런던 심포니 오케스트라(LSO Live, CD)
Colin Davis/London Symphony Orchestra/LSO Live

- 지휘 다니엘 바렌보임, 런던 필하모닉 오케스트라(소니 클래시컬, CD)
Daniel Barenboim/London Philharmonic Orchestra/Sony Classical

- 지휘 사이먼 래틀, 런던 심포니 오케스트라(LSO Live, DVD)
Simon Rattle/London Symphony Orchestra/LSO Live

- 지휘 앤드루 데이비스, BBC 심포니 오케스트라(오푸스 아르테, DVD)
Andrew Davis/BBC Symphony Orchestra/Opus Arte

20세기 미국 음악의 독립선언서

찰스 아이브스 〈콩코드 소나타〉

찰스 아이브스의 〈콩코드 소나타〉를 이해하기 위해서는 '초월주의자'로 불렸던 미국 작가이자 사상가들의 삶을 먼저 이해해야 한다. 랠프 왈도 에머슨(1803~1882)과 헨리 데이비드 소로(1817~1862), 너새니얼 호손(1804~1864), 그리고 에이머스 브론슨 올컷(1799~1888)과 루이자 메이 올컷(1832~1888) 부녀다. 실제로 이들은 이 소나타의 각 악장마다 주인공으로 등장한다.

소나타 3악장의 주인공인 루이자 메이 올컷을 『작은 아씨들』의 작가로만 기억한다면, 실은 그의 삶을 절반만 이해하는 것과 같다. 루이자는 서른 살이 되던 해인 1862년 남북전쟁에 종군간호사로 자원입대했던 실천적인 노예 해방론자였다. 그가 북군의 야전병원에서 근무했던 경험을 바탕으로 이듬해 발표한 자전적 단편소설이 「병원 스케치」다.

이 작품에는 전쟁터에서 부상당한 병사들을 보살피고 임종을 지키는 가운데 성장하는 여성의 모습이 생생하게 묘사되어 있다. 이 소설에는 한 세기가 지난 뒤인 지금 읽어도 진취성을 느낄 수 있는 대목이 적지 않다. "흑인과 백인 모두의 자유를 위한 이 위대한 전투에서 백인이 흑인과 손잡는 법을 차츰 배울 수 있었던 것은 바로 그 형제애 덕분" 같은 구절이 대표적이다. 당시 루이자는 간호 중에 장티푸스에 감염되는 바람에 6주 만에 귀향했고 그 뒤에도 후유증으로 고생했다. 작가 스스로도 "이전까지는 아픈 적이 없었고, 그 이후에는 건강했던 적이 없었다"고 고백했을 정도였다.

하지만 루이자는 이 단편의 결말에서 "그 실험이 남긴 것은 장티푸스와의 한판 난투, 10달러, 가발이 전부지만 나는 그곳에 갔던 일을 결코 후회하지 않을 것"이라고 다짐하듯이 적었다. 당시 경험은 1868년 발표한 『작은 아씨들』에도 고스란히 녹아들었다. 종군 목사로 참전했다가 워싱턴에 입원하는 네 자매의 아버지 로버트 마치는 루이자가 간호했던 동료 병사들의 모습이기도 했다.

이처럼 루이자는 노예 해방론과 여성주의를 실천하고 글로 발표했던 여성 작가였다. 그에게 가장 큰 사상적 영향을 미쳤던 사람은 초월주의 사상가이자 교육자였던 아버지 에이머스 브론슨 올컷이었다. 아버지 올컷은 1834년 랠프 왈도 에머슨, 헨리 데이비드 소로 같은 지식인들과 함께 '초월주의자 클럽Transcendental Club'을 결성했다. 물질적 가치에 연연하지 않고 소박한 삶과 정신적 풍요, 자연 귀의 등을 주창한 이들의 정신은 미국의 사상적 흐름에도 지대한 영향을 미쳤다.

초월주의자들의 근거지가 매사추세츠주 보스턴에서 북서쪽으로 30km 정도 떨어진 콩코드였다. 현재 미극 역사기념물로 지정된 콩코드의 월든Walden 호수는 이들의 정신적 요람이었다. 1844년 에머슨은 월든 호숫가의 땅을 사들였고, 이듬해 소로는 에머슨의 땅을 빌린 뒤 직접 소나무를 비어서 오두막을 지었다. 그 뒤 소로가 정확히 2년 2개월 2일 동안 이 오두막에서 은둔하는 과정을 통해서 탄생한 책이 『월든』이다. 오늘날 사회적 거리 두기의 원조에 해당하는 셈이었다. 소로는 "월든 호수는 콩코드가 자신의 왕관에 매단 최고의 보석과도 같다"고 격찬했다.

14세 연상의 하버드 선배인 에머슨은 소로에게 정신적 스승이자 아버지 같은 존재였다. 소로는 2년간 에머슨의 집에 기거하면서 집안의 대소사와 밭일까지 마다하지 않았고 에머슨이 강연으로 집을 비우면 대신해서 아이들을 돌보았다. 하지만 소로가 이 호숫가에서 정신적 성장을 거듭하면서 이들은 점차 대등한 동료 관계로 발전했다. "자연의 모습은 경건하다. 예수의 모습처럼 자연은 고개를 숙이고 두 손을 가슴 위에 포개고 서 있다. 가장 행복한 사람은 자연으로부터 신앙의 교훈을 배우는 자이다." 1836년 출간된 에머슨의 『자연』에 실린 이 구절은 "자연에서 신을 찾고 우주의 영성과 교감한다"는 소로의 정신과도 일맥상통한다. 물질과 정신의 이분법에 기반

한 로크의 경험주의에 반대하고 자연에서 신성을 찾고자 했던 이들의 세계관은 스피노자의 범신론汎神論과도 묘하게 닮아 있었다.

초월주의는 당초 비판자들이 조롱과 경멸을 섞어서 붙인 명칭이었지만, 청교도주의와 더불어 미국의 정신적 두 기둥이 되기에 이르렀다. 조지 워싱턴이 미국 건국의 아버지였다면, 에머슨과 소로는 미국의 사상적 독립을 상징하는 이름이었다. 이들의 생태주의와 노예 해방론, 시민 불복종 정신은 훗날 간디와 마틴 루서 킹 목사에게도 지대한 영향을 미쳤다. 미국 정상급 실내악단인 에머슨 사중주단 역시 에머슨에서 이름을 가져왔다.

『주홍 글씨』의 너새니얼 호손 역시 이들과 가까웠던 작가였다. 호손은 『주홍 글씨』의 서문에 해당하는 자전적 에세이 「세관」에서 이렇게 회고했다. "에머슨 같은 사람의 미묘한 지능의 영향 속에서 3년을 보낸 뒤, 엘러리 채닝과 함께 쓰러진 나뭇가지를 태우면서 환상적인 생각에 잠긴 채 애서베트 강에서 자유분방한 나날을 보낸 뒤, 월든 호숫가 오두막에서 소로와 함께 소나무와 인디언 유적에 대해 이야기를 나눈 뒤, 롱펠로의 난롯가에서 시적 정서에 흠뻑 젖은 뒤, 바로 이런 뒤에야 마침내 내 본성의 또 다른 재능을 시험해보고 지금까지 거의 느껴보지 못한 지적 음식으로 자양분을 얻을 때가 됐던 것이다." 에머슨과 소로, 호손은 『작은 아씨들』의 작가 루이자의 어릴 적 정신적 스승들이기도 했다.

미국 작곡가 찰스 아이브스(1874~1954)는 보험업으로 성공을 거둔 뒤인 1911년 뉴욕 북부로 이사했다. 이듬해에는 고향인 코네티컷주 댄버리 인근의 농장을 매입해서 직접 정원을 가꿨다. 이 시기에 쓰기 시작한 작품이 훗날 '콩코드'라는 이름이 붙은 피아노 소나타 2번이었다. '콩코드, 매사추세츠, 1840~1860'이라는 부제에서 비롯한 이 소나타는 초월주의자들에 대한 음악적 초상화와도 같았다. 에머슨과 호손, 올컷 부녀와 소로의 이름이 악장마다 붙어 있는 것도 이 때문이다. 실제로 에머슨은 아이브스 큰아버지의 지인이었다. 이 때문에 에머슨은 유년 시절부터 아이브스의 가족들 사이에서 회자되던 이름이었다.

아이브스의 음악 인생에서도 이 작품은 적지 않은 의미를 지니고 있었다. 그가 대학 졸업 이후 사비를 들여서 처음으로 악보를 출판한 작품이자 사실상 마지막으로 완성한 대작이기도 했다. 작곡가는 1918년 심장마비로 쓰러졌고 그 뒤에도 백내장과 당뇨 등으로 줄곧 건강이 악화됐다. 이 때문에 새롭게 대작을 쓰기보다는 이전 작품들을 정리하거나 개작하는 데 심혈을 기울였다. 1920년 작곡가는 작품의 이해를 돕기 위해 악보와 함께 『소나타 이전의 에세이들Essays Before a Sonata』도 자비 출간했다. 당시 아이브스는 다분히 자조적인 유머가 섞인 구절을 서문에 남겼다. "서문 역할을 하는 에세이는 작곡가의 음악을 견딜 수 없는 사람들을 위한 것이고, 음악은 에세이를 견딜 수 없는 사람들을 위해서 작곡가가 썼다. 둘 다 견딜 수 없는 사람들에게 존경을 담아서 이 모든 걸 헌정한다."

서문이 보여주듯이 아이브스는 쇤베르크만큼 급진적인 음악적 아웃사이더로만 이해하기 쉽다. 아이브스가 4년간 작곡에 매달렸던 이 소나타 역시 쉴 새 없이 쏟아지는 음표와 빠르기 때문에 기교적 어려움으로 가득한 난곡으로 꼽힌다. 초기에 집중포화가 쏟아졌던 대목도 '연주 불가능하다'거나 '연주자 두 명이 필요하다'는 것이었다. 하지만 20세기 후반부터 이 곡을 녹음한 음반들이 쏟아지면서 이런 혹평은 훌륭하게 반증反證되기에 이르렀다.

이 소나타에는 기교적 난점 때문에 잊기 쉬운 아이브스의 또 다른 모습이 숨어 있다. 미 동부 뉴잉글랜드의 지역적 토양을 떠나지 않았던 작곡가라는 사실이었다. 실제로 아이브스는 이렇게 반문했다. "혹자는 지역의 작가들을 음악적 주제로 사용하는 이유를 궁금하게 여긴다. 지엽적으로 보일 것이라고도 한다. 하지만 신이 천국 어딘가에 있다고 해서 보편적이지 않다고 할 수 있는가? 에머슨도 매사추세츠에 살지만 여느 작가들만큼이나 보편적이다."

이 자문자답은 〈콩코드 소나타〉에도 그대로 적용됐던 원칙이었다. 아이브스는 소나타 1악장 「에머슨」에서 베토벤의 교향곡 5번과 피아노 소나타 29번 〈함머클라비어〉의 주제를 인용하면서 두 영웅을 의식적으로 등치시킨다. 베토벤이 그의 음악적 영웅이라면 에머슨은 문학적 영웅이었던 것이다. 아이브스의 눈에 비친 에머슨은 "무한의 문턱에 있는 정상에서 삶의 신비를 들여다보며 영원에 대해 숙고하는" 존재와도 같았다. 아이브스는 에세이에서도 '운명이 문을 두드린다'로 유명한 베토벤 교향곡 5번 1악장의 첫 주제를 '에머슨의 계시라는 정신적 메시지'에 비유했다. 아이브스의 소나타를 통해서 유럽의 고전음악과 미국의 초월주의가 만나는 음악적 경험을 하게 된다.

올컷 가족을 묘사한 3악장은 소나타어서 비교적 단순한 구조이면서도 따스하고 소박한 정서로 가득하다. 음악적으로도 당시 찬송가와 스코틀랜드 민요, 바그너의 〈로엔그린〉 가운데 「결혼행진곡」 등을 활용하고 있다. 아마도 올컷 가족이 집에서 불렀을 노래들을 염두에 두었을 것이다. 실제로 이들 가족은 소로의 여동생이 선물한 피아노를 연주하고 함께 노래했다. 아이브스는 "작고 오래된 피아노 앞에서 베스(에이머스 브론슨 올컷의 셋째 딸이자 루이자의 여동생)가 스코틀랜드 옛 민요와 베토벤의 교향곡 5번을 연주했을 것"이라고 썼다. 「에머슨」 악장에서 등장하는 베토벤의 주제가 철학적 탐구에 가깝다면, 「올컷」에서는 가족의 따스한 정을 느낄 수 있다. 소설 『작은 아씨들』의 풍경과 아이브스의 음악이 이 악장에서 조우한다.

1947년 개정판에서 작곡가는 몇 가지 경우의 수를 추가했다. 1악장 말미에 살짝 들어가는 비올라의 짧은 연주와 4악장 「호손」 후반의 플루트 연주가 대표적이다. 전통적인 소나타 형식에서 슬그머니 벗어나는 이 변화는 후디 학자와 연주자들도 여전히 골머리를 앓는 문제다. 4악장 말미의 플루트는 소로가 월든 호숫가에서 플루트를 즐겨 불었다는 사실에서 착안한 음악적 설정이다. 실제로 이 대목을 듣고 있으면 호숫가에서 소로가 연주하는 플루트 소리가 연상된다.

이처럼 아이브스에게 소로는 무엇보다 음악적 운율을 타고난 작가였다. 작곡가는 "소로는 위대한 음악가다. 플루트를 연주했기 때문이 아니라 교향곡을 듣기 위해서 보스턴에 가야 할 필요가 없었기 때문이다. 그의 산문이 지닌 리듬은 다른 것이 없더라도 작곡가로서의 가치를 입증한다"고 말했다. 『작은 아씨들』의 루이자 역시 소로가 세상을 떠난 뒤 「소로의 플루트」라는 추모시를 발표했다. 이 때문에 〈콩코드 소나타〉의 음반 중에는 1악장의 비올라는 피아노로 연주하거나 생략하는 경우가 더러 있지만, 4악장은 작곡가의 의도를 반영해서 플루트로 연주하는 경우가 많다.

〈콩코드 소나타〉는 1938년 11월 28일 코네티컷의 소규모 청중 앞에서 피아니스트 존 커크패트릭(1905~1991)의 연주로 처음 선보였다. 악보가 출간되고 18년이 지난 뒤였다. 이듬해인 1939년 1월 20일 뉴욕 타운홀에서 커크패트릭의 연주로 다시 열린 〈콩코드 소나타〉의 공식 초연은 20세기 미국의 음악사에서도 중요한 분기점이 됐다. 커크패트릭은 두 번 모두 암보로 연주했다. 당시 연주를 지켜본 『뉴욕 해럴드 트리뷴』의 로런스 길먼은 "미국인이 작곡한 가장 위대한 음악이며, 가장 깊고 본질적인 의미에서 미국적인 작품"이라고 격찬했다.

아이브스의 다른 작품들과 마찬가지로, 이 소나타 역시 뒤늦게 재발견된 작품이었다. 1954년 세상을 떠난 뒤 아이브스는 '미국 현대음악의 선구자'로 불렸다. 그런 의미에서 아이브스의 소나타는 20세기 미국 음악의 '독립선언서'와도 같았다.

필자가 추천하는 음반과 영상

Charles Ives 〈Piano Sonata No.2 Concord〉

• 피아노 마르크 앙드레 아믈랭(하이페리온, CD)
Marc-André Hamelin/ Hyperion

• 피아노 피에르 로랑 에마르(워너 클래식, CD)
Pierre-Laurent Aimard/Warner Classics

• 피아노 헤르베르트 헨크(베르고, CD)
Herbert Henck/Wergo

• 피아노 알렉세이 루비모프(지그재그, CD)
Alexei Lubimov/Zigzag

• 아이브스가 아이브스를 연주하다, 피아노 찰스 아이브스(뉴월드 레코드, CD)
Ives Plays Ives/Charles Ives/New World Records

• 콩코드 심포니(관현악 편곡 버전), 지휘 마이클 틸슨 토머스, 샌프란시스코 심포니 오케스트라(SFS 미디어, CD)
Michael Tilson Thomas/San Francisco Symphony/SFS Media

체코 음악의 위대한 예외
레오시 야나체크 〈글라골 미사〉

작곡가 레오시 야나체크(1854~1928)를 만나기 위해서는 체코 브르노로 떠나야 한다. 체코의 수도 프라하 역에서 기차를 타고 2시간 반 동안 동남쪽으로 달리면 브르노에 도착한다. 언뜻 체코의 변방 같지만 전체 유럽 지도를 놓고 보면 상황은 달라진다. 브르노의 동쪽은 슬로바키아, 서쪽은 보헤미아 지역, 남쪽은 오스트리아, 북쪽은 폴란드로 동서 유럽의 교차로가 된다. 그제야 체코가 동유럽보다는 중부 유럽이라는 표현을 선호하는 이유도 이해된다.

프라하가 서부 보헤미아의 중심이라면, 브르노는 동부 모라비아의 문화적 뿌리다. 정신분석학의 창시자로 꼽히는 지그문트 프로이트, 유전학의 첫 장을 열었던 생물학자 그레고어 멘델, 체코슬로바키아의 초대 대통령을 지낸 철학자 토마시 마사리크, 아르누보 화가 알폰스 무하, 현상학의 아버지 에드문트 후설 등이 모두 모라비아 출신이다.

야나체크는 모라비아의 교사이자 음악가 집안에서 태어났다. 그도 유년 시절부터 브르노의 성 토마스 수도원에서 성가대 활동을 하면서 일찍 음악을 접했다. 당시 수도원장이 유전의 법칙을 실험했던 멘델이었다. 훗날 멘델의 장례식에서 오르간을 연주했던 것도 야나체크였다. 작곡가는 평생 모라비아 출신이라는 자부심을 간직했다. 1916년 그는 "내겐 한 가지 커다란 기쁨이 있다. 모라비아는 내게 필요한 모든 영감을 줄 만큼 풍요로운 곳"이라고 말했다.

지금도 브르노에 가보면 극장도, 음악원도, 조각상도 온통 야나체크의 차지다. 1965년 개관한 브르노의 국립극장 이름은 야나체크 극장이다. 바로 곁에서는 야나체크 청동 조각상이 극장 입구 쪽을 물끄러미 바라보고 있다. 1881년 그가 창립한 오르간 학교는 1919년 브르노 음악원이 됐다. 야나체크는 초대 음악원장을 역임한 뒤에도 말년까지 이 학교에서 가르치면서 애정을 쏟았다. 개교 100주년이었던 2019년 음악원 기념 플래카드의 주인공 역시 야나체크였다.

어릴 적 아버지를 여읜 야나체크는 18세 때 수도원 부지휘자로 본격적인 음악 활동을 시작했다. 작곡가에게는 팔레스트리나부터 하이든까지 방대한 종교음악에 눈뜨는 계기가 됐다. 그는 프라하와 라이프치히, 빈에서 유학을 마친 뒤 브르노로 돌아왔다. 오르간 학교에서 가르치고 합창을 지휘하면서, 모라비아 일대의 민요들을 채집하고 오페라 〈예누파〉를 비롯한 작품들을 써나갔다. 동시에 그는 매서운 필봉을 휘날리는 비평가로도 명성과 악명을 동시에 떨쳤다. 때로는 야나체크의 신랄한 악평에 혀를 내두른 동료 지휘자와 성악가들이 작곡가의 작품을 연주하기를 꺼리기도 했지만 그는 개의치 않았다.

같은 체코의 작곡가 드보르자크는 생전에 이미 '월드 스타'였고 스메타나는 '국민 작곡가'의 반열에 올랐다. 하지만 야나체크는 생애 후반까지도 브르노의 '지역 음악가'에 가까웠다. 그의 오페라 〈예누파〉가 프라하 극장에서 공연된 건 브르노에서 초연되고 12년이 지난 뒤인 1916년에 이르러서였다. 작곡가의 나이도 예순을 훌쩍 넘긴 뒤였다. 초연 직후 야나체크는 "이제 나는 내 삶과 임무를 믿기 시작했다"고 적었다.

야나체크는 1870년대 프라하에서 드보르자크를 처음 만난 뒤 평생 스승이자 선배로 모셨다. 야나체크 전기 작가 존 티렐의 재치 있는 표현처럼 13세 연상의 드보르자크는 야나체크의 롤 모델이자 조언자mentor가 될 만큼 나이가 들었고, 그의 친구도 될 수 있을 만큼 충분히 젊었다. 하기는 우리도 선생님과 형님은 종이 한 장 차이일 적이 많다. 1885년 야나체크는 네 곡의 남성 합창곡을 드보르자크에게 헌정했다. 드보르자크는 이 곡에 대해 "독창적이고 진정 슬라브적 정신을 담고 있다. 어떤 구절은 마법 같은 효과를 낸다"고 격려했다.

오스트리아의 지배를 받고 있던 체코에서는 19세기 전반까지도 제국을 인정하면서 자치권을 얻거나 연방 체제를 도입해야 한다는 주장이 우세했다. 이를 '오스트리아 슬라브주의Austro-Slavism'라고 부른다. 하지만 1867년 오스트리아가 헝가리에만 독자적 정부와 의회 구성을 인정하는 이중 제국 체제를 수립하자, 체코 정치인과 지식인들은 슬라브 민족의 단결을 강조하는 러시아 편으로 급속하게 기울었다. 이를 '범슬라브주의Pan-Slavism'라고 부른다. 훗날 범슬라브주의는 소련과 러시아에서 동유럽 일대에 대한 패권을 정당화하는 정치적 이데올로기로 악용되기도 했다.

야나체크 역시 일찍부터 반反게르만 친슬라브적 성향을 분명하게 드러냈다. 야나체크는 1896년 러시아 여행을 다녀온 직후 브르노에 친러시아 서클을 창설하고 회장을 맡았다. 이 서클을 통해서 야나체크는 고골과 톨스토이 같은 러시아 문학작품들을 러시아어로 읽었고, 관현악곡 〈타라스 불바〉와 현악 사중주 1번 〈크로이처 소나타〉 등 러시아 문학에 바탕한 작품들을 작곡했다. 1차 세계대전이 터지자 이 서클은 오스트리아 당국에 의해 폐쇄됐다. 정치적 요주의 인물이라는 의심을 받은 야나체크는 경찰 조사 대상에 오르기도 했다.

작곡가의 숙원이었던 체코 독립은 1918년 1차 세계대전의 종전과 더불어 찾아왔다. 우드로 윌슨 미국 대통령의 민족자결주의 원칙이 승전국인 영국과 프랑스의 승인을 받으면서 다민족 국가였던 오스트리아 제국의 해체는 불가피했다. 1918년 10월 28일 체코슬로바키아 공화국 건국으로 300년에 이르는 오스트리아의 지배도 종식됐다. 브르노에서 이 소식을 들은 야나체크는 기뻐서 젊은이처럼 펄쩍 뛰었다고 한다.

〈글라골 미사〉는 1927년 초연된 야나체크 만년의 걸작 가운데 하나다. 이미 작곡가의 나이는 칠순을 넘었지만, 야나체크는 말년에 이를수록 오페라와 관현악곡, 실내악까지 왕성한 창작력을 불태우며 노익장을 과시했다. "야나체크가 50세에 세상을 떠났다면 역사의 각주로 남았을 것"이라는 체코 출신 소설가 밀란 쿤데라의 말은 결코 빈말이나 과장이 아니었다.

글라골 문자는 비잔틴제국의 황제가 동방교회 전파를 위해서 파견한 선교사 키릴로스(826~869)와 메토디오스(815~885) 형제가 고안한 고대 슬라브 문자다. 그리스 데살로니가 출신의 이들 형제는 오늘날 동유럽 지역의 첫 슬라브 국가로 꼽히는 대大모라비아 왕국에서 성서와 전례서들을 번역 출간했다. 야나체크는 모라비아 지역에 기독교를 전파한 이들 형제를 기리기 위해 이 미사곡을 쓰기 시작했다. 그는 모라비아의 온천 휴양지 루하초비체에 머무는 동안 연일 비가 쏟아지는 바람에 3주 만에 작곡을 마쳤다고 자랑스럽게 말했다. 하지만 1908년의 미완성 라틴어 미사곡을 알뜰살뜰하게 재활용한 것 역시 사실이었다.

이 곡의 작곡 배경에는 다소 역설적인 면이 있다. 야나체크는 어릴 적 종교적 분위기에서 성장했지만, 정작 성인이 된 뒤에는 신의 존재에 대해서 불가지론적인 자세를 견지했기 때문이다. 실제로 야나체크는 '나이가 든 뒤에 신을 발견한 것'이냐는 음악학자의 질문에 이렇게 퉁명스럽게 답했다. "노인도,

신자信者도 아니오." 이 때문에 종교적 신앙심의 표현이라기보다는 체코 독립 10주년을 기념하고 슬라브적 전통을 강조하기 위한 작품이라고 보는 편이 자연스럽다. 야나체크 자신도 "종교적 바탕이 아니라 강력한 도덕적 기반 위에서 조국에 대한 확고한 믿음을 보여주기 위해서"라고 작곡 동기를 밝혔다.

작품 제목이나 구성은 전통적이지만, 이때에도 야나체크는 고유한 음악적 색채를 잃지 않았다. 당장 힘찬 금관의 팡파르로 문을 여는 「인트라다Intrada」와 「서주Uvod」부터 약동하는 생명력으로 가득하다. 미사곡 특유의 어두운 그늘이나 슬픔을 찾기 힘든 건 물론이고, 종교와 세속 음악의 구분마저 허물어버리는 것만 같다. 쿤데라의 표현처럼 〈글라골 미사〉는 다른 어떤 미사곡과도 닮지 않았다. 미사라기보다는 주신제酒神祭"에 가깝다.

그런 의미에서 이 곡과 닮은 작품은 모차르트나 베르디의 '레퀴엠'보다는 차라리 스트라빈스키의 〈봄의 제전〉일지도 모른다. 작곡가의 정치적 소망이 고국 체코의 독립이었다면, 예술적 포부는 독일 음악 전통으로부터의 해방이라는 걸 알리는 듯한 당당한 선언이다. 실제로 1927년 작곡가는 〈글라골 미사〉에 대해서 이런 메모를 남겼다. "중세 수도원의 지하 묘지 같은 어두침침한 동기도 없이, 진행 방식의 모방도 없이, 바흐의 푸가 같은 뒤얽힘도 없이, 베토벤의 격정이나 하이든의 유희도 없이."

〈글라골 미사〉는 1927년 초연 이후에도 작곡가가 끊임없이 수정했기 때문에 당장 판본 선택부터 골머리를 앓는다. 작품을 시작하는 도입부를 의미하는 「인트라다」를 처음에 연주하는 문제를 놓고서도 지금까지 논쟁이 끊이지 않는다. 실은 똑같은 「인트라다」가 마지막에도 배치되어 있기 때문이다. 초반에 연주하고 다음 곡인 「서주」로 넘어가면 결과적으로 서론만 두 번 되풀이하게 되고, 반대로 마지막에만 「인트라다」를 연주하면 도입부를 건너뛰는 듯한 허전함이 남는다. 지금도 연주와 녹음마다 「인트라다」의 반복 여부는 제각각이다. 심지어 야나체크 작품의 최고 권위자로 꼽히는 호주 출신의 미국 지휘자 찰스 매커라스도 「인트라다」를 서두에 연주한 실황 영상과 마지막에만 연주한 음반이 모두 있다.

실은 혼란을 부추긴 건 작곡가 자신이었다. 1927년 리허설 당시 야나체크는 「인트라다」를 처음에도 연주하라고 지시했다. 하지만 정작 이듬해 성악 악보 출간 당시에는 초반의 「인트라다」를 생략해서 문제를 가중시켰다. 참고로 당시 악보 교정 작업을 맡았던 음악학자이자 피아니스트 루드비크 쿤데라(1891~1971)가 바로 밀란 쿤데라의 아버지다. 아들 쿤데라는 "젊은 피아니스트였던 아버지는 브르노에서 야나체크의 초기 전문가들이자 지지자들로 이루어진 매력적인 모임에 속했다"고 회고했다.

「인트라다」를 초반에도 연주할 경우 전체 작품은 9곡의 구성이 된다. 첫 두 곡인 「인트라다」와 「서주」, 마지막 두 곡인 오르간 솔로와 「인트라다」는 모두 기악곡이다. 가운데 5곡인

「키리에Gospodi pomiluj」「글로리아Slava」「크레도Veruju」「상투스Svet」「아뉴스 데이Agnece Bozij」는 남녀 독창과 합창이 들어가는 미사곡들이다. 이 때문에 느슨한 수미상관의 구조로 보기도 한다.

여기서도 심판과 참회, 용서와 구원 같은 전통적 미사의 주제보다는 환희와 축제의 슬라브적인 정서가 두드러진다. 당초 죽음을 통해서 인간의 유한한 운명을 되새기는 미사곡이 약동하는 삶에 대한 찬미로 재해석되기에 이른 것이다. 쿤데라의 표현처럼 명징성과 반反낭만주의적 표현성. 난폭한 현대성이라는 야나체크의 음악적 매력이 잘 살아 있는 작품이 〈글라골 미사〉다. 흡사 전통적 미사의 틀거리만 남겨놓고서 내용물은 교체한 종교곡의 리모델링과도 같았다.

이처럼 야나체크는 독일 후기 낭만주의라는 거대한 음악적 조류에서 비켜나서 예외적 존재로 남았기에 그 가치가 온전하게 전해진 경우에 가깝다. 우리는 자칫 시대적 흐름에 뒤처지지나 않을까 전전긍긍하면서 살지만 야나체크 같은 '위대한 예외'는 넌지시 일러준다. 삶이나 예술에서 순간의 평가보다 중요한 것은 고유의 독창성이라는 것을. 지금도 작곡가는 브르노 중앙 묘지에 잠들어 있다. 그의 묘비에는 남성 합창곡 「방황하는 미치광이」의 마지막 구절이 새겨져 있다. "뿌리 뽑힌 나무처럼 강인함은 사라지고 등은 굽고 그의 마음은 흙먼지로 가득해도." 타고르의 시에 바탕한 이 합창곡의 노랫말은 이렇게 이어진다. "미치광이는 잃어버린 보물을 되찾기 위해

다시 발걸음을 돌렸다." 야나체크의 삶에 이처럼 어울리는 구
절도 없을 것이다.

Leoš Janáček 〈Glagolitic Mass〉

- 지휘 라파엘 쿠벨릭, 바이에른 방송 교향악단과 합창단(도이치 그라모폰, CD)
Rafael Kubelík /Symphonieorchester des Bayerischen Rundfunks/Deutsche
Grammophon

- 지휘 사이먼 래틀, 버밍엄 시립 교향악단(워너 클래식, CD)
Simon Rattle/City of Birmingham Symphony Orchestra/Warner Classics

- 지휘 이르지 벨로흘라베크, 체코 필하모닉(데카, CD)
Jiří Bělohlávek /Czech Philharmonic/Decca

- 지휘 마리스 얀손스, 바이에른 방송 교향악단과 합창단(아트하우스, DVD)
Mariss Jansons/Symphonieorchester des Bayerischen Rundfunks/Arthaus

- 지휘 찰스 매커라스, 체코 필하모닉 오케스트라(수프라폰, CD, DVD)
Charles Mackerras/Czech Philharmonic Orchestra/Supraphon

카프카와 야나체크의 연결 고리

"나의 유언은 아주 간단하네. 자네에게 부탁하네만 모두 불살라버리게."

소설가 프란츠 카프카(1883~1924)는 세상을 떠나기 전에 이런 유언을 남겼지만, 정작 이 유언은 지켜지지 않았다. 대학 시절부터의 오랜 벗이자 유언 집행인이었던 막스 브로트(1884~1968)가 카프카의 뜻을 따르지 않았기 때문이다. 브로트는 생전 카프카에게 이렇게 답했다고 한다. "자네에게 미리 말해두지만 난 그렇게 하지 않을 거야."

훗날 브로트는 약속 불이행의 취지에 대해 이렇게 말했다. "내가 그의 단어 하나하나를 광적으로 숭배했다는 것을 알고 있었다. 만약 그의 의사가 궁극적이고 절대적인 진심이었다면 당연히 다른 유언 집행인을 선택했을 것"이라는 설명이었다. 친구의 진심을 알면서도 유언을 남기고, 그 유언을 읽고서도 따르지 않은 이들의 역설적인 이심전심 덕분에 카프카의 작품은 오롯이 전해질 수 있었다. 문학의 역사에도 가정은 없겠지만, 만약 브로트가 고지식했다면 『성』, 『아메리카』, 『소송』 같은 카프카의 걸작들은 빛을 보지 못할 뻔했다.

브로트의 예술적인 공헌은 여기서 그치지 않는다. 그는 체코 작곡가 야나체크의 오페라 〈예누파〉와 〈카탸 카바노바〉, 〈영리한 새끼 암여우〉, 〈마크로풀로스 사건〉, 〈죽은 자의 집으로부터〉 등 다섯 편을 독일어로 번역했다. 체코의 지역 작곡가에 머물 뻔했던 야나체크를 유럽 전역에 알렸던 것도 사실상 브로트의 공이다.

아쉽게도 카프카와 야나체크가 브로트를 통해서 예술적 교감을 나눴다는 기록은 확인되지 않는다. 브로트의 평전인 『나의 카프카』나 야나체크의 영문 전기에도 카프카와 야나체크의 직접적인 대화나 공동 작업에 대한 언급은 없다.

물론 카프카와 야나체크가 만났을 가능성은 있다. 둘의 만남이 있었다면 1924년 3월 14일 야나체크의 〈예누파〉 공연이 열렸던 베를린 국립 오페라극장일 가능성이 가장 높다. 야나체크의 명성이 체코를 넘어 유럽 전역으로 퍼지는 계기가 됐던 공연 가운데 하나다.

당시 카프카는 가족들의 반대를 물리치고 프라하를 떠나서 베를린에 머물고 있었다. 글쓰기에 전념하기 위한 목적도 있었지만, 연인 도라 디아만트와 함께 살겠다는 결심이 확고했다. 카프카는 베를린 시절의 행복을 친구 브로트에게도 고백했지만, 건강 악화가 그의 발목을 잡았다. 결국 카프카는 의사인 외삼촌과 함께 프라하로 돌아왔고, 같은 해 6월 3일 결핵으로 세상을 떠났다.

브로트는 야나체크에게 보낸 편지에서도 카프카의 죽음에 대해서 언급했다. 만약 카프카와 야나체크의 만남이 이어졌다면, 훗날 야나체크의 오페라 목록에 『성』이나 『변신』이 포함됐을지도 모른다.

『농담』, 『불멸』, 『참을 수 없는 존재의 가벼움』의 체코 소설가 밀란 쿤데라는 "막스 브로트는 카프카에게 봉사한 것처럼 사심 없는 열의로 그(야나체크)에게 헌신했다. 그는 내가 태어난 조국에서 살았던 역사상 가장 위대한 두 예술가에게 봉사하는 영예를 누렸다"고 평했다. 그 두 예술가가 바로 카프카와 야나체크였다. 쿤데라는 "둘 다 과소평가 받았고, 둘 다 파악하기 어려운 미학을 지녔으며, 둘 다 사회의 편협함에 희생되었다"고 기렸다. 1968년 '프라하의 봄' 사태 이후 체코를 떠나 프랑스에 정착했던 쿤데라의 눈에 카프카와 야나체크가 남다르게 보였던 건 어쩌면 당연했을지도 모른다.

오로지 살아 있는 것만이 죽을 수 있는 법이다
말이란 발화 이후에만 침묵으로 들어간다
오로지 형식과 패턴을 거쳐야만
말이나 음악은 고요함에 다다를 수 있다

T. S. 엘리엇 「네 개의 사중주Four Quartets」 중에서

Old and New World

구대륙 유럽과 신대륙 미국

클래식에도 토털 사커가 존재할까?

벨러 버르토크 〈오케스트라를 위한 협주곡〉

축구 선수들이 전원 공격, 전원 수비에 나서는 전술을 '토털 사커total soccer'라고 부른다. 경기 흐름에 따라서 최전방 공격수도 수비하고, 최후방의 수비수도 공격에 가담하면서 팀 전체가 유기적으로 움직이는 방식이다. 한국에서도 2002년 월드컵 당시 거스 히딩크 대표팀 감독 덕분에 친숙한 용어가 됐다. 과연 클래식에도 '토털 사커' 같은 장르가 존재할까.

그 '영순위 후보'가 있다면 〈오케스트라를 위한 협주곡 Concerto for orchestra〉일 것이다. 기존의 협주곡은 화려한 독주자와 묵묵히 합주를 떠맡는 오케스트라의 구분 위에서 존재하는 장르였다. 독주자가 최전방 공격수라면 오케스트라는 든든한 후방 수비수와도 같았다. 하지만 〈오케스트라를 위한 협주곡〉은 제목처럼 별도의 솔리스트 없이 오케스트라의 악기들이 독주와 합주를 모두 소화하면서 유기적으로 움직이는 클래식의 '토털 사커'다. 독주 악기 없는 협주곡이라는 점에서는 다분히 자기모순적인 제목이기도 하다.

20세기 들어서 〈오케스트라를 위한 협주곡〉을 화려하게 부활시킨 주인공이 헝가리 작곡가 벨러 버르토크(1881~1945)였다. 이 협주곡은 미국 체류 시절인 말년 작품이다. 평생 동료였던 졸탄 코다이(1882~1967)의 영향을 받은 곡이기도 하다. 코다이는 1941년 시카고 심포니 창단 50주년을 기념하기 위해 〈오케스트라를 위한 협주곡〉을 작곡했다. 단악장이지만 대칭을 이루는 다섯 개 단락의 구조 역시 버르토크의 작품에 직접적 영향을 미쳤다. 버르토크는 1940년 10월 미국 망명길에 오를 때에도 코다이의 악보를 들고 있었다. 확고한 반反나치주의자였던 버르토크는 히틀러가 1938년 오스트리아를 병합하고, 1940년 헝가리가 추축국에 가담하자 조국을 떠나기로 결심했다. 당시 작곡가는 "거의 대부분의 학식 있는 기독교인들이 나치 정권을 지지하고 있다. 나는 이 계층 출신이라는 사실이 부끄럽다"고 썼다.

하지만 작곡가 말년의 미국 체류는 경제 형편과 건강 문제로 악전고투의 연속이었다. 컬럼비아대의 방문 연구원으로 임용됐지만 계약은 연장되지 않았다. 엎친 데 덮친 격으로 고질적인 관절 통증과 고열에 시달렸고, 체중도 40kg까지 줄었다. 1943년 하버드대 강연을 마친 뒤에는 쓰러져 병원에 이송되기도 했다. 처음에는 어릴 적 앓았던 결핵의 재발로 여겼지만, 1944년 결국 만성 골수성 백혈병 판정을 받았다.

당시 보스턴 심포니의 음악 감독을 맡고 있던 러시아 출신의 지휘자 세르게이 쿠세비츠키(1874~1951)가 위촉한 작품이 〈오케스트라를 위한 협주곡〉이다. 쿠세비츠키는 곡의 형식이나 편성에는 제약을 두지 않았지만, 딱 한 가지 조건을 내걸었다. 1942년 세상을 떠난 아내 나탈리를 위한 추모의 의미를 담고 싶다는 뜻이었다. 쿠세비츠키는 부유한 러시아 차茶 상인 집안의 딸이었던 아내로부터 생전 물심양면으로 많은 도움을 받았고, 타계한 아내를 기리기 위해 쿠세비츠키 음악 재단을 설립했다. 벤저민 브리튼의 오페라 〈피터 그라임스〉, 에런 코플런드의 교향곡 3번, 올리비에 메시앙의 〈투랑갈릴라 교향곡〉 등이 모두 이 재단의 위촉으로 빛을 본 작품들이다.

건강 때문에 작품 완성에 대한 확신이 없었던 버르토크는 처음에는 수락을 머뭇거렸다. 하지만 작곡가의 뉴욕 병실로 찾아온 쿠세비츠키는 완성 여부와는 관계 없이 위촉료 1000달러의 절반을 선급금으로 지급했다. 그 뒤 버르토크는 뉴욕 북부 호숫가 마을에서 요양하면서 단 54일 만에 작곡을 마쳤다. 이 협주곡은 1944년 12월 1일 초연부터 뜨거운 반응을 얻었다. 사실상 그가 작곡가로서 미국에서 처음으로 거둔 성공이었다. 지휘봉을 잡은 쿠세비츠키도 "지난 25년간의 관현악곡 가운데 가장 훌륭한 작품"이라는 격찬을 보냈다.

그 뒤 아르투로 토스카니니, 레오폴드 스토코프스키, 브루노 발터, 유진 오먼디 같은 지휘자들이 즐겨 연주하는 곡이 됐다. 노벨 문학상 수상자인 독일 문호 헤르만 헤세 역시 이 작품에 매료된 예술가 가운데 하나였다. 헤세는 1955년 5월 15일 라디오에서 〈오케스트라를 위한 협주곡〉을 듣고서 일기에 이렇게 적었다. "코스모스 대신 카오스, 질서 대신 혼돈, 명징함과 형태 대신 흩뿌려진 파도 같은 청각적 충격, 절제된 전개와 구조 대신에 건축적 양식의 부재와 우연적 비율. 그런데도 이 음악 또한 대가답다."

바흐와 모차르트를 흠모했던 작가는 일기에서도 헨델의 이중 협주곡과 버르토크의 협주곡을 '코스모스와 카오스'로 분명하게 대비시켰다. 하지만 헤세 당대에는 제대로 이해받지 못했던 또 다른 면모가 이 협주곡에는 숨어 있었다. 전통과의 급격한 단절만이 아니라 온전한 계승까지도 담고 있는 작품이라는 의미였다.

전통적으로 관현악곡에서 별도의 독주 협연 악기가 없을 경우에는 협주곡이라고 부르지는 않는다. 그저 교향곡이라고 부르면 그만이다. 그런데도 작곡가는 왜 굳이 협주곡이라는 제목을 붙였을까. 1944년 초연 당시 작곡가의 프로그램 노트를 보면 그 이유를 짐작할 수 있다. "이 교향곡 같은 관현악곡의 제목은 오케스트라의 개별 악기나 악기군을 합주concertant나 독주soloistic 방식으로 다루는 경향 때문이다. 예를 들어 1악장 발전부의 푸가토fugato 단락들에서 등장하는 금관악기, 마지막 악장에서 무궁동無窮動적인 중심 주제를 연주하는 현악기들, 그리고 특히 악기들이 짝을 지어서 화려한 단락을 차례로 선보이는 2악장이 그렇다."

실제로 이 협주곡은 전통적인 소나타 형식의 첫 1악장과 마지막 5악장이 작품 전체를 감싸고 있다. 이전에도 버르토크는 현악 사중주 4~5번 등 아치arch형이나 거울처럼 대칭을 이루는 5악장 구조를 즐겨 사용했다. 이 협주곡의 중심축에 해당하는 3악장의 「비가Elegia」에 대해서 작곡가는 '음울한 추모곡'이라고 불렀다. 실제로 1악장의 주제들이 다시 등장하는 3악장에는 위촉자인 쿠세비츠키의 아내뿐 아니라 미국 망명 직전에 세상을 떠난 버르토크의 어머니를 기리는 의미도 깃들어 있었을 것이다.

2악장은 악장 제목부터 빠르기까지 다양한 해석의 여지를 남기는 경우다. 당초 버르토크의 자필 악보에는 분당 4분음표 94개의 빠르기로 적혀 있었지만, 정작 1946년 출판된 악보에는 74개로 표기되어 있었다. 게다가 출판 악보에는 '커플의 유희Giuoco delle coppie'라고 나와 있었지만, 자필 악보에는 '커플의 소개Presentando le coppie'라고 적혀 있었다. 출판 과정에서 일어난 실수 탓인지, 작곡가 자신의 수정인지는 아직 확실치 않다. 여기서 말하는 커플은 사람이 아니라 악기다. 제목처럼 2악장에서는 바순과 오보에, 클라리넷과 플루트, 트럼펫이 한 쌍씩 짝을 지어서 동유럽 일대의 춤곡 성격을 지닌 주제들을 이어달리기 하듯이 차례로 연주한다. 오케스트라 개별 악기들의 잠재력을 극대화하는 이 협주곡의 취지에 어울리는 악장이기도 하다.

이 같은 혼란 때문에 작품 초연 이후 발매된 초창기 음반들도 2악장은 대체로 알레그로(빠르게)보다는 느리게 연주했다. 이런 관행에 의문을 제기한 건 작곡가의 제자였던 지휘자 게오르그 숄티였다. 그는 1981년 1월 시카고 심포니와 녹음 당시, 타악기 수석인 고든 피터스에게 2악장 템포에 대한 질문을 받았다. 뭔가 이상하게 여긴 숄티는 워싱턴 의회 도서관에 소장된 작곡가의 자필 악보와 대조한 결과, 원곡의 템포가 당시까지 연주되던 것과는 다르다는 사실을 확인했다. 숄티는 "나 자신을 포함해서 지금까지 잘못된 빠르기로 수천 번이나 연주했다는 사실에 의심할 여지가 없었다"고 말했다. 작품 초연 직후인 1944년 12월 30일 쿠세비츠키가 지휘한 방송 실황 녹음을 들어보면, 2악장의 빠르기가 숄티와 유사하다는 점도 흥미롭다.

「중단된 간주곡Intermezzo interrotto」이라는 제목의 4악장 역시 작곡가의 의도를 놓고서 지금까지 논쟁이 끊이지 않는다. 간주곡이 오페라의 막과 막 사이에 연주하는 짧은 연주곡이라는 사실을 상기하면, 제목부터 무척 의미심장하다. 이 악장에서는 클라리넷이 쇼스타코비치의 교향곡 7번 〈레닌그라드〉 1악장 가운데 이른바 '침공의 주제'를 연주한다. 2차 세계대전 당시 나치는 소련 침공 이후 레닌그라드(현 상트페테르부르크)를 포위했지만, 레닌그라드 주민들은 적군의 포위와 혹독한 굶주림 속에서도 무려 872일간 항전을 지속하며 도시를 지켜냈다. 끈질긴 저항 정신을 기리기 위한 〈레닌그라드〉 교향곡은 연합군의 연대를 상징하는 작품이 됐고, 전쟁 내내 소련뿐 아니라 미국과 영국에서도 울려 퍼졌다.

쇼스타코비치의 '침공의 주제'는 히틀러가 사랑했던 프란츠 레하르의 희가극 〈즐거운 미망인Die lustige Witwe〉에서 가져온 것이라는 분석도 있다. 이 경우에는 결과적으로 세 작품 사이에 공통분모가 존재하는 셈이 된다. 실제로 4악장의 클라리넷은 얼핏 천진난만하고 유쾌한 듯하지만 지극히 과장 섞인 톤을 지니고 있어서 풍자적 의미라는 걸 느낄 수 있다. 이 때문에 독일 나치에 대한 통렬한 비판부터 쇼스타코비치에 대한 경외심이나 반대로 질투심까지 다양한 해석의 가능성을 남겼다. 버르토크의 제자였던 헝가리 지휘자 안탈 도라티(1906~1988)의 회고에 따르면, 버르토크는 쇼스타코비치의 교향곡이 실제 가치보다 높은 평가를 받고 있다면서 "그래서 내가 분노를 터뜨렸다"고 고백했다고 한다. 과연 버르토크의 풍자 대상은 히틀러였을까, 쇼스타코비치였을까. 이 대목을 들을 때마다 슬며시 미소 짓게 되는 이유다.

20세기 음악사에서 버르토크가 독특한 점은 혁신과 전통, 진보와 보수가 충돌 없이 공존한다는 점이었다. 리듬과 음색이라는 관점에서 그는 후기 낭만주의의 한계를 과감하게 돌파했던 작곡가였다. 특히 버르토크의 '복합 리듬'은 클래식뿐 아니라 재즈 피아니스트 데이브 브루벡과 록 기타리스트 프랭크 자파 등에게도 적잖은 영향을 미쳤다. 반면 그는 쇤베르크의 12음 기법에 대해서는 동의한 적이 없었고 민속음악에서 끊임없이 음악적 자양분을 얻었다는 점에서는 다분히 보수적인 면모가 존재했다. 만년에도 버르토크는 "나는 결코 새로운 이론을 먼저 만들어놓고 거기에 맞춰 곡을 써본 적이 없다. 그런 생각 자체가 가당키나 한 것인지 의문"이라고 말했다. 다분히 쇤베르크를 겨냥한 말처럼 들리지만, 음악은 실험실보다는 자연의 산물이라는 작곡가 자신의 철학이 반영된 말이기도 했다.

어떤 의미에서 이 협주곡은 바로크 시대의 합주협주곡 concerto grosso 같은 전통의 부활에 가까웠다. 고전적 양식의 재발견을 통해서 오케스트라의 악기들을 '만년 조연' 역할에서 당당히 주연의 지위로 격상시킨 것이야말로 이 협주곡의 공로였다. 버르토크 이후에도 비톨트 루토스와프스키와 엘리엇 카터까지 〈오케스트라를 위한 협주곡〉은 20세기 음악의 새로운 히트 상품이 되기에 이르렀다. 그런 의미에서 이 곡은 무엇보다 온고지신溫故知新의 정신이 깃든 작품이었다.

Béla Bartók 〈Concerto for Orchestra〉

• 지휘 게오르그 숄티, 시카고 심포니 오케스트라(데카, CD)
Georg Solti/Chicago Symphony Orchestra/Decca

• 지휘 마리스 얀손스, 바이에른 방송 교향악단(소니 클래시컬, CD)
Mariss Jansons/Symphonieorchester des Bayerischen Rundfunks/Sony Classical

• 지휘 사이먼 래틀, 버밍엄 시립 교향악단(워너 클래식, CD)
Simon Rattle/City of Birmingham Symphony Orchestra/Warner Classics

• 지휘 세르게이 쿠세비츠키, 보스턴 심포니 오케스트라(1944년 12월 30일 방송
실황, 낙소스, CD)
Serge Koussevitzky/Boston Symphony Orchestra/Naxos

• 지휘 수산나 맬키, 헬싱키 필하모닉 오케스트라(BIS, CD)
Susanna Mälkki/Helsinki Philharmonic Orchestra/BIS

• 지휘 이반 피셔, 부다페스트 페스티벌 오케스트라(필립스, CD)
Ivan Fischer/Budapest Festival Orchestra/Philips

• 지휘 페렌츠 프리차이, 베를린 방송 교향악단(도이치 그라모폰, CD)
Ferenc Fricsay/Radio Symphony Orchestra Berlin/Deutsche Grammophon

• 지휘 프리츠 라이너, 시카고 심포니 오케스트라(RCA, CD)
Fritz Reiner/Chicago Symphony Orchestra/RCA

• 지휘 피에르 불레즈, 시카고 심포니 오케스트라(도이치 그라모폰, CD)
Pierre Boulez/Chicago Symphony Orchestra/Deutsche Grammophon

• 지휘 피에르 불레즈, 베를린 필하모닉 오케스트라(2003년 유러피안 콘서트 실
황, 유로아츠, DVD)
Pierre Boulez/Berlin Philharmonic Orchestra/EuroArts

세기말 빈의 모차르트
에리히 볼프강 코른골트 바이올린 협주곡

모차르트 이후 이른 나이에 음악적 재능을 드러내는 신동 탄생은 언제나 초미의 관심사였다. 작곡에서는 멘델스존, 피아노 연주에서는 리스트와 생상스 등이 모차르트에 비견될 만한 신동으로 꼽혔다. 하지만 당장 이름부터 가족사까지 모든 것이 모차르트를 연상시켰던 음악인이 있었다. 바로 에리히 볼프강 코른골트(1897~1957)였다.

당장 다섯 살부터 아버지와 함께 피아노 연탄곡을 연주하고, 일곱 살에는 작곡을 시작한 경력부터 판박이다. 열 살 생일을 겨우 넘긴 코른골트가 자신의 칸타타를 암보로 연주하는 모습을 지켜본 작곡가 구스타프 말러는 '천재'라고 격찬한 뒤 스승 알렉산더 폰 쳄린스키를 직접 주선해줬다. 그런데 코른골트의 전기 작가 제시카 듀첸의 말처럼 역설적 질문이 있다. "왜 이토록 놀라운 인물이 진지한 클래식 음악의 세계에서는 잊혀야 했을까?”

모차르트 신화를 치밀하게 기획하고 연출했던 주인공이 부친 레오폴트 모차르트였던 것처럼, 코른골트의 뒤에는 ‘세기말 빈’을 대표하는 음악 평론가였던 아버지 율리우스 코른골트(1860~1945)가 있었다. 당초 율리우스는 빈에서 법학과 음악을 전공한 뒤 고향 브르노에서 변호사로 활동했다. 하지만 브람스 교향곡 4번에 대한 익명의 기고를 계기로 음악 평론가로 전업했다. 이 기고문을 읽은 브람스가 식사 자리에 초대할 만큼 지대한 관심을 보인 것이었다. 율리우스는 1901년 빈에 상경했고 3년 뒤에는 평론가 에두아르트 한슬리크의 후임으로『신자유신문Neue Freie Presse』의 수석 평론가 직책을 맡았다. ‘세기말 빈’의 음악계에서 가장 영향력 있는 인물 가운데 하나로 급부상한 셈이었다.

이런 경력은 아버지 율리우스의 음악적 방향성에도 지대한 영향을 미쳤다. 후기 낭만주의와 현대음악의 갈림길에 있었던 20세기 초반의 빈 음악계에서 보수적 성향으로 기울었던 것이다. 율리우스는 쇤베르크의 무조음악은 물론, 스트라빈스키의 신고전주의마저 반낭만주의라고 거리를 두기에 이르렀다. 심지어 두 아들의 이름도 가장 좋아하는 작곡가였던 슈만과 모차르트의 이름을 따서 ‘한스 로베르트’와 ‘에리히 볼프강’이라고 지었다.

이 때문에 아들 코른골트는 정식 데뷔 이전부터 빈 음악계의 관심을 한몸에 받을 수밖에 없는 처지였다. 11세에 발레

〈눈사람〉을 작곡했고 이듬해에는 작품 번호 1번의 피아노 삼중주를 발표했다. 이 작품들은 곧바로 빈 궁정 극장에서 초연되거나 유니버설 에디션에서 악보로 출간됐다. 베를린 필 지휘자 아르투르 니키슈와 한슬리크 같은 음악계 명사들도 앞다퉈 '천재'나 '작은 모차르트'라는 격찬을 보냈다. 평생 빈 음악계의 외로운 아웃사이더였던 쇤베르크와는 사뭇 대조적인 처지였다. 베베른은 "출판사와 연주회까지 그 소년은 모든 걸 갖고 있다"는 질투 어린 편지를 스승 쇤베르크에게 보내기도 했다.

하지만 이들 부자에게는 짙은 그늘도 있었다. 요즘 말로는 신동 작곡가의 아버지와 평론가라는 직업 사이에서 일종의 이해 충돌이었다. 초기에 율리우스는 객관적 입장을 견지하기 위해 비평의 대상인 음악인들과의 접촉을 피할 만큼 엄격한 직업관을 유지했다. 하지만 아들 코른골트가 일찍부터 재능을 드러내자 반대편에서는 '아들이 아니라 아버지가 곡을 썼을 것'이라는 쑥덕거림이 잦아들지 않았다. 율리우스는 "그 음악을 내가 썼다면 평론가를 하진 않았을 것"이라고 응수했지만, 아버지가 심판을 보는 경기장에서 아들이 선수로 뛰는 것과 크게 다르지 않았다.

특히 1920년 코른골트의 오페라 〈죽음의 도시〉가 독일과 오스트리아 전역에서 폭발적 인기를 누리자 더욱 상황은 복잡 미묘해졌다. 실은 율리우스는 아들과 함께 파울 쇼트라는 가명으로 오페라 대본을 공동 집필했지만 비밀에 부쳤다. 이 오페라는 그해 12월 4일 쾰른과 함부르크에서 같은 날 동시 초연될 만큼 화제를 낳았다. 당시 함부르크 초연을 맡았던 지휘자가 오토 클렘페러였고, 클렘페러의 아내인 소프라노 요하나 가이슬러 역시 1인 2역의 여주인공으로 출연했다. 반대편의 입장에서는 작품의 성공 이면에 아버지 율리우스의 입김이 있었다고 충분히 볼 수 있는 상황이었다. 영국 『뮤지컬 타임스』의 빈 특파원은 "율리우스의 리뷰가 음악가들의 연주나 노래가 아니라 아들의 작품에 대한 태도에 따라서 좌우된다"고 지적했을 정도였다. 빈 국립 오페라극장의 공동 감독이었던 리하르트 슈트라우스마저 〈죽음의 도시〉 공연을 놓고 코른골트 부자와 갈등을 빚기도 했다.

이런 복잡한 상황은 아들 코른골트의 음악적 성장에도 적잖은 영향을 미쳤다. 무엇보다 현대적 작법에 대한 관심을 스스로 제약하는 결과를 낳았다. 1927년 작곡가는 버르토크의 피아노 협주곡 1번을 듣다가 "피아노는 기계가 되고, 오케스트라는 기계 작업장 같다"며 절레절레 고개를 저었다. 훗날 미국으로 망명한 버르토크의 삶을 떠올리면 "야만적이고 조잡한 물질주의적 소음을 이용해서 헝가리·러시아·볼셰비키적 기계 예술을 표상한다"는 코른골트의 평가는 무척 야박한 것이 사실이다. 급진적 음악과의 괴리와 간극은 일찍부터 감지됐던 셈이다. 어릴 적 자유분방하고 거침없던 음악 신동 코른골트가 정작 성장한 뒤에는 후기 낭만주의의 어법에 머물렀던 것으로 평가받는 이유이기도 하다.

모차르트와 코른골트의 결정적 차이는 음악적 재능의 유무가 아니라 성격에 있었다. 모차르트는 20대 중반에 고향 잘츠부르크를 뛰쳐나가 빈에서 결혼하고 독립적인 삶을 살았다. 반면 코른골트는 할리우드로 건너간 뒤에도 아버지를 모시고 본가와 처가, 자기 집이라는 세 집의 가장 역할을 동시에 했다. "(어릴 적) 나는 작곡을 원했던 적은 없었다. 그저 아버지를 기쁘게 해드리기 위해서 했을 뿐"이라는 코른골트의 고백에는 이들 부자 관계의 일면이 담겨 있어서 슬프게 들린다.

1920년대 후반부터 코른골트는 요한 슈트라우스와 오펜바흐의 희가극을 편곡하고 지휘하는 일에 빠져들었다. 당시 단짝 연출가가 잘츠부르크 페스티벌의 공동 창립자였던 막스 라인하르트(1873~1943)였다. 할리우드로 먼저 건너간 라인하르트는 영화 「한여름 밤의 꿈」에 삽입될 멘델스존 음악의 편곡 작업을 코른골트에게 맡겼다. 코른골트는 〈한여름 밤의 꿈〉뿐만이 아니라 멘델스존의 교향곡과 「무언가」까지 알뜰살뜰 재활용했고, 사전·동시·사후 녹음까지 삼중으로 작업할 만큼 공을 들였다.

유대인이었던 라인하르트와 코른골트는 활동 초기엔 빈과 할리우드를 자유롭게 왕래했다. 이 때문에 코른골트는 망명객보다는 이민자로 분류됐다. 하지만 1938년 나치의 오스트리아 병합으로 결국 귀국길이 막혔다는 점에서는 결과적으로 망명자와 같은 처지가 됐다. 코른골트는 "우리 스스로는 빈 사람으로 생각했지만, 히틀러가 우리를 유대인으로 만들었다”고 말했다. 유럽에서 미국으로, 오페라에서 영화음악으로 활동 무대와 장르 모두 달라진 셈이었다.

당시 워너 브러더스는 코른골트에게 음악 작업을 위한 개인 전용 시사실을 제공할 만큼 극진하게 예우했다. 코른골트 역시 20여 편의 영화음악에 참여했고 1937년과 1939년 두 차례 아카데미 음악상을 수상하면서 성공적으로 미국에 안착한 듯했다. “영화가 음악적 표현을 제약한다는 건 사실이 아니다. 무대든 지휘대든 극장 스크린이든 음악은 음악일 뿐”이라는 그의 답변에서도 자부심이 묻어났다. 코른골트의 곡들은 이후 할리우드 영화음악에도 지대한 영향을 미쳤다. 실제로 코른골트가 작곡한 1942년 영화 「킹스 로Kings Row」의 메인 타이틀 곡은 1977년 존 윌리엄스의 전설적인 「스타워즈」 팡파르를 연상시킬 만큼 닮아 있다.

2차 세계대전 종전 직후인 1947년 그가 발표한 곡이 바이올린 협주곡이다. 그 직전 코른골트는 워너 브러더스와 계약 갱신을 않기로 했다. “쉰은 신동에게는 늙든 나이다. 남은 인생 동안 할리우드 작곡가로 남고 싶지 않다면 결단을 내려야 할 때”라고 스스로 밝혔다. 그의 정신적 지주였던 아버지 율리우스와 동료 라인하르트가 잇따라 세상을 떠나고, 나치의 패망으로 유럽으로 돌아갈 길이 열린 것도 분명 영향을 미쳤을 것이다.

당초 그는 팔레스타인 오케스트라(현 이스라엘 필하모닉)의 창립자인 바이올리니스트 브로니스와프 후베르만을 염두에 두고 이 협주곡을 썼다. 평소 후베르만도 "에리히, 내 협주곡 어디 있어?"라고 입버릇처럼 말했다. 하지만 작품 완성이 다가오는데도 초연 날짜가 확정되지 않자, 결국 코른골트는 막판에 연주자를 바이올리니스트 야샤 하이페츠로 변경했다. 작곡가는 후베르만에게 "내가 배신한 건 아니지만 바람을 피운 건 맞는다"고 순순히 인정했다.

"파가니니보다는 바이올린의 카루소를 생각했다"는 작곡가의 말처럼 타고난 서정성이야말로 이 협주곡의 두드러진 특징이다. 그에게 첫 번째 아카데미상을 안겨준 「앤서니 어드버스」를 비롯한 영화음악의 선율들도 자연스럽게 작품에 녹아들었다. 코른골트 전기 작가인 브렌던 캐럴은 "영화음악이 아니라 바이올린 협주곡을 먼저 작곡한 것"이라는 대담한 주장을 펴기도 했다. 과연 협주곡이 영화음악을 재활용했을까, 반대로 영화음악이 협주곡에서 가져온 경우일까. 흡사 '닭이 먼저냐 달걀이 먼저냐'처럼 음악학자들도 판정하기 쉽지 않은 문제다. 하지만 어느 쪽이든 신대륙 할리우드와 구대륙 빈이라는 두 세계를 이어주는 가교 역할을 하는 협주곡이자, 고향을 향한 노스탤지어적 정서가 담긴 작품으로 이해할 수 있다.

1947년 2월 세인트루이스 초연은 성공적이었지만, 정작 다음 달 뉴욕 연주회 때는 혹평이 쏟아졌다. 작곡가의 이름을 빗대서 "금gold보다는 옥수수corn가 많다"(『뉴욕 선』)는 신랄한 조롱도 있었다. 평론가의 아들인 코른골트 입장에서도 "선율도 평범하고 감상적인 할리우드 협주곡"(『뉴욕타임스』)이라는 비평은 뼈아플 수밖에 없었다. 2차 세계대전 이후 현대음악이 급진과 실험으로 치달으면서 이 협주곡은 한동안 잊힌 작품으로 남았다. 하지만 1960년대 말러의 재조명 이후 코른골트와 알렉산더 폰 쳄린스키, 프란츠 슈레커 같은 작곡가들도 본격적인 재평가를 받고 있다. 후기 낭만주의와 현대음악 사이에서 잊히거나 사라졌던 이름들이 속속 복권되고 있는 것이다.

특히 지휘자 앙드레 프레빈은 바이올리니스트 이츠하크 펄먼과 안네 조피 무터, 길 샤함과 세 차례나 코른골트의 협주곡을 녹음했을 만큼 지극히 공을 들였다. 어릴 적부터 음악 신동으로 주목받았고 고교 졸업 이전에 할리우드 영화음악에 뛰어들었던 프레빈에게 선배 코른골트는 더욱 각별한 존재였을 것이다. 프레빈은 "리하르트 슈트라우스 스타일로 우아하게 편곡한 코른골트의 빼어난 선율들은 설령 영화들이 잊히더라도 듣기 좋았다"고 말했다. 프레빈의 말이 일러주듯이 동시대일 때는 낡은 고물처럼 보이지만, 시간이 흐르면 우아한 골동품으로 재인식되는 경우가 있다. 코른골트 협주곡이 그런 경우였다.

Erich Wolfgang Korngold Violin Concerto

• 바이올린 야샤 하이페츠, 지휘 앨프리드 윌렌스타인, 로스앤젤레스 필하모닉 오케스트라(소니BMG, CD)
Jascha Heifetz/Alfred Wallenstein/Los Angeles Philharmonic Orchestra/Sony BMG

• 바이올린 이츠하크 펄먼, 지휘 앙드레 프레빈, 피츠버그 심포니 오케스트라(워너 클래식, CD)
Itzhak Perlman/André Previn/Pittsburg Symphony Orchestra/Warner Classics

• 바이올린 길 샤함, 지휘 앙드레 프레빈, 런던 심포니 오케스트라(도이치 그라모폰, CD)
Gil Shaham/André Previn/London Symphony Orchestra/Deutsche Grammophon

• 바이올린 안네 조피 무터, 지휘 앙드레 프레빈, 런던 심포니 오케스트라(도이치 그라모폰, CD)
Anne-Sophie Mutter/André Previn/London Symphony Orchestra/Deutsche Grammophon

• 바이올린 니콜라이 즈나이더, 지휘 발레리 게르기예프, 빈 필하모닉 오케스트라(RCA, CD)
Nikolaj Znaider/ Valery Gergiev/Vienna Philharmonic Orchestra/RCA

• 실버 바이올린, 바이올린 니콜라 베네데티, 지휘 키릴 카라비츠, 본머스 심포니 오케스트라(데카, CD)
The Silver Violin/Nicola Benedetti/Kirill Karabits/Bournemouth Symphony Orchestra/Decca

"이 아이를 쳄린스키에게 보내세요. 음악원도, 훈련도 안 됩니다! 쳄린스키가 아이가 필요로 하는 모든 걸 자유롭게 가르쳐줄 거예요."

작곡가이자 지휘자 구스타프 말러(1860~1911)가 1907년 빈 궁정 오페라극장을 떠나기 직전, 한 소년의 재능에 경탄해서 이렇게 말했다. 이 소년이 에리히 볼프강 코른골트였다. 코른골트가 자신이 작곡한 칸타타를 연주하는 모습을 지켜본 말러는 알렉산더 폰 쳄린스키를 스승으로 주선했다.

스승이 된 쳄린스키 역시 코른골트의 음악적 발전 속도에 놀랐던 건 마찬가지였다. "에리히는 음계를 연습하며 수업을 시작했는데, 불과 1년 만에 베토벤의 소나타를 치고 있었다. 거의 동시에 화성에 숙달한 뒤 작품의 형식 분석에 들어갔다." 여담이지만 쳄린스키는 알마 신들러(1879~1964)에게 작곡을 가르쳤고, 짧지만 쳄린스키와 알마는 연인 관계가 되기도 했다. 하지만 그 뒤 알마는 말러를 만나서 결혼했다. 결과적으로 말러는 과거의 연적을 코른골트의 스승으로 추천한 셈이 됐다.

이런 감탄이 빈말이 아니라는 건 당시 코른골트의 작품 초연 기록들만 봐도 알 수 있다. 훗날 베토벤 피아노 소나타 전곡을 세계 최초로 녹음하는 피아니스트 아르투르 슈나벨은 1911년 코른골트의 피아노 소나타 2번을 연주했다. 그 즈음 말러의 후임자였던 지휘자 펠릭스 바인가르트너도 빈 필하모닉 오케스트라와 함께 〈연극 서곡〉을 연주했다. 아직 10대 초반에 불과했던 소년 코른골트의 작품들을 당시 유럽 최고의 음악인들이 앞다퉈 연주했던 것이다.

하지만 쳄린스키가 1911년 프라하 오페라극장의 수석 지휘자에 취임하는 바람에 이들 사제의 음악 수업은 예상보다 일찍 끝났다. 훗날 코른골트는 "나는 가장 이상적 스승이자, 가장 뛰어난 음악적 영감, 젊은 시절의 롤 모델이자 귀감을 잃었고 빈 역시 가장 역량 있는 음악가를 잃었다"고 아쉬워했다.

흥미로운 건 쳄린스키가 작곡가 쇤베르크의 처남이자 유일한 스승이기도 했다는 점이다. 1895년 쳄린스키가 창단한 아마추어 오케스트라의 첼로 단원이 쇤베르크였다. 정식 음악 교육 없이 독학으로 음악을 공부했던 쇤베르크는 쳄린스키를 만나서 대위법을 배웠고, 쳄린스키의 누이동생인 마틸데와 결혼해서 가족이 되기에 이른다. 빈 최고의 음악 신동 코른골트와 대기만성형 작곡가 쉰베르크가 모두 쳄린스키의 제자였던 셈이다. 코른골트는 이후 할리우드 영화음악의 발전에 지대한 공헌을 했다. 쉰베르크는 알반 베르크와 베베른 같은 제자들을 길러내면서 20세기 현대음악사에 큰 족적을 남겼다. 결과적으로 쳄린스키는 제자들을 통해서 영화음악과 현대음악에 모두 간접적 영향을 미친 셈이 됐다.

여담이지만 심지어 코른골트와 쉰베르크는 로스앤젤레스에서 살 때는 서로의 아이를 맡길 정도로 가까운 이웃사촌이었다. 코른골트의 아내는 남편이 쉰베르크의 피아노 작품을 외워서 연주했다고 회고했다. 하지만 둘이 음악에 대해서 대화하다가 논쟁으로 번지는 일도 잦았다고 한다. 할리우드 영화음악의 아버지였던 코른골트와 '12음 기법'을 창안한 쉰베르크 사이에는 역시 보이지 않는 벽이 존재했던 셈이다. 이처럼 둘은 빈 시절부터 미국 망명 시절까지 지극히 가깝고도 멀었던 동학이자 이웃이었다.

베를린의 바일과 브로드웨이의 바일

쿠르트 바일 〈서푼짜리 오페라〉

지극히 남성 중심적 시각의 소유자인 광고 회사 중역 닉 마샬(멜 깁슨)이 어느 날 목욕탕에서 미끄러지는 사고로 감전된다. 신기한 건 그 뒤로 여성들의 속마음이 들리기 시작한다는 점이다. 2000년 영화 「왓 위민 원트What Women Want」의 초반 장면이다. 그래서 제목도 '여성들이 원하는 것'이다. 처음엔 저주나 형벌인 줄만 알았는데 생각해보니 이런 축복이 따로 없다. 여심을 꿰뚫어 볼 수 있는 결정적 무기를 얻었으니 말이다. 닉은 길거리에서도 여성들의 속마음을 엿들으면서 쾌재를 부른다. 이 장면에서 흐르는 음악이 가수 바비 다린Bobby Darin의 「칼잡이 맥Mack the Knife」이다.

독일 극작가 베르톨트 브레히트와 작곡가 쿠르트 바일이 합작한 1928년 음악극 〈서푼짜리 오페라Die Dreigroschenoper〉의 삽입곡이 원곡이다. 바비 다린은 이 곡으로 1959년 빌보드

차트 1위에 올랐고 이듬해 두 개의 그래미상도 거머쥐었다. 루이 암스트롱과 엘라 피츠제럴드 같은 재즈 가수들은 물론, 빙 크로스비와 프랭크 시나트라까지 당대의 스타들도 즐겨 불렀던 애창곡이다. 이쯤 되면 자연스럽게 궁금해진다. 과연 독일 현대음악 작곡가의 노래가 어떻게 미국 팝 음악의 히트곡이 되었을까.

작곡가 바일의 생몰 연도는 비교적 기억하기 쉽다. 1900년 독일 데사우에서 태어났고 1950년 미국 뉴욕에서 세상을 떠났다. 문제는 출생과 사망 사이의 지리적 간극이다. 그는 1920년대 독일 바이마르공화국의 '음악적 총아'였지만, 1930년대 나치 집권기에는 '문제아'로 낙인찍혔다. 결국 1935년 미국 망명을 택했고, 그 뒤에는 주로 할리우드와 브로드웨이를 위한 영화와 뮤지컬 작곡가로 활동했다. 이 때문에 때로는 독일 현대음악 작곡가와 미국 뮤지컬 작곡가라는 '두 명의 바일two Weills'이 존재하는 것처럼 보이기도 한다. 과연 '베를린의 바일'과 '브로드웨이의 바일'은 얼마나 다른 인물일까.

바일의 고향인 데사우는 '북독일의 바이로이트'라고 불릴 만큼 높은 음악적 수준을 지니고 있었다. 작곡가도 10대 시절 아침부터 학교 근처의 궁정 극장에서 오페라와 연극 리허설을 관람했다. 당시 궁정 극장 지휘자였던 알베르트 빙에게는 작곡과 지휘, 음악 이론을 배웠다. 바일은 스승과의 음악 수업 광경을 형에게 이렇게 묘사했다. "우리는 오페라 총보와 피아노 반주 악보를 모두 보았어요. 먼저 선생님이 피아노로 연주하면 제가 악보를 보면서 지휘하고, 그 뒤에 서로 역할을 바꾸지요. 수업이 끝나면 〈피델리오〉 1막을 숙제로 내주셨어요.” 미래의 작곡가가 되기 위한 기반을 유년 시절부터 탄탄하게 다졌던 것이다.

바일이 베를린 국립 예술대에 진학한 1918년은 독일이 1차 세계대전에서 패배한 해였다. 당시 베를린은 전쟁의 폐허 속에서도 프리츠 랑의 영화와 브레히트의 문학, 표현주의와 신즉물주의 미술이 동시에 만개했던 진취적 예술 도시였다. 바일은 한편으로 엥겔베르트 훔퍼딩크와 페루초 부소니를 사사하면서, 다른 한편으로는 전후의 격랑에도 뛰어들었다. 급진적 예술 단체인 ‘11월 그룹Novembergruppe’에 가입한 것도 이 무렵이었다.

당시 바일의 관심사는 음악과 극 형식의 개혁이었다. 바일은 재즈와 라디오, 영화 등 현대적 요소를 과감하게 가미한 새로운 형식의 음악극을 ‘시대 오페라Zeitoper’로 명명했다. 1926년 극작가 게오르크 카이저와의 협력을 통해 탄생한 첫 단막 오페라 〈프로타고니스트Der Protagonist〉가 성공을 거두면서 그는 인기 작곡가로 부상했다. 작품 초연 직전 바일은 알반 베르크의 오페라 〈보체크〉를 관람한 뒤 어머니에게 보낸 편지에 이렇게 적었다. “석 달 뒤면 제 자리가 될 거예요.” 그의 바람대로 실현된 셈이었다.

이 무렵 작곡가의 삶에서 결정적 전환점이 되는 사건들이 잇따랐다. 우선 삶의 반려자이자 음악적 뮤즈가 된 가수이자 배우 로테 레냐와의 만남이었다. 이들은 1923년 어린이 팬터마임의 오디션 현장에서 처음 만났다. 당시 무대 위의 레냐는 오케스트라 피트 안에 있었던 단신의 바일을 못 알아보았다는 일화도 있다. 하지만 이듬해 재회한 이들은 1926년 결혼했다. 그 뒤 레냐는 이혼과 재결합의 우여곡절에도 불구하고 생전에는 바일의 음악극에서 여주인공을 맡았고 남편 사후에는 '쿠르트 바일 재단'을 창립해서 음악적 재조명에 앞장섰다. 1956년에는 〈서푼짜리 오페라〉의 제니 역으로 미국 토니상 여우조연상을 받기도 했다.

1927년은 바일과 브레히트의 콤비가 탄생한 해였다. 작곡가보다 두 살 연상의 브레히트는 전기 작가 얀 크로프의 평가처럼 "서른 살이 되던 1928년에 이미 세계적인 스타"였다. 하지만 이들에게는 연극이나 음악극의 낡은 관습을 일소하고 혁신을 일으키려는 공통의 목표가 있었다. 바일과 브레히트는 "무척 달랐지만 놀라울 만큼 상호 보완적"(영국 음악학자 데이비드 드루)인 예술적 파트너였다.

이들이 〈마하고니시의 흥망성쇠〉에 이어서 두 번째로 호흡을 맞춘 작품이 〈서푼짜리 오페라〉다. 오늘날 기준으로 이 작품은 일종의 리메이크다. 18세기 영국 시인이자 극작가 존 게이의 〈거지 오페라The Beggar's Opera〉가 원작이다. 당시 영국 사회의 빈부 격차와 타락상에 대한 통렬한 풍자를 담은 원작 역시 1728년 1월 초연 이후 62차례 연속 공연될 만큼 폭발적 인기를 누렸다. 원작자인 게이와 런던의 극장 흥행주였던 존

리치의 이름을 따서 "리치는 즐거워졌고, 게이도 부자가 됐다네It made Rich gay, and Gay rich"라는 유행어가 나돌 정도였다.

〈거지 오페라〉가 음악적으로 흥미로운 건, 영국 왕실이나 귀족들에게 사랑받았던 이탈리아 오페라에 대한 반발의 성격이 강했다는 점이다. 당시 이탈리아 오페라를 주도했던 작곡가가 바로 헨델이었다. 현실과는 유리된 신화와 역사의 세계를 낯선 외국어로 노래하던 이탈리아 오페라의 관습에서 벗어나 서민층이 구사하는 구어체 영어와 단순한 선율로 노래하는 통속적 음악극을 '발라드 오페라'라고 부른다. 프랑스 문호 로맹 롤랑의 격정적 표현처럼 "대중의 상식이 이탈리아 오페라의 바보 같은 잘난 척 짓거리에, 또 다른 나라들 앞에서 군림하는 체하는 속물근성에 반발한 것"이었다. 그 대표작이 〈거지 오페라〉였다.

브레히트와 바일은 〈거지 오페라〉 초연 200주년을 맞아서 리메이크에 착수했다. 줄거리의 틀은 그대로 살렸지만, 시대적 배경을 19세기 빅토리아 여왕 당시의 영국으로 옮겨서 자본주의에 대한 비판적 메시지를 날카롭게 부각시켰다. 게이의 원작과 마찬가지로 바일 역시 "오페라가 귀족적 예술 형식에 바탕하고 있다"는 사실에 강한 거부감을 드러냈다. "오페라의 틀거리가 시대의 영향을 견디지 못한다면 그 틀은 마땅히 해체해야 한다"는 것이 그의 지론이었다.

그렇기에 바일의 음악적 지향점은 뚜렷했다. 초연 당시 연주자 7명이 23개의 악기를 연주하도록 오케스트라의 규모를 간소화했다. 노래에도 재즈와 대중음악의 요소를 녹였다. 이처럼 오페라와 대중음악, 유럽과 미국적 양식, 고급 문화와 하층 문화의 벽을 허문 것이야말로 당시 청중의 즉각적 반응을 끌어낼 수 있었던 비결이었다. 쿠르트 바일의 미국 시절을 연구한 음악학자 나오미 그래버는 "미국 시절 이전부터 이미 바일의 작곡 기법에는 유럽풍의 재즈와 표현주의, 오페레타와 바로크 오라토리오 등 다양한 요소들이 존재했으며, 미국에 도착한 직후에 그는 미국적 대중음악이라는 요소를 단순히 추가한 것"이라고 분석했다. 미국 흑인 시인이자 작가 랭스턴 휴즈는 한걸음 더 나아가 "만약 바일이 미국이 아니라 인도로 이민을 갔다면 내 생각에 그는 훌륭한 인도 음악극을 썼을 것"이라고도 말했다.

　마지막으로 노래들이 음악극의 전체 흐름과는 독립적인 형식으로 존재하는 점도 특징이었다. 음악이 드라마의 진행과 유기적으로 결합되어 끊임없이 흘러가는 바그너의 '무한 선율'에 대한 반발로도 해석 가능했다. 또한 바일은 강한 독일어 자음과 쉰 목소리, 간결한 대사를 의도적으로 강조해서 모차르트부터 리하르트 슈트라우스에 이르는 독일 오페라의 전통에서도 과감하게 탈피했다. "바일은 대사 중심의 연극과 대중적인 뮤지컬 관습을 통합한 형식을 창조했다"는 음악학자 스티븐 힌튼의 평가처럼, 독일의 현대음악 작곡가가 미국 뮤지컬의 아버지로 변모할 가능성은 이미 이 작품에도 내재되어 있었다. 인간이 통속성과 고상함 사이에서 끊임없이 요동치는 존재인 것처럼, 음악극의 역사도 바그너의 고상함과 바일의 통속성을 부단하게 왕복했다.

따지고 보면 〈서푼짜리 오페라〉에는 선량한 주인공이 등장하지 않는다. 거지들의 우두머리인 피첨과 그에게 맞선 노상강도 매키스까지 온통 악당들의 천지다. 졸지에 장인이 된 피첨은 사위 매키스를 밀고하고, 악당 매키스는 경찰청장 재키 브라운과 한통속이다. 현대적 장르 분류에 따르면 사회 비판적인 범죄물이자 블랙 코미디에 해당하는 셈이다. 대부분의 범죄극에서 기존 법질서와 범죄 행위는 팽팽한 대립 관계를 이룬다. 하지만 브레히트는 범죄물의 장르를 빌려오면서도 그 규칙을 의도적으로 위반해서 세상의 타락상에 혹독한 야유를 퍼부었다. 〈서푼짜리 오페라〉는 교수대에서 처형될 위기에 처한 매키스가 여왕의 대관식 당일에 사면과 함께 귀족 작위까지 받는 느닷없는 해피엔딩으로 마무리된다. 1930년 브레히트의 시나리오 「서푼짜리 영화」에서는 아예 매키스가 자신이 인수한 은행에서 보석금을 들고 나타나는 결말을 통해서 사회 비판의 강도를 한층 높였다. 구원은 권력의 시혜가 아니라 스스로 돈으로 사들이는 것으로 변화한 것이다.

〈서푼짜리 오페라〉는 1928년 8월 31일 베를린 시프바우어담 극장에서 초연된 직후부터 폭발적 반응을 누렸다. 이 극장에서는 연일 캐스팅을 바꿔가면서 이듬해 4월까지 이 작품으로 시즌 전체를 채웠다. 영화와 라디오극으로도 제작됐고 1932년에는 18개 언어로 공연됐다. 상업적 성공에 브레히트는 새로운 차를 뽑았고, 바일 부부도 베를린의 현대식 아파트로 이사했다. 전기 작가 패멀라 캐츠의 지적처럼 "브레히트와 바일 모두 평범한 사람들을 위한 예술에 대한 헌신 덕분에 부자가 됐다"는 점은 무척 역설적이었다. 발터 벤야민은 1937년까지 이 작품의 공연 횟수가 전 세계에서 4만 회에 이르는 것으로 추산했다.

하지만 작품의 때 이른 성공은 이들의 결별을 부채질했다. 1930년대 〈서푼짜리 오페라〉의 개작 과정에서 불거진 저작권 갈등과 자존심 다툼으로 둘의 관계는 그만 소원해졌다. 확고한 마르크스주의자였던 브레히트는 개종 작업을 하면서도 "은행털이는 은행 소유에 비하면 범죄도 아니지!" 같은 대사를 통해서 현실 비판적 색채를 강화하고자 했다. 바일은 이런 개작에 동의한 적이 없었지만, 브레히트가 이 개정판을 공식 판본으로 삼고자 하면서 갈등은 더욱 커졌다.

또한 1930년대 나치의 부상으로 인한 극심한 정치적 대립 속에서 브레히트의 좌파적 신념은 강화된 반면, 바일의 관심은 상대적으로 음악적 개혁에 머물러 있었다는 점도 차이였다. 바일은 예술의 본령이 풍자에 있다고 믿었다면, 브레히트는 풍자의 대상인 현실까지 뜯어고치기를 원했던 것이다. 나중에는 리허설 기간에도 서로 마주치지 않기 위해 극장 출입구마저 달랐다고 한다.

결국 이들은 1933년 파리에서 초연된 〈소시민의 칠거지악〉을 끝으로 결별했다. 미국 망명 시절인 1942년 이들은 할리우드에서 만나서 오랜 앙금을 푸는 듯했지만 '화해 모드'는 오래가지 않았다. 2차 세계대전 이후 냉전이 시작되자 이들의 길은 다시 엇갈릴 수밖에 없었다. 냉전 초기 극단적 반공주의인 매카시즘의 희생양이 된 브레히트는 동독으로 돌아갔고, 바일은 미국에서 눈을 감았다. 20세기 초반 독일 걸작 음악극을 합작했던 황금 콤비의 결말치고는 너무나 아이로니컬했다.

필자가 추천하는 음반과 영상

Kurt Weill 〈Die Dreigroschenoper〉

• 존 게이, 〈거지 오페라〉, 지휘 존 엘리엇 가디너, 잉글리시 바로크 솔로이스츠(아트하우스, DVD)
John Gay The Beggar's Opera/John Eliot Gardiner/English Baroque Soloists/Arthaus

• 존 게이, 〈거지 오페라〉, 지휘 윌리엄 크리스티, 레자르 플로리상(오푸스아르테, DVD)
John Gay The Beggar's Opera/William Christie/Les Arts Florissants/Opus Arte

• 존 게이, 〈거지 오페라〉, 지휘 리처드 보닝, 내셔널 필하모닉 오케스트라(데카, CD)
John Gay The Beggar's Opera/Richard Bonynge/National Philharmonic Orchestra/Decca

• 쿠르트 바일 〈서푼짜리 오페라〉(1930년 녹음), 노래 로테 레냐, 지휘 테오 막케벤, 루이스 루드 밴드(워너 클래식, CD)
Lotte Lenya/Theo Mackeben/Lewis Ruth Band/Warner Classics

• 쿠르트 바일 〈서푼짜리 오페라〉, 노래 우테 렘퍼·르네 콜로·밀바 등, 지휘 존 마우체리, 베를린 RIAS 신포니에타(데카, CD)
Ute Lemper/René Kollo/Milva/John Mauceri/RIAS Berlin Sinfonietta/Decca

• 쿠르트 바일 〈작은 서푼짜리 음악〉 모음곡 등, 지휘 데이비드 대서튼, 런던 신포니에타(도이치 그라모폰, CD)
Suite For Wind Orchestra From 'The Threepenny Opera'/David Atherton/London Sinfonietta/Deutsche Grammophon

• 쿠르트 바일 〈작은 서푼짜리 음악〉 모음곡 등, 지휘 베르너 헤르베스, 에보니 밴드(채널 클래식스, CD)
Suite For Wind Orchestra From 'The Threepenny Opera'/Werner Herbers/Ebony Band/Channel Classics

• 〈수천 마일〉, 메조소프라노 케이트 린지, 피아노 바티스트 트토티뇽(알파 클래식스, CD)
〈Thousands of Miles〉/Kate Lindsey/Baptiste Trotignon/Alpha Classics

• 우테 렘퍼, 쿠르트 바일을 노래하다 1~2집, 노래 우테 렘퍼, 지휘 존 마우체리, 베를린 RIAS 신포니에타(데카, CD)
Ute Lemper sings Kurt Weill/Ute Lemper/John Mauceri/RIAS Berlin Sinfonietta/Decca

• 쿠르트 바일과 미국, 율리아 휠스만 사중주단(ECM, CD)
Kurt Weill and America/Julia Hülsmann Quartet/ECM

브레히트와 바일 곁의 여성 예술가들

'나쁜 남자' 브레히트와 '순정남純情男' 바일이라고 할까. 극작가 베르톨트 브레히트와 작곡가 쿠르트 바일은 연애와 결혼 생활마저 지극히 대조적이었다. 브레히트는 스물여섯 살에 이미 세 아이의 아버지가 되어 있었다. 문제는 세 아이의 엄마가 모두 달랐다는 점이다. 세 번째 아들의 생모가 브레히트의 평생 반려자이자 정치적, 예술적 동지로 남는 여배우 헬레네 바이겔(1900~1971)이다.

바이겔은 1929년 브레히트와 바일이 합작한 〈해피엔드〉의 베를린 초연 당시 3막에서 공산주의 강령을 낭독했던 여걸이었다. 이 공연은 관객들의 충돌로 이어졌고 결국 며칠 못 가서 막을 내렸다. 바이겔은 1930년부터 독일 공산당원으로 활동했다. 그만큼 브레히트와는 예술적으로나 사상적으로 떨어질 수 없는 사이였다. 하지만 바이겔도 평생 남편의 끊임없는 바람기에 상처받고 분노했던 건 마찬가지였다.

하지만 브레히트의 삶에는 지극히 역설적인 점이 또 하나 있었다. 그의 비서이자 번역자, 때로는 '유령 작가ghost writer' 역할까지 도맡았던 예술적 동반자가 또 한 명 있었다는 점이다. 1924년부터 브레히트와 함께 일했던 엘리자베트 하우프트만(1897~1973)이다. 영어에 능통했던 하우프트만은 〈서푼짜리 오페라〉의 원작을 독일어로 직접 번역했을 뿐 아니라 〈서푼짜리 오페라〉와 〈마하고니시의 흥망성쇠〉 같은 브레히트의 작품 대본들도 공동 집필한 것으로 알려져 있다. 오늘날 말로는 정체를 드러내지 않고서 글을 쓰는 '유령 작가'나 '그림자 작가'의 원조에 해당하는 셈이다.

나치의 체포를 피해서 브레히트와 바이겔 부부가 급히 망명했을 때, 이들 부부가 아이들을 믿고 맡긴 것도 하우프트만이었다. 하우프트만은 베를린에 남아서 브레히트의 원고 등을 정리하고서 뒤늦게 망명길에 따라나섰다. '열정 페이'와 다름없는 헌신과 희생에 대해서 전기 작가 패멀라 캐츠는 "복종적이면서도 용기 있고 의존적인 하우프트만의 모습은 이타심뿐만 아니라 상식의 경계마저 훌쩍 뛰어넘었다"고 평했다.

이들의 기묘한 '예술적 동거 관계'는 2차 세계대전 이후 냉전으로 인한 동서독 분단 이후에도 계속됐다. 1949년 브레히트의 극단 '베를리너 앙상블Berliner Ensemble'이 동베를린에서 창단됐다. 바이겔은 남편 브레히트와 함께 예술 감독을 맡았고, 하우프트만은 연출가와 함께 작품을 해석하는 드라마

투르그dramaturg로 일했다. 이쯤 되면 '떼려야 뗄 수 없었던 사이'라는 말이 정답에 가까울지도 모른다.

정반대의 경우가 쿠르트 바일이다. 바일은 어린이 팬터마임 리허설에서 만난 배우 로테 레냐와 1926년 결혼했다. 레냐 역시 〈서푼짜리 오페라〉의 창녀 제니 역을 비롯해 남편의 주요 작품에 출연했다. 하지만 이들 부부의 문제는 거꾸로 아내 레냐의 끝없는 바람기였다. 이 때문에 이들 부부는 이혼과 재결합을 거듭했지만 기묘한 건 남편 바일이 레냐의 불륜 행각에 대해 격분하기는커녕 사실상 눈감았다는 점이다. 타고난 일벌레였던 바일은 온종일 작업실에 틀어박혀서 작곡에 몰두하는 편이었다. 자신의 예술적 자유를 위해서 아내에게 삶의 자유를 허용한 셈이었다. 남편 사후에도 레냐는 세 번 더 결혼했다.

테러리스트 피아니스트 굴다

오스트리아 출신 피아니스트 프리드리히 굴다(1930~
2000)는 외르크 데무스(1928~2019)나 파울 바두라 스코다
(1927~2019)와 더불어 '빈 트로이카'나 '빈 삼총사'라는 별명
으로 불렸다. 여기엔 빈 피아노 음악의 고전적 전통을 온전하
게 계승하고 있다는 의미가 담겨 있을 것이다. 하지만 굴다를
'빈 삼총사'로만 여기는 건, 실은 작곡가이자 지휘자, 교육자였
던 그의 다층적 면모 가운데 한 가지 측면만 바라보는 것과도
같다. 그에게는 기인이나 괴짜라는 숨은 얼굴이 존재하기 때
문이다. 실제로 굴다는 취리히 공항에서 자신의 죽음을 알리
는 가짜 팩스를 보낸 뒤 멀쩡하게 음악회를 열고서 '부활 파티'
라고 부르는 돌발 행동을 벌였다. 또한 반려자인 성악가 우르
술라 안데르스와 함께 '누드 퍼포먼스'를 펼치기도 했다. 이 때
문에 '테러리스트 피아니스트'라는 도발적인 별명도 얻었다.

흡사 「마징가 Z」의 아수라 백작이나 배트맨 시리즈의 '투페이스' 같은 굴다의 양면성을 이해하기 위해서는 그의 양 갈래 음악 인생을 모두 살펴볼 필요가 있다. 우선 그는 16세에 제네바 콩쿠르에서 우승을 거둔 영재 출신 연주자다. 스무 살에는 미국 카네기홀에 데뷔했고 특히 바흐와 모차르트, 베토벤의 작품 해석에서 명성을 얻었다.

하지만 그에게는 어떤 구애와 속박에도 아랑곳하지 않는 자유로운 영혼이라는 또 다른 얼굴이 있다. 오스트리아가 나치 독일에 병합되고 2차 세계대전이 발발한 뒤 적국인 미국의 재즈 음악은 '타락한 예술'이라는 낙인이 찍혔다. 하지만 10대 시절부터 굴다는 금지령에도 아랑곳하지 않고 절친인 조 자비눌(1932~2007)과 함께 재즈 연주에 빠져들었다. 훗날 자비눌은 재즈 슈퍼 밴드인 '웨더 리포트Weather Report'를 결성해서 '퓨전 재즈'의 창시자 가운데 하나로 꼽힌다.

굴다 역시 자연스럽게 1950년대부터 뉴욕의 재즈 클럽과 페스티벌에서 연주하는 건 물론, 재즈 밴드까지 창단했다. 심지어 '알베르트 골로빈'이라는 가명으로 재즈 보컬리스트로 활동했고 자비눌, 칙 코리아, 허비 행콕 같은 재즈 연주자들과도 연주했다. 굴다는 "클래식 콘서트 연주자의 일상적 루틴에 빠지거나 바로크의 값싼 인기에 편승하고 싶은 생각은 없었다"고 단언했다.

이런 굴다의 양면성을 이해할 때 1980년 그가 작곡한 첼로 협주곡도 비로소 진가가 드러난다. 5악장 형식의 협주곡 첫 악장인 「서곡」부터 강렬하고 흥겨운 록 음악과 모차르트를 연상시키는 서정적인 간주가 교차한다. 2악장 「목가」는 부제처럼 민속 춤곡 렌들러가 가미된 전원적 정취를 지니고 있다. 작품의 중심에 해당하는 3악장 「카덴차」에서는 쇼스타코비치의 그림자가 드리운 듯한 첼로의 무반주 독주가 이어진다. 4악장 「미뉴에트」에서는 탬버린과 기타까지 등장시켜서 륄리나 라모풍의 의고적 춤곡을 선보이고, 마지막 5악장 「행진곡풍의 피날레」에서는 마을 축제나 장터처럼 이 모든 요소들이 한바탕 어우러지고 난 뒤 떠들썩하게 마무리된다.

이 협주곡에 대해 굴다는 "재즈와 미뉴에트, 록 음악과 약간의 폴카, 행진곡과 스타 첼리스트가 즉흥 연주를 해야 하는 카덴차를 지니고 있다"고 설명했다. 어쩌면 크로스오버라는 용어가 정착하기 이전부터 크로스오버 정신을 실천했던 굴다의 예술관이 녹아든 작품이라고 할 수 있다.

스코틀랜드 출신의 작곡가이자 피아니스트인 로널드 스티븐슨(1928~2015)은 타고난 반골이었다. 골수 사회주의자이자 반전주의자, 채식주의자였던 그는 1947년 입영 통지서를 받았지만 양심적 병역 거부의 소신을 굽히지 않고 신체검사에 불응했다. 결국 징역 1년을 선고받은 그는 농장에서 일하는 조건으로 병역의무를 대신했다.

맨체스터 인근 블랙번에서 철도 소방관의 아들로 태어난 그는 맨체스터 왕립 음악원에서 작곡과 피아노를 전공했다. 부리부리한 눈매와 콧수염을 기른 청년 시절 모습을 보면 할리우드 고전 영화의 배우들이 떠오른다. 어릴 적부터 피아노에 빼어난 재능을 보였지만, 결국 작곡의 길을 택했다. 간호사로 일하며 세 아이를 키운 아내의 헌신 덕분에 생계 걱정을 덜 수 있었다.

스티븐슨의 대표작이 피아노 독주곡인 〈DSCH에 의한 파사칼리아〉다. 1960년 서른두 살 당시에 소련의 선배 작곡가 쇼스타코비치(1906~1975)에 대한 존경을 담아서 작곡한 곡이다. 'DSCH'는 드미트리 쇼스타코비치 이름의 머릿글자를 딴 독일어식 약자略字다. 음계로 표현하면 '레(D)-기(E)플랫-도(C)-시(B)'가 된다. 쇼스타코비치는 음악적인 자필 서명처럼 이 동기를 자신의 교향곡 10번과 현악 사중주 8번 등에 녹여 넣었다. 스티븐슨이 이 동기를 바탕으로 장장 80여 분의 독주곡으로 펼쳐낸 작품이 〈파사칼리아〉다. 3부의 형식적 구조를 지니고 있지만 중간에 멈추거나 끊지 않고 단일 악장처럼 이어서 연주할 수 있다. 이 때문에 '최장 시간의 단악장 피아노 독주곡' 가운데 하나로도 불린다. 1962년 스티븐슨은 에든버러 페스티벌에서 이 곡을 쇼스타코비치에게 헌정했다.

그가 작곡만큼이나 애정을 쏟았던 분야가 피아노 편곡이다. 실은 리스트와 페루초 부소니, 레오폴드 고도프스키의 전통을 따른 것이기도 했다. 특히 부소니의 팬이었던 스티븐슨은 작곡가의 부인을 만나기 위한 여행 경비를 마련하기 위해 피아노 독주회를 열고 책과 음반을 내다팔기도 했다. 스티븐슨의 부인은 훗날 인터뷰에서 "피아니스트들은 '건반 위의 안무'인 연주에 친숙해지기 위해서라도 작곡할 줄 알아야 한다는 것이 남편의 믿음이었다"고 회고했다. 이처럼 정치적 급진성과 음악적 고전미의 공존은 스티븐슨의 묘한 매력이었다.

실제로 그는 바로크 작곡가 헨리 퍼셀부터 20세기 작곡가 벤저민 브리튼과 쿠르트 바일까지 다양한 작곡가의 작품들을 피아노 곡으로 편곡했다. 그 가운데 하나가 〈파데레프스키의 오페라 만루Manru 모음곡〉이다. 제목처럼 폴란드 작곡가이자 피아니스트 이그나치 얀 파데레프스키(1860~1941)의 오페라 〈만루〉에서 발췌해서 피아노 곡으로 편곡했다.

파데레프스키의 〈만루〉는 집시인 만루와 폴란드 여인 울라나의 비극적 사랑을 다룬 오페라다. 1901년 독일어와 폴란드어 버전으로 각각 초연된 이후 '폴란드의 카르멘'으로 불리며 유럽 전역에서 공연될 만큼 인기를 누렸다. 하지만 2차 세계대전과 냉전의 여파로 폴란드 바깥에서는 1세기 가까이 '잊힌 작품'으로 남아 있다가 최근 들어서 재조명받기 시작했다. 1961년 스티븐슨이 편곡한 피아노 모음곡에서도 폴란드 음악의 서정성과 집시풍의 매혹적 정서, 낭만주의 오페라의 유려함을 모두 느낄 수 있다.

냉전 시대 음악으로 맞잡은 손

벤저민 브리튼 〈전쟁 레퀴엠〉

영국 작곡가 벤저민 브리튼(1913~1976)은 두 곡의 레퀴엠을 남겼다. 우선 2차 세계대전 발발 직후인 1940년 작곡한 〈레퀴엠 교향곡Sinfonia da Requiem〉이다. 레퀴엠이라는 명칭이 붙어 있지만 합창이나 독창이 없는 관현악곡이다. 그리고 1962년 초연한 〈전쟁 레퀴엠War Requiem〉이 있다. 두 작품은 언뜻 연관이 없는 것 같지만, 실은 동전의 양면처럼 맞물려 있다. 두 작품의 공통분모는 물론 전쟁이다. 이 상관관계를 이해하기 위해서는 2차 세계대전 발발 당시인 1939년으로 돌아갈 필요가 있다.

그해 스물여섯의 청년 작곡가 브리튼은 영국 문화원을 통해서 일본 정부의 작곡 위촉을 받았다. 중일전쟁을 일으키며 제국주의의 광기에 사로잡혀 있던 일본은 이른바 '황기皇紀' 2600주년을 자축하는 행사를 준비하고 있었다. 기원전 660년을 초대 천황의 즉위 시점으로 보면 1940년이 2600주년에 해당한다는 계산법이었다. 독일의 리하르트 슈트라우스와 프랑스의 자크 이베르 같은 작곡가들이 일본의 위촉으로 축전 음악을 작곡했다. 당시 일본은 독일, 이탈리아와 함께 추축국의 일원이었다. 1941년 일본이 진주만 공습에 나서기 직전의 상황이었다.

브리튼의 상황 역시 조금은 미묘했다. 확고한 반전주의자였던 그는 세 살 연상의 동성 연인인 테너 피터 피어스(1910~1986)와 함께 미국에 머물고 있었다. 위촉을 받고 고심을 거듭하던 브리튼은 한 가지 묘안을 떠올렸다. 축제의 환희를 표현하기보다는 죽은 자의 넋을 추모하는 가톨릭 미사곡인 레퀴엠을 쓰기로 한 것이었다. 브리튼은 누나 베스에게 보낸 편지에 "전쟁에 대한 내 생각과 부모님에 대한 추모의 감정을 결합시키기로 했다"고 적었다.

〈레퀴엠 교향곡〉의 전체 3악장에는 모두 「슬픔의 날 Lacrymosa」과 「분노의 날 Dies Irae」, 「영원한 안식 Requiem Aeternam」 같은 레퀴엠의 제목을 붙였다. 첫 악장 도입부의 격렬한 팀파니에 이어서 등장하는 현악의 비탄에는 말러의 영향이 강하게 드러난다. 마지막 악장 역시 "가장 불안한 '영원한 안식'"(음악 평론가 허버트 글래스)이라는 평가처럼 시종 불안감이 잦아들지 않는다. 결과적으로는 잔칫날을 초상집으로 만든 셈이었다.

이 때문일까. 브리튼의 작품을 받은 일본 당국은 작곡료를 지급했으면서도, 정작 이 곡을 연주하지는 않았다. 심지어 일본 대사관은 "작곡가가 우리의 바람을 크게 오해한 것 같다. 이 작품은 선율 진행이나 리듬 모두 우울한 정조를 띠고 있어서 국가적 행사에는 적합하지 않다"고 항의하기도 했다. 하지만 브리튼은 그저 "축하곡을 준비할 시간이 없었다"고만 답했다. 결국 이 곡은 1941년 3월 뉴욕 카네기홀에서 뉴욕 필하모닉(지휘 존 바비롤리)의 연주로 초연됐다. 브리튼은 초연에 대해 만족감을 표했다.

이 사연만 보면 브리튼이 대단히 애국적인 작곡가일 것 같지만, 실은 그 반대에 가깝다. 전쟁 발발 직전인 1939년 4월 29일 브리튼과 피어스는 대서양을 건너는 증기선에 몸을 실었다. 한 달간 캐나다에 머문 뒤 이들은 다시 뉴욕으로 건너갔다. 훗날 브리튼은 "당시 많은 젊은이들은 유럽이 거의 끝난 것이나 다름없다고 느끼고 있었다"고 회고했다.

이듬해 뉴욕에서 바이올린 협주곡과 연가곡 〈일뤼미나시옹Les Illuminations〉을 초연하는 등 미국 체류는 작곡가로서 재능을 꽃피울 기회가 됐다. 하지만 미국 체류가 길어지면서 이들에게는 정치적 문제가 불거졌다. 전시의 해외 장기 체류는 불가피하게 병역 거부로 비칠 수밖에 없다는 점이었다. 전쟁 초기에는 영국 대사관에서도 해외 체류자들의 안전을 위해서 귀국을 종용하지 않았다. 하지만 독일이 서부전선에서 연전연승을 거두자 브리튼 같은 해외 체류자에 대한 인식도 급변했다. 영국 언론에는 브리튼이 해외로 망명한 비겁자이자 기회주의자이며 마땅히 그의 작품 연주도 보이콧해야 한다는 비난이 쏟아졌다.

결국 1942년 브리튼과 피어스는 2년 반의 해외 체류를 마치고 귀국을 결심했다. 그 즈음 후원자인 엘리자베스 쿨리지 여사에게 보낸 편지에는 브리튼의 진솔한 고민이 드러나 있다. "전시에 어떻게든 영국으로 돌아가기로 마음먹었습니다. 영웅적으로 보이겠지만 사실과는 거리가 있기 때문에 사람들에게는 말하지 않고 있습니다. 가족과 친구들과 더 이상 떨어져 지낼 수 없다는 것이 진실에 가깝겠지요." 영국에 도착한 뒤 곧바로 이들은 양심적 병역 거부자 등록을 신청했다. 그 뒤 이들은 영국 예술위원회의 전신인 음악예술진흥원CEMA 소속으로 영국 각지의 교회와 마을에서 순회공연에 나섰다. 오늘날의 대체 복무에 해당하는 셈이었다.

브리튼의 두 번째 레퀴엠인 〈전쟁 레퀴엠〉 역시 2차 세계대전과 밀접한 연관이 있다. 1940년 11월 14일 독일 나치의 폭격기 500여 대가 영국 코번트리 일대에 폭탄을 쏟아부었다. '월광 소나타'라는 작전명이 붙은 이 공습으로 500년 역사의 코번트리 성당도 첨탑과 외벽 일부를 제외하고 잿더미가 됐다. 윈스턴 처칠 당시 영국 총리는 회고록에 이렇게 기록했다. "전체적으로 볼 때 우리가 겪었던 가장 지독한 공격이었다. 코번트리의 중심부는 완전히 부서졌고 도시의 일상 활동은 한동안 붕괴됐다." 하지만 불굴의 의지로 승전을 이끌었던 처칠은 이런 구절도 빼놓지 않았다. "일주일도 채 지나지 않아

비상재건위원회가 눈부신 활동을 펼쳐 도시의 활력을 되찾아 놓았다."

그로부터 20여 년 뒤인 1962년 성당 축성식을 위해 브리튼이 위촉받은 작품이 〈전쟁 레퀴엠〉이다. 이 성당은 폐허를 그대로 보존하는 대신에 현대식 대성당을 바로 곁에 신축하는 방식을 택했다. 〈전쟁 레퀴엠〉을 쓰면서 브리튼은 1차 세계대전에 참전했다가 25세의 나이로 전사했던 영국 시인 윌프레드 오언(1893~1918)을 떠올렸다. 오언은 1918년 11월 연합국과 독일이 휴전협정을 체결하기 불과 일주일 전에 프랑스에서 운하 도하 작전 중에 숨을 거뒀다. "나의 주제는 전쟁, 그리고 전쟁에 대한 연민. 시는 연민에 있고, 오늘날 시인이 할 수 있는 것은 경고뿐"이라는 오언의 구절은 그대로 〈전쟁 레퀴엠〉의 문제의식이 됐다. 브리튼은 이 구절을 악보 표지에도 적어 놓았다.

1962년 5월 초연 당시 작곡가는 소련의 소프라노 갈리나 비시넵스카야와 영국의 테너 피어스, 독일의 바리톤 디트리히 피셔 디스카우를 독창자로 초청할 계획이었다. 2차 세계대전의 당사국들이 음악을 통해 화합을 빚는다는 원대한 구상이었다. 브리튼은 자신이 창설한 올드버러 페스티벌에도 첼리스트 므스티슬라프 로스트로포비치와 비시넵스카야 부부를 초대했다.

1961년 올드버러 페스티벌은 20세기 음악사에서 각별한 의미를 지니고 있다. 그해 피어스는 브리튼의 피아노 반주로 슈베르트의 「겨울 나그네」를 불렀고, 로스트로포비치는 브리튼의 첼로 소나타를 작곡가의 피아노 반주로 세계 초연했다. 로스트로포비치는 아내 비시넵스카야의 독창회에서도 피아노 반주를 맡았다. 이 독창회에서 비시넵스카야의 노래를 듣고 감명을 받은 브리튼은 레퀴엠의 독창자로 그를 점찍었다. 브리튼은 "이전에 영어 가사로 노래한 적이 있느냐"고 물었지만, 비시넵스카야는 "이탈리어로 부른 적은 있지만 영어로는 없다"고 답했다. 브리튼은 라틴어 가사를 떠올렸고, 이 아이디어는 〈전쟁 레퀴엠〉에 고스란히 반영됐다.

브리튼은 가톨릭 전례음악인 레퀴엠의 라틴어 가사는 소프라노와 합창단이 부르도록 하고, 테너와 바리톤은 오언의 전쟁시를 노래하도록 했다. 레퀴엠 사이에 오언의 시 아홉 편을 삽입해서 과거와 현재를 병치시키는 방식이다. 소프라노와 합창단은 대편성 오케스트라의 연주에 맞춰 노래하고, 테너와 바리톤은 별도의 체임버 오케스트라와 호흡을 맞추도록 악단도 둘로 구분했다. 거기에 순수의 세계를 상징하는 소년 합창단과 오르간은 독창자나 오케스트라와 일정한 거리를 두는 삼중 구조를 택했다. 작품의 입체적 구성 덕분에 〈전쟁 레퀴엠〉은 고전미와 현대적 매력이 공존하는 독특한 작품이 됐다. 실제로 「분노의 날」에서 작렬하는 금관은 베르디의 레퀴엠을 연상시킨다.

마지막 곡인 「구원하소서Libera Me」에서 남성 독창자들은 최전방에서 대치하다가 전사한 영국과 독일 두 병사의 역할을 맡는다. 전사한 영국 병사가 전날 자신이 죽였던 독일군과 대화하는 장면을 묘사한 오언의 「이상한 만남Strange Meeting」을 함께 노래하는 것이다. "내가 전쟁터에서 빠져나온 모양이군. 어딘가 깊고 어두운 터널로 들어왔네." 테너가 노래하는 영국 군인의 말에 바리톤이 부르는 독일군은 이렇게 답한다. "나는 네가 죽인 적이라네. 친구여." 결국 마지막 순간에 둘은 입을 모은다. "이제 잠들도록 하세Let us sleep now.' 전쟁은 끔찍한 죄악이요, 오로지 화해와 용서를 통해서만 구원이 가능하다는 메시지도 더불어 부각된다.

이 작품이 빛을 보기까지는 우여곡절이 적지 않았다. 초연 열흘을 앞두고 갑자기 소련 당국이 비시녭스카야의 출연을 불허했다. 정치적 작품이라는 이유에서였다. 런던에서 오페라 〈아이다〉에 출연한 뒤 코번트리로 향할 예정이던 비시녭스카야는 짐을 싸서 귀국할 수밖에 없었다. 대신에 소프라노는 영국의 히서 하퍼로 변경됐다.

1962년 5월 30일 초연 당시 연주는 버밍엄 시립 교향악단이 맡았다. 이 인연 때문에 〈전쟁 레퀴엠〉의 명연에는 이 악단의 연주가 많다. 당시 초연을 마친 피셔 디스카우는 자리에서 좀처럼 일어서지 못했다. 그는 "얼굴을 어디에 둬야 할지 몰랐다. 소중한 친구들과 과거의 고통이 스치고 지나갔다"고 회고했다. 2차 세계대전 당시 독일군에 징집당한 그는 연합군의 포로가 되어 2년간 수용소 신세를 졌다. 수용소에서도 피셔 디스카우는 굶주림과 향수에 고통받는 포로들을 위해서 모래를 채운 박스 위에 올라가 노래했다. 이처럼 맹목적 애국주의에 휩쓸리지 않았다는 점이야말로 〈레퀴엠 교향곡〉과 〈전쟁 레퀴엠〉의 공통점이었다. 2차 세계대전과 냉전이라는 시대 상황만 달라졌을 뿐 반전에 대한 작곡가의 믿음에는 변함없었던 것이다.

초연 이듬해인 1963년 1월 음반 녹음에는 다행히 비시넵스카야가 합류해서 작품의 역사적 의의를 온전하게 되살렸다. 브리튼이 직접 지휘한 〈전쟁 레퀴엠〉 음반은 발매 직후 5개월간 20여 만 장이 팔려 나갔다. 당시 현대음악 음반 가운데 최다 판매 기록이었다. 〈전쟁 레퀴엠〉은 미국과 소련, 동서독은 물론이고 일본에서도 연주되면서 전쟁의 비극을 상징하는 작품이 됐다. 소련 작곡가 쇼스타코비치도 〈전쟁 레퀴엠〉을 말러의 〈대지의 노래〉와 같은 반열에 올려놓으면서 "20세기 최고 걸작 가운데 하나"라고 격찬했다. 2차 세계대전 당시 사투를 벌였던 이들 나라는 이렇듯 엄혹한 냉전 시기에 음악을 통해서 손을 잡았다.

Benjamin Britten 〈War Requiem〉

• 소프라노 히서 하퍼, 테너 피터 피어스, 바리톤 디트리혀 피셔 디스카우, 지휘 메러디스 데이비스·벤저민 브리튼, 버밍엄 시립 교향악단(테스타먼트, CD)
Heather Harper/Peter Pears/Dietrich Fischer Dieskau/Meredith Davies, Benjamin Britten/City of Birmingham Symphony Orchestra/Testament

• 소프라노 갈리나 비시넵스카야, 테너 피터 피어스, 바리톤 디트리히 피셔 디스카우, 지휘 벤저민 브리튼, 런던 심포니 오케스트라(데카, CD)
Galina Vishnevskaya/Peter Pears/Dietrich Fischer-Dieskau/Benjamin Britten/London Symphony Orchestra/Decca

• 소프라노 엘리자베스 죄더스트룀, 테너 로버트 티어, 바리톤 토머스 앨런, 지휘 사이먼 래틀, 버밍엄 시립 교향악단(워너 클래식, CD)
Elisabeth Söderström/Robert Tear/Thomas Allen/Simon Rattle/City of Birmingham Symphony Orchestra/Warner Classics

• 소프라노 에밀리 매기, 테너 마크 패드모어, 바리톤 크리스티안 게르하허, 지휘 마리스 얀손스, 바이에른 방송 교향악단(BR클래식, CD)
Emily Magee/Mark Padmore/Christian Gerhaher/Mariss Jansons/Symphonieorchester des Bayerischen Rundfunks/BR Klassik

• 소프라노 에린 월, 테너 마크 패드모어, 바리톤 한노 뮐러브라흐만, 지휘 안드리스 넬손스, 버밍엄 시립 교향악단(아트하우스, DVD)
Erin Wall/Mark Padmore/Hanno Müller-Brachmann/Andris Nelsons/City of Birmingham Symphony Orchestra/Arthaus

영화 「위대한 개츠비」의 화려한 불꽃놀이
조지 거슈윈 〈랩소디 인 블루〉

1924년 1월 3일 미국 뉴욕. 작곡가 조지 거슈윈(1898~1937)이 동료 작사가 버디 드실바와 함께 당구를 치면서 저녁 시간을 보내고 있었다. 이때 두 살 연상의 형 아이라 거슈윈(1896~1983)이 『뉴욕 트리뷴』 신문의 기사를 본 뒤 다급하게 동생을 불렀다. '재즈의 왕King of Jazz'으로 불렸던 폴 화이트먼(1890~1967)의 다음 달 공연 소식이 실려 있었다. 기사 말미에는 깜짝 놀랄 만한 구절이 있었다. "조지 거슈윈이 재즈 협주곡을 작업 중"이라는 내용이었다. 충분히 놀랄 만했다. 그때까지 한 소절도 쓰지 않은 상태였으니까.

거슈윈이 화이트먼에게 협주곡풍의 관현악곡을 써달라는 위촉을 받은 건 분명 사실이었다. 하지만 몇 가지 악상을 적어놓았을 뿐 본격적인 작곡에는 착수하지 않은 상태였다. 요즘 말로 화이트먼이 발 빠르게 언론 플레이를 한 셈이었다.

당시 거슈윈은 보름 뒤 뉴욕에서 열리는 뮤지컬 「스위트 리틀 데블Sweet Little Devil」 공연을 앞두고 최종 리허설 중이었다. 게다가 1월 29일 보스턴에서는 성악가 에바 고티에의 독창회 반주도 맡아야 했다.

협주곡 발표까지 남은 시간은 불과 5주. 닷새간의 오케스트라 리허설까지 빼면 한 달 남짓이 고작이었다. 다음 날 아침 거슈윈은 화이트먼에게 전화를 걸어서 난색을 표했지만, 미국 음악의 과거와 현재를 보여주는 무대가 될 것이라는 화이트먼의 설득에 꼼짝없이 넘어갔다. 당장 발등에 불이 떨어진 처지가 된 셈이었다. 결국 그는 두 대의 피아노 형식으로 급하게 작곡에 들어갔다. 피아노 하나는 작곡가 자신의 독주용, 또 하나는 재즈밴드의 합주용이었다. 거슈윈이 자필 악보 첫 장에 적은 구절을 보면 사흘 뒤인 1월 7일 곧바로 작곡에 착수했다는 걸 알 수 있다.

처음에 붙인 제목은 〈아메리칸 랩소디American Rhapsody〉였다. 하지만 형 아이라의 제안으로 작업 과정에서 〈랩소디 인 블루Rhapsody in Blue〉로 제목이 바뀌었다. 작곡가는 1931년 전기 작가 아이작 골드버그에게 작품의 악상이 떠오른 건 보스턴으로 향하는 기차 안이었다고 설명했다. "나는 종종 소음의 한복판에서 음악을 듣곤 한다. 기차의 소음 속에서 갑자기 음악이 떠올랐고, 심지어 랩소디의 처음부터 끝까지 전체 구조가 악보로 보였다. 아메리칸드림, 도시의 광기가 뒤섞인 거대한 용광로인 미국의 음악적 만화경처럼 들렸다." 다분히 전기

작가의 과장과 윤색이 섞여 있겠지만, 작곡가의 음악적 자부심을 엿볼 수 있는 구절이다.

작업 시간을 단축하기 위해서 거슈윈이 악보 한 장씩 작곡을 마치면 곁에서 전문 편곡자가 곧바로 관현악 편곡에 들어갔다. 오늘날 방송 작가가 쪽대본을 건네면 촬영에 들어가는 것과 비슷했다. 〈랩소디 인 블루〉의 숨은 공로자가 편곡을 맡았던 퍼디 그로페(1892~1972)였다. 〈그랜드 캐니언 모음곡〉으로 친숙한 그는 1920~1932년 화이트먼의 악단에서 피아니스트이자 편곡자로 활동하며 수백여 곡의 편곡에 참여했다. 이 때문에 화이트먼이 '재즈의 왕'이라면 그로페는 '재즈의 총리 the Prime minister of Jazz'라는 별명으로 불렸다. 훗날 그로페는 당시까지 거슈윈이 오케스트라 편곡에는 서툴렀다고 회고했다. 32마디의 히트곡 작곡가에서 출발한 거슈윈에게 정통 관현악곡은 낯선 것이 사실이었다. 그로페가 편곡을 끝낸 건 2월 4일. 초연 불과 8일 전이었다.

1924년 2월 12일 초연 당일 지휘를 맡은 화이트먼은 초조한 나머지 공연장 주변을 서성였다. "여기서 당장 그만둘 수 있다면 5000달러를 주겠다"고 외치기도 했다. 하지만 눈이 내리는 궂은 날씨에도 관객들이 장사진을 치고 있었다. 작곡가 라흐마니노프, 바이올리니스트 크라이슬러와 하이페츠, 지휘자 스토코프스키와 월터 담로슈 등이 모두 초연을 지켜봤다. 당연히 심적 부담이 클 법도 했다.

거슈윈의 신곡 초연은 이날 공연 말미에 잡혀 있었다. 공연장의 환기장치가 고장나는 바람에 겨울인데도 장내는 후덥지근했다. 후반으로 갈수록 관객들의 짜증과 불만도 커졌다. 심지어 일부는 〈랩소디 인 블루〉를 연주하기 전에 슬금슬금 자리를 뜨려고 했다. 하지만 클라리넷의 유명한 도입부 글리산도(높낮이가 다른 음들을 미끄러지듯이 연주하는 방법)가 울려 퍼지자 장내 분위기는 반전됐다. 〈랩소디 인 블루〉를 상징하는 그 선율이었다. 리허설부터 클라리넷 주자 로스 고먼의 호쾌한 연주에 만족한 거슈윈은 그에게 '울부짖듯이wail' 연주하라고 귀띔했다. 무사히 공연을 마친 화이트먼은 "우리는 다섯 번의 커튼콜을 받았다"고 뿌듯하게 말했다.

초연 직후 평단의 반응은 엇갈렸다. 대체로 리듬의 활력이나 화려한 색채감각에 대해선 호평이었지만, 작품의 치명적인 약점에 대한 지적도 적지 않았다. 형식적인 통일성이 부족하고 그저 듣기 좋은 멜로디를 늘어놓은 것에 불과하다는 비판이었다. 다섯 개의 주제를 솜씨 좋은 바느질로 이어 붙인 조각보 같은 작품이라는 말에도 분명 일리는 있었다. 하지만 거슈윈의 이 곡에는 그 모든 약점을 뒤덮고도 남을 만한 결정적 매력이 있었다. 작곡가이자 지휘자 레너드 번스타인의 말처럼 "5~6분, 12분짜리 작품으로 줄일 수 있고 매일 그렇게 하고 있지만 여전히 그 작품은 〈랩소디 인 블루〉'라는 사실이었다. 작품의 강렬한 개성만큼은 누구도 부인할 수 없을 것이라는 의미였다.

이전까지도 재즈적 색채를 가미한 클래식 작품은 적지 않았다. 다리우스 미요의 〈지붕 위의 소Le Boeuf sur le toit〉와 에릭 사티의 〈행렬Parade〉처럼 특히 프랑스 작곡가들이 재즈에 대해 개방적 태도를 보였다는 점도 흥미롭다. 하지만 이들 작곡가와 거슈윈 사이에는 결정적 차이점이 있었다. 유럽 작곡가들에게 재즈가 마지막에 뿌리는 일종의 양념이라면, 거슈윈에게는 처음부터 진하게 육수를 우려내기 위한 사골과도 같다는 점이었다.

실제로 거슈윈은 악보 출판사와 극장, 작곡가들이 집결한 '틴 팬 앨리Tin Pan Alley'와 브로드웨이의 한복판에서 자라난 뉴욕 토박이 작곡가였다. 그는 열다섯 살에 학교를 그만두고 악보 출판사에서 피아니스트로 일하면서 경력을 쌓았다. 악보 판매를 위해서 매장에서 연주하는 그의 일을 당시에는 '송 플러거song plugger'라고 불렀다. '노래를 선전하는 사람'이라는 의미다. 1933년 거슈윈은 「재즈와 미국 음악의 관계」라는 글에서도 이렇게 말했다. "재즈는 미국 민속음악이라고 생각한다. 유일하지는 않지만 다른 어떤 민속음악보다 미국인들의 피와 마음속에 존재하는 무척 강력한 음악이다. 재즈와 교향악에 모두 재능을 지닌 작곡가를 통해서 재즈는 영속성을 지닌 진지한 교향악이 될 수 있다." 거슈윈은 장르 간 융합을 일컫는 크로스오버crossover라는 용어가 탄생하기 이전부터 크로스오버를 실천했던 음악가였던 것이다.

초연 직후 〈랩소디 인 블루〉는 '재즈의 시대The Jazz Age'의 대표작으로 급부상했다. '재즈의 시대'는 1918년 1차 세계대전 종전부터 1929년 대공황까지 10여 년간의 짧지만 눈부신 황금기를 의미한다. 알 카포네의 마피아가 지배하는 암흑가의 타락과 금주령의 도덕주의가 공존했던 모순의 시기이기도 했다. '재즈의 시대'라는 말을 창안한 『위대한 개츠비』의 작가 F. 스콧 피츠제럴드의 말처럼 1920년대는 "기적의 시대, 예술의 시대, 잉여의 시대, 풍자의 시대"였다.

시간이 흐르면서 〈랩소디 인 블루〉는 뉴욕과 재즈를 상징하는 곡으로 자리 잡았다. 우디 앨런 감독의 1979년 영화 「맨해튼」은 센트럴파크와 링컨 센터, 브로드웨이 등 뉴욕의 대표적인 풍경을 흑백 화면으로 보여주면서 출발한다. 무려 4분여에 이르는 인상적인 도입부에서 흘렀던 음악이 〈랩소디 인 블루〉였다. 자의식으로 가득한 극중 방송 작가 아이작(우디 앨런)의 독백이 화려한 불꽃놀이 장면에서 슬며시 포개진다. "뉴욕은 그의 도시였으며 언제나 그럴 것이다." 영화에서 거슈윈의 음악은 앨런의 영상만큼이나 뉴욕적이다.

21세기에도 〈랩소디 인 블루〉는 여전히 인용된다. 피츠제럴드의 소설을 영화화한 2013년 바즈 루어만 감독의 「위대한 개츠비」가 대표적이다. 상류층의 호화로운 삶을 동경하는 청년 닉 캐러웨이(토비 맥과이어)가 이웃 대저택에서 열리는 파티에 참석하는 장면이다. 불꽃놀이와 함께 축제 분위기가 최고조에 이를 무렵, 빅밴드가 연주하는 곡도 〈랩소디 인 블루〉의 절정 대목이다. 이 장면에서 주인공 개츠비(레오나르도 디카프리오)는 마티니 잔을 들고 유명한 대사와 함께 비로소 모습을 드러낸다. "내가 개츠비요I'm Gatsby." 그 모습에 매혹된 캐러웨이는 이렇게 고백한다. "그의 미소는 우리가 살아가면서 네다섯 번밖에 보지 못하는 그런 특별한 미소였다. 내가 원하는 만큼의 이해심과 믿음을 느끼게 해주는 그런 미소 말이다."

원작『위대한 개츠비』의 배경이 1922년 여름이라는 점을 감안하면 실은 시대착오적인 선곡이다. 〈랩소디 인 블루〉는 2년 뒤에야 탄생했으니까. 하지만 19세기 말 파리를 배경으로 했던 영화「물랑루즈」에 화려한 팝 음악을 가미하고, 「로미오와 줄리엣」을 현대의 총격전으로 탈바꿈시켰던 루어만 감독에게 언제나 중요한 건 역사적 고증이 아니라 시청각적 효과였다.

영화「맨해튼」이나「위대한 개츠비」에서 모두 공교롭게도 불꽃놀이를 배경으로 거슈윈의 음악이 흐른다는 점도 의미심장했다. 하지만 충분히 이해할 만한 선택이다. 재즈적 흥취로 가득한 거슈윈의 음악을 시각적으로 표현하기 위한 장치로 불꽃놀이보다 어울리는 것은 없을 테니까. 그런 점에서 〈랩소디 인 블루〉야말로 화려한 음악의 불꽃놀이와도 같았다.

George Gershwin ⟨Rhapsody in Blue⟩

• 피아노·지휘 레너드 번스타인, 컬럼비아 심포니 오케스트라(소니 클래시컬, CD)
Leonard Bernstein/Columbia Symphony Orchestra/Sony C.assical

• 피아노 랑랑, 허비 행콕, 지휘 존 액슬로드, 런던 심포니 오케스트라(소니 클래시
컬, CD)
Lang Lang/Herbie Hancock/John Axelrod/London Symphony Orchestra/Sony
Classical

• 피아노 스테파노 볼라니, 지휘 리카르도 샤이, 라이프치혀 게반트하우스 오케스
트라(데카, CD)
Stefano Bollani/Riccardo Chailly/Leipzig Gewandhaus Orchestra/Decca

• 피아노 피터 도노호, 지휘 사이먼 래틀, 런던 신포니에타(워너 클래식, CD)
Peter Donohoe/Simon Rattle/London Sinfonietta/Warner Classics

• 마커스 로버츠 트리오, 지휘 오자와 세이지, 베를린 필하모닉 오케스트라(유로
아츠, DVD)
Marcus Roberts Trio/Seiji Ozawa/Berlin Philharmonic Orchestra/EuroArts

미 대통령 취임식에서도 울려 퍼진 선율

에런 코플런드 〈애팔래치아의 봄〉

미국은 패권 국가로만 기억하기 쉽지만, 실은 고립주의 전통이 강한 나라다. 2차 세계대전이 발발한 뒤에도 미국은 한동안 참전을 주저하고 있었다. 결정적 변화의 계기는 1941년 12월 7일 진주만 공습이었다. 일본이 선제공격을 감행하자 오랜 망설임을 접고 분연히 일어서기로 한 것이다. 다음날 프랭클린 루스벨트 미 대통령은 의회 연설에서 대일對日 선전 포고를 위한 상하원 합동 결의안 통과를 요청했다. 이 연설에서는 루스벨트의 결연한 어조가 그대로 드러난다. "우리 국민과 영토, 이해관계가 중대한 위기에 처했다는 사실을 부인할 수 없습니다. 우리 군대의 자신감과 우리 국민의 불굴의 의지를 통해서 우리는 반드시 승리를 쟁취할 것입니다. 신이여 우리를 보살피소서."

작곡가 에런 코플런드(1900~1990)가 발레곡 〈애팔래치아의 봄〉을 쓰기 시작한 것이 이 무렵이었다. 이 작품은 탄생 과정부터 미국에서 거세게 번지고 있던 애국주의의 물결과 무관할 수 없었다. 코플런드는 1940년부터 미 국무부의 음악 자문위원을 맡았을 뿐 아니라, 1942년 초연된 〈링컨의 초상Lincoln Portrait〉에서는 에이브러햄 링컨 대통령의 게티즈버그 연설을 마지막에 인용했다. 남북전쟁이라는 역사적 사건을 환기시키는 방법을 통해서 2차 세계대전이라는 절체절명의 위기에 처한 미국의 정신을 일깨우고자 한 것이었다.

〈애팔래치아의 봄〉이라는 제목은 서른셋의 나이로 바다에 몸을 던져 생을 마감한 미국 시인 하트 크레인(1899~1932)의 장시 「다리The Bridge」에서 가져왔다. 애팔래치아는 미 동부 지역을 남북으로 가르는 산맥이다. 하지만 발레의 탄생 과정에는 흥미로운 비화가 있다. 애초부터 애팔래치아 산맥의 자연을 염두에 두고 쓰기 시작한 작품은 아니었다는 점이다. 오히려 제목은 막판에 급하게 붙인 것에 가깝다.

코플런드는 1930년대부터 〈빌리 더 키드〉와 〈로데오〉 같은 발레곡을 꾸준하게 발표했다. 1942년에는 미국 현대무용의 창시자로 불리는 마사 그레이엄(1894~1991)과 신작 발레를 위해 협업하고 있었다. 그레이엄과 코플런드는 '사회 연구를 위한 뉴 스쿨New School for Social Research'에 함께 재직했던 동료였다. 1931년 코플런드는 까다로운 리듬과 불협화음으로 악명 높았던 자신의 '피아노 변주곡Piano Variations'을 배경음악으로 독무獨舞하는 그레이엄의 모습을 보면서 경탄을 금치 못했다. 신작을 위해 그레이엄이 처음에 제안한 주제는 그리스 신화에서 사랑을 잃고서 복수심에 불타는 비극의 여인 메데이아였다. 하지만 코플런드는 그리 탐탁하게 여기지 않았다.

이듬해 그레이엄은 남북전쟁 시기를 배경으로 하는 시나리오를 다시 제안했다. 1943년 그레이엄은 "감상주의에 빠지지 않고 온화하게, 지나치게 상징적이지 않고 보편성을 부드럽게 표현해서 전쟁의 기미를 드러내지 않는 것"이라고 작품 의도를 설명했다. 이처럼 전시에 태어났지만 전쟁의 비극성을 담고 있지 않다는 점도 〈애팔래치아의 봄〉의 특징이다. 이런 점에서 나치에 맞선 소련의 저항 정신을 상징했던 쇼스타코비치의 교향곡 7번 〈레닌그라드〉와는 지극히 대조적이었다. 2차 세계대전 당시 소련이 유럽 동부전선의 격전지였던 반면, 진주만 공습에도 불구하고 미국 본토는 전쟁의 참화를 직접 겪지 않았다는 점도 정서적 차이를 낳은 배경이었을 것이다.

코플런드는 작품의 전반적인 구성에는 동의하면서도, 후반부 일부의 개작을 요청했다. 개작 과정에서 결혼을 앞둔 젊은 남녀와 여성 개척자, 종교 부흥 운동가와 여성 신도 네 명이라는 등장인물이 들어갔다. 당초 1943년 10월로 예정됐던 작품 초연은 연기됐고, 작업 과정은 점차 난산이 됐다. 게다가 작곡가는 할리우드 영화음악을 위해서 수시로 자리를 비웠다. 1943년 5월 그레이엄은 "정말 보이는 그대로 이 작품 때문에 애를 먹고 있다"고 토로했다.

이듬해 6월 중순에 이르러서야 코플런드는 작곡을 마

쳤다. 당초 그가 붙였던 가제는 '마사를 위한 발레Ballet for Martha'였다. 처음부터 구체적인 줄거리보다는 협업자가 더욱 중요했던 것이다. 초연은 음악 후원자인 엘리자베스 쿨리지(1864~1953) 여사의 80세 생일인 1944년 10월 30일로 잡혔다. 초연 당시 프로그램 해설에도 지극히 간략한 내용만 적혀 있었다. "젊은 남녀가 환희와 사랑과 기도로 집을 짓고 나서 기뻐하고, 종교 부흥 운동가와 신도도 기쁨의 환호성을 터뜨린다. 여성 개척자는 약속의 땅the Promised Land에 대한 꿈으로 가득하다."〈애팔래치아의 봄〉이라는 제목은 초연 3주일 전인 1944년 10월 3일에 그레이엄이 직접 붙였다. 코플런드는 "내 곡은 그녀가 건네준 대본에 따라서 쓰여졌다. 대본은 미국적Americana이었지만 어떤 주제든 언제나 그녀는 그레이엄적Grahamiana인 것으로 바꿔냈다"고 회고했다.

하지만 끊임없는 개작은 작품에 결과적으로 득이 됐다. 작품 구상에 들어갔던 1942년에는 미국이 진주만 공습으로 수세에 내몰렸지만, 작품이 초연된 1944년에는 노르망디 상륙작전으로 결정적 승기를 잡은 뒤였다. 음악학자 안네그레트 파우저의 말처럼 "〈애팔래치아의 봄〉은 미국이 전후 재건을 구상하기 시작했던 1944년 말의 변화된 시대상에 어울리는 작품"이 된 것이었다. 발레 초연 당시에는 정착 과정의 갈등을 묘사한 장면이 있었지만, 1945년 오케스트라 모음곡으로 발표할 때는 이 대목을 덜어냈다. 어쩌면 전쟁이 끝난 마당에 더 이상의 긴장이나 공포는 불필요한 사족이라고 여겼을지도 모른다.

〈애팔래치아의 봄〉은 작곡가 자신에게도 음악적 변화를 알리는 상징적 작품이었다. 코플런드는 뉴욕 브루클린에서 나고 자란 전형적인 도시 출신의 작곡가였다. 1920년대 초반 프랑스 파리 유학을 마치고 돌아온 직후에도 스트라빈스키의 불협화음을 과감하게 수용하고 재즈적 색채가 강한 작품들을 발표했다. 급진적 모더니즘에 충실했던 초기의 대표작이 〈피아노 변주곡〉이다. 이 시기의 코플런드는 도회적이고 현대적인 작곡가였다.

하지만 1929년 대공황을 전후로 그는 극심한 회의와 진통에 빠졌다. 초기의 복잡하고 난해한 음악 언어와 결별하기 시작한 것도 이 무렵이다. 결국 1930년대 들어서 코플런드가 새롭게 주창한 음악관이 '새로운 단순함new simplicity'이었다. 코플런드는 자신의 음악관을 이렇게 명쾌하게 요약했다. "새로운 음악 청중은 이해할 수 있는 음악을 지녀야 한다는 점은 자명하다. 따라서 단순하고 직접적이어야 한다. 가능한 많은 청중과 음악으로 소통하고자 하는 욕구를 기회주의라고만 볼 수는 없다."

그의 음악적 노선 전환 이면에는 정치적 고민도 깃들어 있었다. 1933년부터 1945년까지 12년간 루스벨트는 백인 노동자와 흑인, 지식인, 농민, 도시 빈민과 가톨릭 세력까지 아우르는 폭넓은 지지층을 기반으로 장기 집권에 성공했다. 당시 코플런드도 정치적으로 좌파 세력의 연합을 주창한 인민전선 Popular Front에 경도됐다. 동시에 음악적으로는 아메리카 대륙의 음악적 뿌리를 찾는 작업에 나섰다.

　문예비평가이자 역사학자 모리스 딕스타인은 대공황 시기 좌파 지식인과 예술가들의 특징을 네 가지로 정리했다. 평범한 사람들에게 존엄성을 부여하고, 사라진 역사와 민속 유산을 재발견하며, 가난과 두려움에 고통받는 사람들에게 희망과 힘을 실어주고, 서로 다른 인종과 계층과 종교 사이에 이해와 공감의 가교를 놓기 위해 애썼다는 것이다. 이 네 가지에 모두 해당하는 작곡가가 바로 코플런드였다. 당시 그의 음악적 탐구 대상은 미국뿐 아니라 쿠바와 멕시코까지 포함됐다. 멕시코 방문 경험이 녹아든 〈엘 살롱 멕시코〉가 그 출발점이었다면, 〈애팔래치아의 봄〉은 그 종착점이었다. 〈애팔래치아의 봄〉에는 구약 창세기의 이상향과 미국 건국 초기의 개척 정신, 전시 미국의 낙관주의라는 삼중의 의미가 중첩되어 있었다.

　코플런드가 〈애팔래치아의 봄〉 후반부에 인용한 셰이커 교도의 춤곡이 「심플 기프츠Simple Gifts」다. 18세기에 창설된 셰이커 교도는 '천년왕국'의 도래를 믿었던 개신교의 종파였다. 이들은 근면과 절약을 신조로 노동과 신앙이 일치하는 공동체적 삶을 유지했다. 남북전쟁 때도 살상 반대를 이유로 징집을 거부해서 미국 역사에서 양심적 병역 거부자의 첫 사례로 남았다. "진정한 단순함을 얻을 수 있다면 우리는 굽히고 절하더라도 결코 부끄럽게 여기지 않으리라"는 노랫말에서도 이들의 종교관을 엿볼 수 있다. 18~19세기에는 기독교의 소수 종파 정도로 인식됐지만, 20세기 대공황 직후 이들의 공동체적 가치관은 대안적 생활양식으로 재평가를 받았다. 1930년 대 '새로운 단순함'을 주창했던 코플런드는 〈애팔래치아의 봄〉에 이어서 1950년 〈오래된 미국 노래들Old American Songs〉에서도 다시 이 선율을 인용했다. 셰이커 교도의 종교관과 코플런드의 음악관에는 '단순함'이라는 공통분모가 숨어 있었다.

〈애팔래치아의 봄〉은 사실 이질적이고 모순적인 배경을 지닌 예술가들의 만남이 낳은 융합의 산물이다. 작품의 초연에 참여한 일본계 미국 무용수인 유리코 기쿠치는 진주만 공습 직후 애리조나의 이주민 센터에 2년간 억류됐다. 무대 디자인을 맡은 노구치 이사무(1904~1988) 역시 스파이 혐의로 미 연방수사국FBI의 수사 대상에 오르기도 했다. 일본인 혈통이 섞여 있다는 사실만으로도 의심과 감시의 대상이 됐던 시대에도 그레이엄은 스스럼없이 이들을 무용단에 받아들였다. 따지고 보면 코플런드 역시 리투아니아계 유대인이자 정치적 좌파, 동성애자라는 비주류적 정체성을 지닌 작곡가이기는 마찬가지였다. 하지만 초연 이듬해인 1945년 코플런드는 이 작품으로 퓰리처상을 수상하면서 미국 현대음악의 '주임 사제Dean'라는 위치를 확고하게 다졌다.

코플런드는 1990년 세상을 떠났다. 하지만 작곡가의 혜안은 2009년 1월 미 수도 워싱턴 D.C.의 링컨 기념관에서 열린 버락 오바마 대통령의 취임식에서도 확인됐다. 이날 오바마 대통령이 취임 선서를 하기 직전에 이츠하크 펄먼(바이올린)과 요요마(첼로), 앤서니 맥길(클라리넷)과 가브리엘라 몬테로

(피아노)의 사중주로 존 윌리엄스의 「에어 앤드 심플 기프츠 Air and Simple Gifts」가 울려 퍼졌다. 「죠스」와 「스타워즈」의 영화음악으로 유명한 작곡가 윌리엄스가 편곡한 「심플 기프츠」가 바로 〈애팔래치아의 봄〉의 절정에서 흘렀던 그 선율이었다.

코플런드의 작품과 마찬가지로 이 곡에서도 주선율을 온전하게 들려주는 악기는 클라리넷이다. 이 선율을 바이올린이 받아서 연주하고, 다시 첼로와 피아노가 자유롭게 변주하면서 첫 흑인 대통령의 탄생을 축하했다. 그러고 보면 유대계 펄먼과 동양계 요요마, 흑인인 맥길과 남미 출신의 몬테로까지 이날 취임식에 이보다 어울리는 구성도 없었다. 가장 미국적인 장면에서 가장 미국적인 선율이 울려 퍼진 셈이었다. 이렇듯 〈애팔래치아의 봄〉은 서로 다른 인종과 출신 지역, 정치적 이념까지 아우르는 거대한 용광로라는 미국적 가치를 상징하는 작품이었다.

Aaron Copland 〈Appalachian Spring〉

• 지휘 에런 코플런드, 런던 심포니 오케스트라(소니 클래시컬, CD)
Aaron Copland/London Symphony Orchestra/Sony Classical

• 지휘 레너드 번스타인, 뉴욕 필하모닉 오케스트라(소니 클래시컬, CD)
Leonard Bernstein/New York Philharmonic/Sony Classical

• 지휘 마이클 틸슨 토머스, 샌프란시스코 심포니오케스트라(SFS 미디어, DVD)
Michael Tilson Thomas/San Francisco Symphony Orchestra/SFS media

하루살이처럼 덧없는 모든 것, 찢어지는 듯한 고통, 세상의
모든 기쁨과 청춘과 명성 그리고 에로티시즘의 공허함이
창조자의 기쁨과 비교된다. 한 문장 한 문장 직조하며 매 페이
지를 만지고 또 만지는 이 존재는 결코 전적으로 닿을 수 없는,
닿는 것이 영영 불가능한 무언가를 찾아가고 있을 뿐이다.

유제프 차프스키『무너지지 않기 위하여』중에서

*The Third Zone of
Contemporary Music*

현대음악의 제3지대

사랑의 환희를 노래한 현대음악의 성자
올리비에 메시앙 〈투랑갈릴라 교향곡〉

1945년 6월 프랑스 작곡가 올리비에 메시앙(1908~1992)은 미국 보스턴 심포니의 지휘자 세르게이 쿠세비츠키에게 작품 위촉을 받았다. 그런데 조건이 독특했다. "원하는 만큼 많은 악기를 사용하고, 원하는 길이의 작품을 원하는 스타일대로 작곡하며, 작품 완성까지 시간 제한도 없다'는 것이었다. 한마디로 '무조건이 조건'이었던 셈이다.

쿠세비츠키의 마지막 말 때문이었을까. 위촉 이후 오히려 메시앙은 2년 넘도록 장고를 거듭했다. 당초 전통적인 4악장 형식의 교향곡을 쓸 생각이었지만, 악장을 추가하면서 전체 10악장으로 늘어났다. 기존 관현악 편성 외에도 12명의 타악기 연주자와 피아노, 전자 건반악기인 옹드 마르트노Ondes Martenot까지 투입됐다. 오케스트라 규모도 100여 명으로 커졌고 연주 시간도 75분에 훌쩍 이르렀다. 이렇게 탄생한 대작이 바로 〈투랑갈릴라 교향곡〉이다.

제목인 '투랑갈릴라'는 산스크리트어로 시간이라는 뜻을 지닌 '투랑가Turanga'와 놀이나 유희로 풀이되는 '릴라Lîla'의 합성어다. 메시앙은 "투랑가는 말처럼 질주하거나 모래시계의 모래가 떨어지는 시간이며 움직임과 리듬을 의미한다"고 했다. 또한 "릴라는 우주에서 일어나는 신성한 행위라는 의미에서 창조와 파괴, 재창조이며 삶과 죽음을 뜻한다"고 설명했다. 결국 작곡가 자신의 설명처럼 "사랑의 노래"이자 "환희의 찬가"인 셈이었다.

얼핏 남부럽지 않은 환경에서 작곡한 것처럼 보이지만, 실은 메시앙은 지극히 고통스러운 시기를 보내고 있었다. 1940년대 들어서 바이올리니스트이자 작곡가였던 아내 클레르 델보스(1906~1959)가 신경쇠약 증상을 보이기 시작했다. 메시앙은 결혼 초기부터 아내를 위한 작품들을 쏟아냈을 만큼 이들 부부 사이는 각별했다. 1932년 바이올린과 피아노의 이중주인 「주제와 변주」는 아내를 위한 결혼 선물이었다. 실제로 이 곡은 결혼 다섯 달 뒤인 1932년 11월 이들 부부의 연주로 초연됐다.

1936년에도 메시앙은 아내를 위해 가곡 「미Mi를 위한 시」를 발표했다. '미'는 메시앙이 아내에게 붙인 애칭이었다. 부부의 결합을 신과 교회에 비유하고 부부를 어둠과 악에 맞선 전사에 비유하는 등 작곡가가 쓴 가사는 사랑과 고통, 역경을 함께 겪는 부부의 모습을 묘사하고 있었다. 이처럼 초기 연가곡에서도 인간적 사랑과 종교적 신앙의 결합이라는 메시앙의 음악적 특징은 두드러졌다. 작곡가에게 성聖과 속俗은 구분이 아니라 합일의 대상이었던 것이다. 1937년 고대하던 아들 파스칼이 태어나자 메시앙은 이듬해 연가곡 〈대지와 하늘의 노래들Chants de terre et de ciel〉을 또다시 작곡했다. 잠든 아이의 모습에서 아기 예수를 떠올리듯이 이 연가곡에서도 아들의 이름이자 부활절이라는 뜻의 파스칼을 중의적 의미로 사용했다.

하지만 설상가상으로 아내가 수술을 받던 도중 뇌 감염으로 기억상실에 빠지고 말았다. 메시앙은 "수술 후유증으로 그녀는 기억을 완전히 잃었고, 정신도 온전하지 않게 됐다. 아내뿐 아니라 상황을 이해하기 힘들었던 어린 아들에게도 끔찍한 일이 되고 말았다"고 회고했다. 아내의 건강 악화로 메시앙은 아들 파스칼을 홀로 돌봐야 했다. 시력과 인지능력까지 잃은 아내는 요양원 생활을 하다가 1959년 세상을 떠났다.

이 무렵 메시앙의 앞에 제자 이본 로리오(1924~2010)가 나타났다. 로리오 역시 12세에 베토벤의 소나타 전곡을 암기했을 만큼 뛰어난 영재 출신의 건반 연주자였다. 14세에는 바흐의 〈평균율 클라비어곡집〉 전곡과 쇼팽 독주곡 전곡, 모차르트 피아노 협주곡 전곡을 외워서 연주할 수 있었다고 한다. 1942년 파리 음악원 교수였던 메시앙의 화성학 수업에 들어온 로리오는 스승의 초기 피아노 곡인 〈여덟 개의 전주곡들〉을 암보로 연주해서 깊은 인상을 남겼다.

2차 세계대전 발발 직후 징집됐던 메시앙이 독일 괴를리츠 수용소에서 9개월간 포로 생활을 하고서 석방된 직후였다. 로리오는 "모든 학생들이 새로운 선생님을 기다리고 있는데, 메시앙이 수용소 생활로 인해서 심하게 부푼 손으로 악보 가방을 들고 나타났다"고 회고했다. 곧바로 메시앙은 피아노 앞에 앉더니 드뷔시의 〈목신의 오후 전주곡〉 총보를 펴놓고 연주했다. 로리오는 "모든 학생들이 매혹됐고 선생님을 흠모했다"고 했다. 처음엔 사제師弟였던 이들은 자연스럽게 연인 관계로 발전했다. 음악학자 크리스토퍼 딩글의 표현처럼 "시간이 흐르면서 로리오는 메시앙의 친구이자 연인, 후원자이자 동료 음악인이 된 것"이었다. 1943년 이후 메시앙이 작곡한 대부분의 피아노 곡은 로리오를 위한 작품이었다. 메시앙도 "그녀는 작곡가의 피아노 작곡뿐 아니라 스타일과 세계관, 사고방식까지 변화시켰다"고 고백했다. 하지만 독실한 가톨릭 신자였던 메시앙은 차마 투병 중인 아내를 떠날 수는 없었다. 〈투랑갈릴라 교향곡〉이 바로 이 시기의 작품이었다.

1945년 연가곡 〈하라위Harawie〉와 1948년의 〈투랑갈릴라 교향곡〉, 무반주 혼성 합창인 〈다섯 개의 후렴Cinq Rechants〉을 묶어서 흔히 메시앙의 '트리스탄 3부작'이라고 부른다. 바그너의 〈트리스탄과 이졸데〉와 드뷔시의 〈펠레아스와 멜리장드〉처럼 이루어질 수 없는 사랑을 다룬 오페라들의 그림자가 어른거린다는 공통점이 있었다. 사랑과 죽음이 뒤엉켜 있으며 죽음은 사랑의 완성이라는 '사랑의 죽음Liebestod'은 당시 메시앙을 사로잡았던 화두였다. 그는 "운명적이며 저항할 수 없는 사랑이 죽음에 이르며, 어느 정도는 죽음을 일으킨다는 생각이 떠나지 않았다. 사랑이야말로 육신을 초월하고, 정신의 한계마저 뛰어넘으며, 우주적 규모로 확장되기 때문"이라고 했다.

실제로 〈하라위〉의 두 번째 곡인 「안녕, 초록 비둘기Bonjour toi, colombe verte」에 나오는 '사랑의 주제'는 페루 민요에서 가져왔다. 메시앙은 1945년 뤼시앵 파브르의 연극 「트리스탄과 이졸데」의 극 부수 음악에서 이 선율을 오르간으로 즉흥 연주한 뒤 〈하라위〉에서 다시 사용했다. 이 주제는 〈투랑갈릴라 교향곡〉에서도 약음기를 통해서 숨죽인 듯한 효과를 빚는 6악장 「잠든 사랑의 정원Jardin du sommeil d'amour」의 현악부터 마지막 10악장의 오케스트라 총주까지 다양한 모습으로 등장한다. 작곡가는 이 주제에 대해 "두 연인이 잠든 사랑 속에 결합되어 있다"고 묘사했다. 사실상 작곡가의 자의식이 투영된 것이라고 보아도 틀리지 않았다.

하지만 같은 시기의 연작이라고 해도 작품의 이면에 깔려 있는 정서는 사뭇 달랐다. 메시앙의 마지막 연가곡이었던 〈하라위〉는 '사랑과 죽음의 노래Chant d'amour et de mort'라는 부제처럼 상실과 고통의 정서가 두드러졌다. 반면 〈투랑갈릴라 교향곡〉은 환희와 생동감으로 가득했다. 특히 이 작품에서 드러나는 바그너의 영향은 단지 사랑과 죽음이라는 주제에 한정되지 않았다. 바그너의 오페라에서 반복적으로 등장하면서 통일성을 부여하는 유도동기leitmotiv 역시 〈투랑갈릴라 교향곡〉에 지대한 영향을 미쳤다. 메시앙은 이 교향곡 전체에 등장하는 네 개의 주제를 '순환 주제'라고 불렀다. 처음에는 악보에 숫자로 표기했지만, 나중에는 구분하기 쉽도록 작곡가가 직접 '조각상의 주제', '꽃의 주제', '사랑의 주제', '코드 주제'라는 이름을 붙였다.

"고대 멕시코의 석상이 주는 위압적이면서도 끔찍한 야만성"에서 착안한 '조각상의 주제'는 첫 악장 도입부에서 트롬본과 튜바의 저음을 통해서 등장한다. 곧이어 1악장은 "흡사 두 눈으로 서로를 응시하는 듯한 두 대의 클라리넷"으로 연주하는 '꽃의 주제'로 이어지면서 대비의 효과를 빚는다. 작곡가 스스로 "가장 중요한 주제"라고 부른 '사랑의 주제'는 6악장 전체에서 두드러진다. 별도의 상징적 의미를 지니고 있지는 않지만 화음 진행에 바탕한 '코드 주제'는 작품 전체에서 일종의 배경 역할을 한다. 8악장에서는 이 네 가지 음악적 주제가 모두 등장해서 서로 뒤얽힌다. 〈투랑갈릴라 교향곡〉은 음악적 주제들이 작품 전체를 든든하게 지탱한다는 점에서도 바그너의 연장선에 있었다.

이 교향곡은 1949년 12월 2일 보스턴에서 초연됐다. 고령과 건강 악화가 겹친 쿠세비츠키 대신에 제자인 레너드 번스타인이 보스턴 심포니의 지휘봉을 잡았다. 피아노 연주는 물론 로리오가 맡았다. 작품을 위촉했던 쿠세비츠키는 초연을 앞두고 "스트라빈스키의 〈봄의 제전〉 이후 우리 시대 최고의 걸작"이라고 잔뜩 기대했지만, 정작 연주 직후의 반응은 엇갈렸다. 『보스턴 글로브』는 "길고도 초점 없는 작품"이라는 혹평을 퍼부었다. "오늘 밤 말고 이 곡을 다시 듣게 될지 의심스럽다"는 『보스턴 포스트』의 빗나간 예견도 있었다. 이듬해 프랑스 엑상프로방스 페스티벌에서 연주된 뒤에도 상황은 비슷했다. 메시앙의 작품에 호의적이었던 선배 작곡가 프랑시스 풀랑크(1899~1963)조차 "이번엔 네 교향곡이 맘에 들지 않는 건 사실"이라고 고백했다.

이 가운데 가장 매섭고 혹독한 질타는 메시앙의 제자 피에르 불레즈에게서 나왔다. 1948년 2월 교향곡의 세 악장을 먼저 접한 불레즈는 "매음굴bordello 음악"이라고 가차없이 비판했다. 불레즈의 비판은 물론 화음을 남용한다는 음악적 이유에서 비롯했지만, 작품 자체에 내포된 딜레마 역시 정확하게 포착하고 있었다. 음악학자 로버트 숄의 표현처럼 "이 작품에서 에로틱함은 기독교에 의해 억압되는 터부가 아니라 경건하고 성적인 욕망과 공존 가능한 것"이었다. 실제로 종교적인 제목이나 가사 이면에 숨어 있는 관능성은 메시앙의 초기작에 쏟아졌던 주된 비판 가운데 하나였다. 그런 고민이 응축된 작품이 〈투랑갈릴라 교향곡〉이었다.

하지만 메시앙의 전기를 쓴 음악학자 딩글의 평처럼 "〈투랑갈릴라 교향곡〉은 메시앙의 인생에서 한 챕터를 마무리하는 작품"이었다. 1961년 메시앙은 로리오와 결혼했다. 로리오는 "우리는 거의 20년 동안 울었다. 그녀(첫 부인 델보스)가 세상을 떠난 뒤 결혼할 수 있었다"고 회고했다. 트리스탄과 이졸데의 비극에서 헤어난 메시앙은 새의 소리와 숲의 세계로 귀의했다. 메시앙의 음악 역시 한층 자연주의적 색채가 뚜렷해졌다. '현대음악의 성인'으로 불렸던 메시앙의 인생에서도 굴곡과 격변으로 가득했던 시기의 산물이 〈투랑갈릴라 교향곡〉이었던 것이다.

Olivier Messiaen 〈Turangalîla-Symphonie〉

• 지휘 정명훈, 피아노 이본 로리오, 옹드 마르트노 잔 로리오, 바스티유 오페라 오케스트라(도이치 그라모폰, CD)
Myung-Whun Chung/Yvonne Loriod/Jeanne Loriod/Orchestre de l'Opéra Bastille/Deutsche Grammophon

• 지휘 리카르도 샤이, 피아노 장 이브 티보데, 옹드 마르트노 하라다 다카시, 로열 콘세르트허바우 오케스트라(데카, CD)
Riccardo Chailly/Jean-Yves Thibaudet/Takashi Harada/Royal Concertgebouw Orchestra/Decca

• 지휘 사이먼 래틀, 피아노 피터 도노호, 옹드 마르트노 트리스탕 뮈라유, 버밍엄 시립 교향악단(워너 클래식, CD)
Simon Rattle/Peter Donohoe/Tristan Murail/City of Birmingham Symphony Orchestra/Warner Classics

• 지휘 구스타보 히메노, 피아노 마르크 앙드레 아믈랭, 옹드 마르트노 나탈리 포르제, 토론토 심포니 오케스트라(아르모니아 문디, CD)
Gustavo Gimeno/Marc-André Hamelin/Nathalie Forget/Toronto Symphony Orchestra/Harmonia Mundi

• 혼성합창 〈다섯 개의 후렴〉 등, 지휘 다니엘 로이스, 리아스(RIAS)실내합창단(아르모니아 문디, CD)
Olivier Messiaen Cinq rechants/Daniel Reuss/RIAS Kammerchor/Harmonia Mundi

• 연가곡 〈미를 위한 시〉, 〈대지와 하늘의 노래들〉 등, 소프라노 바버라 해니건, 피아노 베르트랑 샤마유(알파클래식스, CD)
Olivier Messiaen Poèmes pour Mi/Barbara Hannigan/Bertrand Chamayou/Alpha Classics

• 연가곡 〈미를 위한 시〉, 소프라노 프랑수아즈 폴레, 지휘 피에트 불레즈, 클리블랜드 오케스트라(도이치 그라모폰, CD)
Françoise Pollet/Pierre Boulez/Cleveland Orchestra/Deutsche Grammophon

• 연가곡 〈미를 위한 시〉, 소프라노 르네 플레밍, 지휘 앨런 길버트, 라디오 프랑스 필하모닉 오케스트라(데카, CD)
Renée Fleming/Alan Gilbert/Orchestre philharmonique de Radio France/Decca

• 〈미를 위한 시〉, 소프라노 안네 슈바네빌름스, 지휘 윤 메르클, 리옹 국립 오케스트라(낙소스, CD)
Anne Schwanewilms/Jun Märkl/Lyon National Orchestra/Naxos

• 다큐멘터리 「수정체의 전례」, 연출 올리비에 밀(이데알 오디앙스, DVD)
Olivier Messiaen, La Liturgie de cristal/Olivier Mille/Idéale Audience

스승을 넘어선 전후 세대의 혁명가

피에르 불레즈 〈주인 없는 망치〉

어제의 혁명가가 오늘의 독재자가 되는 건 비단 정치만의 이야기는 아니다. 프랑스 현대음악 작곡가이자 지휘자인 피에르 불레즈 역시 이런 혐의에서 크게 자유롭지 못했다. 『뉴요커』의 음악 평론가 알렉스 로스의 통렬한 비판처럼 "예전 현대음악의 저격수가 지금은 배우 말론 브랜도의 돈 콜레오네처럼 변한 것"만 같았다.

실제로 젊은 시절 불레즈의 비판은 정밀 조준 사격보다는 무차별적 난사에 가까웠다. 스트라빈스키의 신고전주의에 대해서는 "쓸모없다"고 야유를 퍼부었고, 쇤베르크 사후에 발표한 '쇤베르크는 죽었다'는 글에서는 "낭만적 과장과 고루함"이 남아 있다고 비판했다. 심지어 스승 메시앙에 대해서도 "매음굴 음악"이라는 불경스러운 언사를 서슴지 않았다. 1967년 독일 『슈피겔』지 인터뷰에서는 "빈사 상태에 처한 오페라에 대한 가장 우아한 해결책은 오페라극장을 폭파하는 것"이라는 도발적 선언도 했다. 그런 불레즈가 바그너의 〈니벨룽의 반지〉 초연 100주년이었던 1976년 바이로이트 페스티벌에서 이 오페라를 지휘한 건 상전벽해와도 같은 변화였다. 실은 언행 불일치는 혁명가와 독재자들의 공통적 결점이기도 했다.

2차 세계대전 직후에 등장한 전후 세대의 급진성은 현대 음악뿐 아니라 영화와 문학, 현대미술까지 장르를 불문하고 모든 예술 분야의 두드러진 특징이었다. 하지만 불레즈의 날선 비판이 순수하게 음악적 이유만은 아닌 것 같다는 의심이 들기 시작한 건, 그가 프랑스 음악계의 권좌에 오른 1970년대 이후였다. 현대 음향과 음악 연구소인 이르캄IRCAM부터 현대 음악 전문 악단인 앙상블 앵테르콩탕포랭까지 주요 기관의 설립과 운영을 도맡은 것이었다. 한편에서는 20세기 프랑스 음악의 현대화에 이바지했다는 찬사가 쏟아졌지만, 반대편에서는 프랑스의 문화 권력을 독점했다는 비판도 끊이지 않았다. 실은 불레즈는 1954~1967년 파리에서 계속된 현대음악 시리즈인 '르 도멘 뮈지칼Le Domaine Musical' 시절부터 음악 감독을 맡았다. 재야와 제도권이라는 차이가 있었을 뿐 언제나 그는 입안자인 동시에 실행자였던 것이다. "여러 면에서 그는 바그너를 닮았다"는 로스의 비유는 결코 과장이 아니었다.

권력자 이전의 혁명가 시절에 작곡한 문제작이 1955년 갓 서른 살에 발표한 〈주인 없는 망치〉다. 알쏭달쏭하면서도 매혹적인 작품 제목은 프랑스 초현실주의 시인 르네 샤르

(1907~1988)의 시집에서 가져온 것이다. 샤르는 1920~1930
년대 초현실주의적 작품들을 발표했지만, 1942년 항독 레
지스탕스 활동에 뛰어든 뒤 '레지스탕스의 시인'으로 불렸다.
1946년 샤르의 시를 처음 접한 불레즈는 이듬해 시인과 만
났고 1976년까지도 편지를 주고받았다. 1940년대 불레즈는
「혼례의 얼굴Le Visage Nuptial」과 「물의 태양Le Soleil des eaux」 등
샤르의 시들을 바탕으로 이미 두 편의 칸타타를 작곡했다. 당
시 불레즈는 샤르의 "내적 폭력성"에 끌렸다고 회고했다.

〈주인 없는 망치〉에서도 샤르의 시 세 편이 전체 9악장
의 중심축을 이룬다. 그런 의미에서는 연가곡과 실내악의 성
격을 모두 지니고 있다. 하지만 불레즈는 샤르의 시들을 연
가곡처럼 그대로 풀어내지는 않았다. 오히려 「격렬한 장인
정신L'Artisanat furieux」과 「고독한 사형 집행인들Bourreaux de
solitude」, 「아름다운 건물과 예감들Bel Édifice et les pressentiments」
이라는 각각의 시들을 2~4곡씩 성악과 기악곡들로 작곡한
뒤 순서를 뒤섞는 방식으로 재구성했다. 불레즈는 "시가 포함
되고 성악으로 부르는 곡들과 원칙적으로 성악이 아무런 역
할이 없는 전개부의 작품들을 구분했다"고 말했다.

실제로 「격렬한 장인 정신」은 3악장에서 노래하지만 이
곡의 전주前奏는 1악장, 후주後奏는 7악장에 각각 분산 배치했
다. 마찬가지로 「고독한 사형 집행인들」도 6악장에서 성악이
등장하지만 독자적인 악장보다는 2악장과 4악장, 8악장의 연
작 가운데 일부에 가깝다. 마지막 「아름다운 건물과 예감들」

역시 5악장과 9악장으로 나뉘어 있다. 이 때문에 세 편의 시에 바탕한 세 개의 사이클이 세 겹으로 엇갈린 독특한 구조다. 이런 복잡한 구성은 끊임없이 개작하는 불레즈 특유의 작곡 방식과도 연관이 있다. 〈주인 없는 망치〉 역시 당초 1954년 도나우에싱겐 현대음악제에서 초연을 앞두고 6악장 형식으로 출판됐다. 하지만 초연이 연기되자 불레즈는 다시 세 개 악장을 추가해서 이듬해 바덴바덴 현대음악제에서 초연했다. 심지어 불레즈는 초연 이후에도 1957년 다시 작품 일부를 수정했다.

〈주인 없는 망치〉 역시 1950년대 총렬주의 시기의 작품이다. 총렬주의는 선배 쉰베르크가 음높이에만 적용했던 12음 기법을 강약과 길이, 음색 같은 사실상 음의 모든 요소에 확대 적용하는 방법론이다. 전후 유럽의 동시대 철학 조류였던 구조주의와 밀접한 연관을 지닌 것으로 보기도 한다. 실은 총렬주의의 불씨를 먼저 지폈던 건 불레즈가 아니라 스승 메시앙이었다. 메시앙의 1949년 피아노 곡인 「음가와 강세의 모드」는 불과 4분 남짓의 짧은 곡이지만 총렬주의의 방법론이 집약된 교과서와도 같았다. 〈네 개의 리듬 연습곡〉 가운데 두 번째 곡인 이 작품에서 메시앙은 음높이와 길이, 강세, 건반을 누르는 타건打鍵까지 네 가지 요소에 모두 일련의 법칙을 부여했다. 총렬주의의 기틀을 다진 문제작이었지만, 정작 이 곡을 완성한 뒤 스승 메시앙은 자연과 새 소리의 세계로 훌훌 귀의했다.

반면 불레즈는 스승이 떠난 자리를 굳게 지키면서 총렬주의의 방법론을 앙상블에 전면 적용하는 실험을 거듭했다. 그

대표적 작품이 바로 〈주인 없는 망치〉였다. 당장 알토 플루트와 기타, 비올라와 비브라폰, 저음역이 확장된 실로폰인 실로림바와 각종 타악기라는 악기 편성부터 독특했다. 선배 드뷔시나 미국 미니멀리즘 작곡가들처럼 이런 편성에는 인도네시아와 아프리카 같은 비서구 음악에 대한 관심이 담겨 있었다. 작곡가 자신도 비브라폰은 인도네시아 음악, 실로림바는 아프리카 음악, 기타는 일본 음악과 연관이 있다고 밝혔다. 하지만 흥미로운 건 선율이나 리듬에서는 동양적이거나 아프리카의 흔적을 찾기 힘들다는 점이다. 불레즈는 "내 목적은 비유럽적인 청취 습관을 통해서 유럽 음악 언어를 넓히려는 것"이며 "질식하지 않도록 우리의 창문을 활짝 여는 것"에 비유했다.

이 곡의 또 한 가지 특징은 여성 메조소프라노나 알토가 맡는 성악이 독창자나 협연자보다는 오히려 기악 앙상블의 일원에 가깝다는 점이다. 실제로 전체 9악장 가운데 성악이 등장하는 건 네 개 악장에 불과하다. 그마저 마지막 9악장의 마지막 가사는 입술을 다문 채 허밍으로 부르도록 했다. 불레즈 자신의 설명처럼 "성악이 기악 앙상블로 녹아 들어가고 발음의 특정한 기능을 중단하도록" 설정한 것이었다. 쇤베르크의 〈달에 홀린 피에로〉처럼 노래와 낭송을 섞은 '말하는 선율'을 연상시키는 기법도 사용했다. 불레즈 자신도 여성 알토와 플루트가 어우러지는 3악장에 대해 쇤베르크의 〈달에 홀린 피에로〉에 대한 "직접적이고 의도적인 언급"이라고 고백했다.

〈주인 없는 망치〉는 초연 직후 작곡가와 비평가들에게 전후 세대를 상징하는 현대음악으로 평가받았다. 그 격찬의 대열에 의외의 인물도 있었다. 바로 스트라빈스키였다. 후배 불레즈는 일찍이 스트라빈스키를 향해서 가시 돋친 독설을 퍼부었지만, 정작 선배 스트라빈스키는 1957년 〈주인 없는 망치〉를 들은 뒤 "놀라울 만큼 유연하고 새로운 작품"이라고 호평했다. 스트라빈스키는 피카소의 진가를 누구보다 일찍 알아보았던 미국 작가이자 수집가 거트루드 스타인(1874~1946)의 말을 인용해서 "피카소의 그림을 좋아하는 이유에 대해 스타인이 '그의 그림들을 보는 게 좋기 때문'이라고 했던 것처럼 나 역시 '불레즈를 듣는 게 좋기 때문'"이라고 말했다. 급진성과 과격성은 몰라도 유연성과 너그러움은 스트라빈스키가 앞섰던 셈이다. 이처럼 후배들이 모를 때조차 실은 선배들의 후의를 입은 경우가 있다. 불레즈 역시 그런 경우였다.

필자가 추천하는 음반과 영상

Pierre Boulez 〈Le Marteau sans maître〉

• 불레즈 불레즈를 지휘하다, 메조소프라노 엘리자베스 로런스, 지휘 피에르 불레
즈, 앙상블 앵테르콩탕포랭(소니 클래시컬, CD)
Boulez Conducts Boulez/Elizabeth Laurence/Pierre Boulez/Ensemble
Intercontemporain/Sony Classical

• 「르 도멘 뮈지칼 1956~1967」, 지휘 피에르 불레즈, 르 도멘 뮈지칼 솔리스트(유니
버설 뮤직, CD)
Le Domaine Musical 1956~1967/Pierre Boulez/Solistes Et Orchestre De Domaine
Musical/Universal Music

• 알토 힐러리 서머스, 지휘 피에르 불레즈, 앙상블 앵테르콩탕포랭(도이치 그라모
폰, CD)
Hilary Summers/Pierre Boulez/Ensemble Intercontemporain/Deutsche
Grammophon

• 불레즈를 위한 경의, 알토 힐러리 서머스, 지휘 피에르 불레즈, 서동시집 오케스
트라(도이치 그라모폰, CD)
Hommage à Boulez/Hilary Summers/Pierre Boulez/West-Eastern Divan
Orchestra/Deutsche Grammophon

• 다큐멘터리 「피에르 불레즈: 에클라」, 감독 프랑크 셰퍼(이데알 오디앙스, DVD)
Éclat/Frank Scheffer/Idéale Audience

비슷한 음악적 관점이나 스타일을 공유하는 사제나 선후배 작곡가들을 흔히 '악파樂派'라고 부른다. 물론 현대음악에서 으뜸가는 악파는 쇤베르크와 제자 알반 베르크, 베베른을 통칭하는 '신新빈악파'일 것이다. 그렇다면 다음으로 버금가는 악파는 어디일까.

공교롭게도 유력한 후보는 모두 프랑스에 있다. 우선 프랑스 여성 작곡가이자 지휘자, 건반 연주자였던 나디아 불랑제(1887~1979)다. 불랑제는 여성으로서는 처음으로 필라델피아 오케스트라, 보스턴 심포니 같은 명문 악단들을 지휘했다. 또한 미국 작곡가 에런 코플런드와 '탱고의 거장' 아스토르 피아졸라, 명피아니스트이자 지휘자 다니엘 바렌보임, 마이클 잭슨 음반의 프로듀서였던 퀸시 존스까지 수많은 음악인들을 길러낸 스승으로도 유명하다. 훗날 제자들은 클래식과 현대음악, 탱고와 팝 음악의 거장들로 성장했다.

여기에 불랑제의 교육 비결이 숨어 있다. 제자들의 음악적 개성에 대해서는 일절 간섭하거나 개입하지 않고, 오로지 대위법과 화성학, 작품 분석 같은 기본기에만 매진한 것이다. "창의력은 내가 주거나 빼앗을 수 없다. 단지 악보를 읽고 음악을 듣고 이해하는 자유를 선사할 수 있을 뿐"이라는 불랑제의 지론 때문이었다고 한다. 그의 제자들은 '빵집 Boulangerie'이라는 별명으로도 불렸다. '빵집 주인Boulanger'이라는 뜻인 불랑제의 프랑스어 이름에서 따온 것이다.

매주 수요일 오후에 불랑제의 집에 제자들이 모두 모여서 공개 수업을 받았다. 불랑제의 수업이 얼마나 철저하고 혹독했는지는 훗날 제자들의 고백을 보면 짐작할 수 있다. 불랑제는 바흐의 〈평균율 클라비어곡집〉 악보를 펴놓고서 바렌보임에게 "그 자리에서 조옮김을 해서 연주하라"고 지시했다. 눈앞의 악보와 손으로 연주하는 음표가 서로 달라지는 '음악의 곡예'를 펼쳐야 했던 셈이다.

불랑제에 비견할 만한 작곡가이자 스승이 올리비에 메시앙이다. 피에르 불레즈와 카를하인츠 슈톡하우젠, 야니스 크세나키스 등 2차 세계대전 이후 현대음악의 주역이 되는 작곡가들이 모두 그의 제자들이었다. 나치 시절 스트라빈스키와 쇤베르크 악파의 작품들이 금지됐을 때에도, 메시앙은 스트라빈스키의 〈봄의 제전〉이나 베르크의 〈서정 모음곡〉에 대해 강의했다. 때로는 스승보다 급진적인 음악 언어를 지녔던 제자들은 메시앙의 '화살들Arrows'로 불렸다.

하지만 정작 불랑제와 메시앙의 관계는 그리 원만하지 않았다. 메시앙은 파리 북부의 성 트리니테 성당에서 60여 년간 오르가니스트로 봉직했다. 공교롭게도 불랑제가 다녔던 성당이기도 했다. 하지만 불랑제는 1932년이나 1934년 여동생 릴리의 추도식 정도를 제외하면, 릴리나 어머니를 기리는 연례 추도식 때에도 메시앙에게 오르간 연주를 부탁한 적이 없었다.

여기엔 음악에 대한 근본적 견해차도 깔려 있을 것이다. 스트라빈스키의 신고전주의에 기울었던 불랑제와 달리, 메시앙은 신고전주의와는 일정한 거리를 두고 오히려 '쇤베르크 사단'의 작품들을 분석 대상으로 삼았다. 1935년 이후 둘의 편지 왕래는 전해지지 않는다. 메시앙은 1979년 불랑제가 세상을 떠났을 때에도 불랑제의 뜻을 존중해서 장례미사의 연주를 조수에게 부탁했다. 파리 북부의 지척에 있었지만 평생 둘은 거리를 좁히지 못했던 셈이다.

서양의 펜 대신 동양의 붓으로 그린 현대음악
윤이상 〈예악〉

"당신은 도저히 상상할 수도 없는, 나조차도 아연실색할 신작들이 연일 계속되오. 쇤베르크나 알반 베르크는 우리가 생각하는 베토벤처럼이나 구식 음악이 되어버렸소."

1958년 독일 다름슈타트 현대음악제를 처음 방문한 작곡가 윤이상(1917~1995)이 한국의 아내에게 보내는 편지에 이렇게 적었다. 독일의 카를하인츠 슈톡하우젠, 프랑스의 피에르 불레즈, 이탈리아의 루이지 노노 같은 전후 세대 작곡가들이 집결한 다름슈타트는 '현대음악의 화약고'와 다름없었다. 기존의 음높이뿐 아니라 길이와 강세까지 12음 기법의 문제의식을 확대 적용한 총렬주의와 우연성 같은 급진적 발상들이 쏟아지면서 연쇄 폭발을 일으키고 있었다.

불과 2년 전 마흔의 나이에 유럽으로 지각 유학을 떠났던 만학도에게는 분명 충격으로 다가올 법한 상황이었다. 윤이상은 1956년 파리 음악원에 먼저 입학했지만, 이듬해 서독의 베를린 음대로 옮겼다. 당시 그는 "남들이 들으면 이상한 일이지만 내가 프랑스에 온 것은 작곡 기초 이론을 공고히 다질 목적이었소. 작곡학보다 사실 나에게는 기초 이론이 더 필요하오"라고 솔직하게 고백했다. 작곡가로서 기본을 탄탄히 다지는 동시에 현대음악의 조류를 부지런히 흡수해야 하는 이중의 과제가 놓여 있었던 것이다. 이를테면 자본 자원 기술도 모두 부족한 상황에서 압축 성장을 추진했던 한국 경제 상황과도 닮은 꼴이었다. 그런데 정작 다름슈타트에서는 쇤베르크와 베르크마저 '구식 음악'이라는 비판을 받고 있었으니 충격과 초조함은 배가될 수밖에 없었다.

같은 해 다름슈타트에서 윤이상은 훗날 '비디오아트의 선구자'로 불리는 백남준(1932~2006)과도 조우했다. 일찍부터 미술과 음악에서 모두 재능을 드러낸 백남준은 일본 도쿄대에서 작곡과 미학을 공부한 뒤 1956년 독일 뮌헨으로 유학을 떠났다. 흥미로운 건 현지 적응력은 백남준 쪽이 높았다는 점이다. 그는 윤이상과 만난 자리에서도 전자음악이나 행위 예술에 대한 관심을 쏟아냈다.

다름슈타트라는 현대 예술의 최전선에 뛰어든 두 한국 예술가의 선택은 달랐다. 슈톡하우젠이나 존 케이지와 교유한 백남준은 결국 1962년 전위예술 단체인 '플럭서스Fluxus'에 가입했다. 흔히 전위로 번역되는 아방가르드Avant-Garde의 길을 주저없이 택한 것이다. 백남준은 "내 삶은 1958년 8월 저녁 다름슈타트에서 시작되었다. 1957년이 기원전 1년"이라고 그 충격을 표현했다. 반면 윤이상은 부인에게 보낸 편지에 "나는 독일의 슈톡하우젠이나 프랑스의 불레즈처럼 그런 교묘한 현대식 고층건물과 같은 작품을 쓸 생각은 없소"라고 적었다. 이렇듯 예술에서 후발 주자의 고민은 언제나 하나가 아니라 둘이게 마련이다. 우선 단시일 내에 선두 그룹과의 격차를 줄이는 것. 그러면서도 자신만의 고유한 목소리와 스타일을 잃지 않는 것.

윤이상에게 다름슈타트는 유럽 현대음악의 중심지에서 동아시아 출신 작곡가라는 정체성을 돌아보는 계기가 됐다. 윤이상은 "다행히 지금 최전선에서는 마치 동양의 수묵화처럼 연한 허무감과 침묵이 흐르는, 그러면서도 섬세하고 미학적으로 교묘히 구축된 그런 작품들이 유행하고 있소"라고 적었다. 이 편지에서 윤이상은 구체적인 작품명을 언급하지는 않았다. 하지만 리게티와 펜데레츠키가 들고 나왔던 음향이라는 탈출구를 통해서 이전의 교착 상태에 빠져나오게 된 것만은 분명했다. 훗날 윤이상은 "리게티와 펜데레츠키 양인이 1960년대 음악을 결정적으로 음향 작곡으로 이끌어갈 때, 비로소 저의 작곡적 발전은 거의 단절 없이 현대음악의 전반적인 이행 추세에 합류할 수 있었다"고 말했다.

이듬해부터 윤이상은 유럽 음악제에서 본격적으로 작품들을 발표하기 시작했다. 1959년 9월 4일 다름슈타트에서 〈일곱 악기를 위한 음악〉이 프랜시스 트래비스의 지휘로 초연됐고, 9월 6일 네덜란드 가우데아무스 음악제에서는 〈피아노를 위한 다섯 개의 소품〉이 발표됐다. 불과 이틀 간격의 일이었다. 당초 그는 트렁크에 짐을 다 꾸리고 공연을 마치면 곧바로 귀국할 생각이었다. 하지만 두 작품이 모두 호평을 받으면서 윤이상의 운명은 바뀌었다. 그는 "작년에 뿌린 종자를 금년에 수확하는 기분"이라고 썼다.

당장 작품 제목부터 동양적 정서가 부각됐다. 1960년 관현악곡 〈바라〉와 1962년 실내 앙상블을 위한 〈로양洛陽〉, 1963년 바이올린과 피아노를 위한 〈가사〉와 플루트와 피아노를 위한 〈가락〉 등이 모두 그랬다. 달라진 건 비단 제목만이 아니었다. 〈일곱 악기를 위한 음악〉부터 서양 악기를 통해서 동양적 색채를 표현하는 초기 작품의 특징들이 드러나기 시작했다. 이 곡은 전반적으로 쇤베르크의 음렬 구조에 바탕하고 있지만, 2악장의 오보에 독주는 한국 전통음악의 시김새를 닮았다. 물론 이전에도 서양음악에 동양적 요소를 가미하거나 접목한 작품들은 적지 않았다. 하지만 동양적 색채를 그저 신비로움을 더하기 위한 향료처럼 가미하는 정도에 그치거나, 반대로 지엽적이고 편협한 지역주의에 빠지는 경우도 적지 않았다. 난해한 현대음악과 동양음악의 전통 사이에서 긴장과 균형을 잃지 않았다는 점이야말로 윤이상 초기작의 특징이다.

윤이상은 서양과 동양 음악에서 음音의 차이를 펜과 붓에 비유했다. 고정된 음높이를 지닌 서양음악의 음이 펜으로 그은 직선이라면, 부단하기 흔들리고 변화하는 동양음악의 음은 흡사 붓으로 쓴 활 모양의 만곡선彎曲線과도 같다는 설명이었다. 직선적인 서양음악의 음은 화성과 대위법을 통해서 건축물의 형태를 지니게 되지만, 반대로 동양음악은 하나의 선으로 연결되어 흐르는 곡선미가 중요하다.

윤이상은 '주요음Hauptton'과 '주요음향Hauptklang'이라는 용어를 통해서 자신의 음악관을 정식화하기에 이르렀다. 단선율의 독주곡일 경우에는 '주요음', 실내악곡이나 관현악곡처럼 여러 악기일 경우에는 '주요음향'으로 구분했다. 지금도 음정과 음향 사이에서 정확한 개념을 놓고서 설왕설래가 있지만, 말 그대로 '중심에 있는 음'이라는 의미는 같다. 음의 중심을 상정하는 것 자체가 실은 '동전의 양면'처럼 끊임없는 음의 변화를 전제로 하는 것이다. 윤이상 자신도 작품에 대해서 "주요음의 끊이지 않는 연속으로 이루어져 있으며 그냥 흐르는 것만이 아니라 음 자체가 끊임없이 움직인다"고 설명했다.

이 시기의 대표작이 1966년 10월 23일 도나우에싱겐 음악제에서 초연된 관현악 〈예악禮樂〉이다. "의식적, 예식적, 축제적 음악의 의미를 담고 있으며 궁중음악의 역사적 악기인 생황의 음향이 총보의 토대가 되었다"는 작곡가의 설명처럼 전통 궁중음악의 현대음악적 재해석으로 이해할 수 있는 작품이다. 종묘제례악에서 시작과 끝을 알리는 역할을 하는 박拍을 한 번 쳐서 시작을 알리고, 오보에의 여운이 남아 있는 마지막에 박을 세 번 쳐서 끝을 알리는 방식도 같다. 작곡가의 부인 이수자씨는 『내 남편 윤이상』에서 "우리나라의 박을 구할 수가 없어서 남편은 직접 딱딱한 박달나무에서 작은 7~8장의 목편을 구해 목편 끝에 구멍을 뚫고 그 구멍에 끈을 끼워 목편을 이어서 만들었다"고 회고했다.

작곡가는 목관, 금관, 하프, 타악기, 현악기 등 다섯 그룹으로 구분한 뒤 '주요음향'을 고르게 분포하는 방식으로 작품을 구성했다. 13분간 지속되는 〈예악〉은 끊어지지 않고 흐르는 음향의 연속으로 다가온다. 여기서도 리게티의 영향을 발견할 수 있다. 그의 작품에서 플루트는 주로 대금을, 오보에는 피리를, 약음기를 부착한 트럼펫은 태평소를, 바이올린이나 첼로는 가야금과 거문고 같은 전통 현악기들을 연상시킨다. 때로 하프는 양금洋琴 같은 효과를 빚어낸다. 거기에 비브라토와 글리산도, 앞꾸밈음과 뒤꾸밈음 같은 다양한 주법을 통해서 전통악기의 농현弄絃과 시김새를 표현한다.

하지만 개별적인 표현보다 중요한 건 전체적인 흐름이다. 윤이상은 "여기서 나에게 가장 중요한 것은 선율이 아니라 하나하나의 음이나 음향의 조형"이며 "이것에 의하여 음악은 훨씬 풍요로워진다"고 설명했다. 물론 여기엔 유보적 평가나 비판도 있다. "윤이상 작품들이 환기하는 동양적 이미지들은 한국 전통음악에서 유래했을지도 모르지만, 한국 전통에 대한 분명한 인상을 빚어내는 도구에 불과하다"는 고故 송방송 전 한국예술종합학교 교수의 문제 제기가 대표적이다. 하지만 동서양의 이분법적 구분이 갈수록 희미해지는 우리 시대에 윤

이상 음악의 경계인적 특성은 약점이 아니라 강점이 되고 있
는 것 역시 사실이다.

　윤이상은 "후일 나의 작곡 노선에 튼튼한 토대가 되었다"
고 밝힌 〈예악〉을 통해서 유럽 현대음악의 중심에 안착한 것
처럼 보였다. 아내에게 보낸 편지에 "늦어도 2년 뒤에는 당신
의 팔을 끼고 이 넓은 홀의 폭삭한 주단을 밟으리라"라고 적었
던 작곡가의 간절한 소강도 비로소 실현되는 듯했다. 하지만
이듬해 동백림(동베를린) 사건이 터졌다. 윤이상의 삶도, 음악
도 또다시 현대사의 격랑에 휘말리고 말았다.

필자가 추천하는 음반과 영상

Isang Yun 〈Réak〉

• 로양·가사·예악 등, 지휘 에르네스트 부어, 남서독일 방송 교향악단(베르고, CD)
Ernest Bour/Sudwestfunk Sinfonieorchester/Wergo

• 예악·첼로 협주곡 등, 지휘 스테판 애스버리, 베를린 도이치 심포니 오케스트라
(카프리치오, CD)
Stefan Asbury/Deutsches Symphonie-Orchester Berlin/Capriccio

• 다큐멘터리 「윤이상 남북한 사이」, 제작 파울 스마츠니, 각본·연출 마리아 슈토
트마이어(악첸투스, DVD)
Isang Yun Inbetween North and South Korea/Paul Smaczny/Maria Stodtmeier/
Accentus

가정 형편 때문에 일찍부터 학비와 생활비를 벌어야 했던 고학생 출신의 작곡가들은 적지 않다. 20세기 들어서 각광받기 시작한 '신종 아르바이트'가 영화관 연주였다. 1920년대 중반까지도 영화에는 소리가 없었다. 배우들의 동작과 자막만 있었을 뿐 대사와 음악은 아직 덧입혀지지 않았던 무성無聲영화의 시대였다. 이 때문에 영화를 상영하는 동안 피아노나 오르간 연주 등을 통해서 라이브 음악을 더하는 아르바이트가 성행했다.

빼어난 피아니스트였던 쇼스타코비치도 10대 시절에 영화관에서 연주하면서 생활비를 보탰다. 주로 베토벤이나 쇼팽의 곡을 배경음악으로 연주했지만 가끔은 자작곡도 선보였다. 간혹 지나치게 몰입하거나 악보만 보면서 연주하다 보면 영화 화면과 음악이 딴판이 되는 경우도 있었다. 사람들이 죽

는 장면에서 댄스음악을 연주하거나 거꾸로 춤을 추는 장면
에서 비극적인 단조 음악을 연주하는 식이었다. 이 때문에 극
장 관객들이 거세게 항의하거나 난리를 치는 소동도 벌어졌
다. 하지만 쇼스타코비치의 연주를 듣기 위해서 일부러 극장
을 찾는 관객도 있었다고 한다.

작곡가 윤이상도 유년 시절 마을 영화관에서 요한 슈트
라우스의 왈츠 같은 곡들을 막간에 연주했다. 그는 독일 소설
가 루이제 린저와의 대담에서 "손님들은 영화만 보는 게 아니
라 이 연주를 듣기 위해서도 왔다"고 회고했다. 바이올린 연
주자에게 작곡한 곡을 용기 내서 보여주었다가, 영화관에서
우연히 자신의 곡을 들은 적도 있었다. 그 연주자의 친구가
윤이상의 악보를 편곡해서 연주한 것이었다. 소년 윤이상이
작곡가로 데뷔한 곳도 영화관이었던 셈이다.

개척교회 목사의 딸인 작곡가 진은숙은 초등학교 2학년
때부터 예배 반주를 했다. 교인들이 예배 도중에 노랫소리가
커지거나 음이 올라가면 그 자리에서 반음씩 올려서 반주하
기도 했다. 그 무렵 김포공항 근처의 결혼식장에서도 축가 반
주를 했다. 예식 때 축혼 행진곡이나 하객들의 축가를 연주하
고 50원씩 받았다. 결혼식이 끝나면 갈비탕을 먹고 세탁 세
제나 빵을 선물 받기도 했다. 그는 "별로 배운 것도 없었는데
곧바로 음악으로 돈을 벌기 시작한 셈"이라고 했다.

음악 아르바이트를 통해서 정식 작곡가로 데뷔한 경우도
있다. 작곡가 조지 거슈윈은 15세에 학교를 그만두고 뉴욕 브

로드웨이의 악보 출판사에 취직했다. 음반 산업이 정착하기 이전에는 마음에 드는 곡들은 악보를 보면서 연주하거나 노래하는 수밖에 없었다. 이 때문에 오늘날의 음반 산업처럼 당시에는 악보 출판업이 성행했다. 악보 매장에서 울리는 피아노 소리가 양철 냄비를 연상시킨다고 해서 브로드웨이 일대는 '틴 팬 앨리'로 불렸다. 여기서 거슈윈은 피아노로 연주하면서 악보를 판매하는 '송 플러거'로 일했다. 당시 주급이 15달러였던 걸 보면 꽤나 쏠쏠한 일이었다.

거슈윈은 남의 곡을 연주하는 데서 그치지 않고 틈틈이 자작곡을 발표했다. 결국 1919년 〈스와니Swaree〉라는 곡으로 미 전역에서 선풍적 인기를 얻었다. 악보 판매원에서 작곡가로 스스로 '진화'한 셈이었다. 이렇듯 어릴 적 작곡가들의 아르바이트 종류는 다양했지만 한 가지 공통점이 있다. 결국 작곡의 길로 들어서는 든든한 진입로 역할을 했다는 점이다.

질은 소리의 구름 속에서

죄르지 리게티 〈아트모스페르〉

"「2001 스페이스 오디세이」는 우주 여행을 다룬 영화가 아니었다. 영화 자체가 으주 여행이었다."

스탠리 큐브릭 감독과의 대담집을 펴낸 가톨릭 신부이자 영화학자 진 D. 필립스의 말처럼, 「2001 스페이스 오디세이」는 공상과학SF 영화의 지평을 넓힌 걸작이다. 큐브릭 이전에는 누구도 인류의 시원부터 미래까지 영화 한 편에 모두 담아낼 수 있다고는 생각하지 못했다. 마찬가지로 이 영화에 사용됐던 음악들 역시 후대 작품들에 지대한 영향을 미쳤다. 인류의 진화 과정을 압축적으로 보여주는 도입부 장면에서 웅장하게 울려 퍼졌던 리하르트 슈트라우스의 교향시 〈차라투스트라는 이렇게 말했다〉가 대표적이다. 평화롭게 우주선이 유영하는 장면에는 요한 슈트라우스 2세의 〈아름답고 푸른 도나우〉 같은 왈츠가 어울린다는 것을 일러준 작품이기도 했다.

　2시간 20분에 이르는 상영 시간 가운데 대사가 나오는 시간은 절반에도 못 미쳤다. 나머지 시간을 관통하는 건 사실상 침묵 아니면 음악이었다. 이처럼 음악이 대사의 부수적 역할로 전락하는 것이 아니라 전면에 부각된 점도 이 영화의 두드러진 특징이었다. 무엇보다 큐브릭 감독 자신의 말처럼 「2001 스페이스 오디세이」는 비언어적 경험"이었던 것이다. 다큐멘터리 감독 토니 팔머는 영화음악의 역사를 '큐브릭 이전과 이후'로 구분했다. "스탠릭 큐브릭 이전까지 음악은 영화에서 장식적이거나 감정을 고양하기 위해 사용됐다면, 특히 클래식 음악을 즐겨 썼던 큐브릭 이후에는 영화의 줄거리와 지적 추동력에서 필수불가결한 요소가 되었다"는 설명이다.

　하지만 1968년 개봉 당시 이 영화에는 치명적인 약점이 있었다. 헝가리 출신의 현대음악 작곡가 죄르지 리게티(1923~2006)의 작품들을 사실상 작곡가의 허락 없이 무단 도용했다는 점이었다. 이 영화에는 〈레퀴엠〉과 〈아트모스페르〉, 〈룩스 에테르나〉, 〈아방튀르〉까지 리게티의 작품만 네 곡이 사용됐다. 훗날 리게티는 독일 언론 인터뷰에서 단돈 3000달러를 받고서 합의했다고 말했다.

　물론 천하의 큐브릭이 처음부터 도용할 생각은 아니었을 것이다. 당초 감독은 작곡가 알렉스 노스(1910~1991)에게 영화음악을 맡겼다. 노스는 「욕망이라는 이름의 전차」, 「세일즈맨의 죽음」, 「누가 버지니아 울프를 두려워하랴」 같은 영화로 아카데미상 후보에만 15차례 올랐지만 정작 수상과는 인연이 없었던 비운의 작곡가였다. 결국 1984년 평생 공로상을 받는 것으로 만족해야 했다. 큐브릭 감독과도 1960년 영화 「스파르타쿠스」를 함께 작업했던 사이였다.

하지만 「2001 스페이스 오디세이」 당시에는 둘의 관계가 그리 순조롭지 않았다. 노스의 음악에 만족하지 못한 큐브릭은 전면 폐기하고 기존 음악을 재활용하기로 방향을 돌렸다. 영국 BBC 라디오에서 리게티의 〈레퀴엠〉을 듣고 있던 아내의 권유에 큐브릭이 작곡가의 작품을 떠올린 것도 그 무렵이었다. "어딘가 독특하고 색다르면서도 정신 산만할 정도로 이상하지는 않은" 음악을 찾고 있던 큐브릭에게 리게티의 현대음악만큼 어울리는 곡도 없었다.

큐브릭의 처남이자 영화 제작자인 잔 할랜Jan Harlan이 리게티의 집에 연락을 했지만, 공교롭게도 당시 작곡가는 여행 때문에 부재중이었다. 지금처럼 이메일과 휴대전화가 일상적인 세상에서는 상상하기 힘든 풍경이다. 결국 개봉 당시까지 리게티는 어떤 곡이 얼마나 사용됐는지조차 알 수 없었다. 개봉 직후 「2001 스페이스 오디세이」를 관람한 리게티는 자신의 작품이 무려 32분이나 흐른다는 사실을 뒤늦게 깨닫고서 격분했다. "리뷰는 격찬 일색이지만 할리우드 쓰레기shit 같은 작품이다. 훌륭한 장면이 더러 있지만 이야기는 얼토당토않고 천박하다"는 작곡가의 편지에는 배신감과 분노가 고스란히 드러나 있다.

그가 화가 치민 것도 어쩌면 당연했다. 당장 영화가 시작하기 전에 서곡 역할을 하는 음악부터 〈아트모스페르〉였다. 이 곡은 중간 휴식intermission에 이어서 결말에서 다시 나오면서 영화의 처음과 끝을 연결하는 역할을 하고 있다. 정체 불명의 괴석monolith의 주제음악으로는 〈레퀴엠〉이 사용됐고, 달 분화구의 탐사 장면에서는 〈룩스 에테르나〉가 흘렀다. 특히 마지막 장면에는 별다른 대사 없이 17분간이나 〈레퀴엠〉과 〈아트모스페르〉와 〈아방튀르〉가 이어졌다. 어쩌면 큐브릭은 기존 음악 어법에서 벗어난 리게티의 음악을 통해서 전통적 영화 문법을 허물고자 했던 것일지도 모른다.

이처럼 큐브릭과 리게티의 첫 만남은 악연에 가까웠다. 하지만 그 뒤에는 영화 같은 반전이 기다리고 있다. 양측은 지리한 협상 끝에 합의에 도달했고, 큐브릭은 영화 「샤이닝 Shining」과 「아이즈 와이드 셧Eyes Wide Shut」에서도 리게티의 작품을 다시 사용했다. 물론 이번에는 정식 허락을 거쳤다. 작곡가의 반응도 조금씩 달라진 건 물론이다. 훗날 리게티는 "영화가 마음에 들었다. 내 음악을 사용한 방식이 예술적이었다"고 회고했다. 특히 리게티는 큐브릭의 영화 가운데 「배리 린든」과 「닥터 스트레인지 러브」 「풀 메탈 재킷」을 좋아했다고 한다. 1999년 큐브릭의 타계 직후 공개된 유작 「아이즈 와이드 셧」의 독일 시사회 때는 리게티가 큐브릭의 부인과 함께 참석했다.

하지만 설령 큐브릭의 영화가 없었더라도 〈아트모스페르〉는 현대음악의 문제작으로 남았을 것이다. 이 작품은 1961년

10월 22일 도나우에싱겐 페스티벌에서 한스 로스바우트 (1895~1962)의 지휘와 남서독일 방송 교향악단의 연주로 초연됐다. 현대음악의 굳건한 옹호자였던 로스바우트가 세상을 떠나기 불과 두 달여 전이었다. 초연 당시 이 곡은 관객들의 열렬한 반응 덕분에 앙코르로 한 번 더 연주됐다. 세상에 첫선을 보이는 신작으로는 무척 이례적인 경우였다. 훗날 리게티는 이 초연을 자신이 들었던 최고의 연주 가운데 하나로 꼽았다.

이처럼 초연 당시부터 이 작품은 현대음악의 문제의식을 뿌리째 뒤흔들었다. 이전까지 카를하인츠 슈톡하우젠과 피에르 불레즈, 루이지 노노 같은 서유럽 작곡가들은 음높이는 물론, 길이와 강약까지 음악의 모든 구성 요소를 세분화한 뒤 음렬音列의 조합을 통해서 곡을 만드는 실험에 몰두했다. '총렬주의total serialism'로 불리는 당시 흐름은 기준 음의 중심성을 부정하고 모든 음악적 요소를 동등하게 취급한다는 점에서는 민주주의적이었지만, 반대로 무엇이든 통제하고 법칙화하려고 든다는 점에서는 다분히 편집증적이기도 했다. 이들이 모든 법칙에서 탈피하는 우연성에 동시에 이끌렸던 것도 결코 우연이 아니었다.

하지만 당시 리게티는 '콜럼버스의 달걀'처럼 총렬주의와 우연성의 이분법을 넘어서고자 했다. 대기 혹은 분위기라는 뜻의 프랑스어인 〈아트모스페르〉라는 제목처럼 이 작품에서 작곡가가 들고 나온 화두가 바로 음색timbre이었다. 이 곡은 기본 4관 편성에 호른은 6대까지 필요한 대편성 관현악곡이다. 더블베이스의 저음부터 피콜로의 고음까지 50여 개의 음이 펼쳐지지만, 정작 그 어떤 멜로디나 화성, 리듬도 명확하게 분간되지 않는다.

"흘러가는 강물이 멀리서 보면 정지해 있는 듯 보여도 그 내부는 지속적으로 움직이고 있는 것처럼, 미시적인 차원에서는 끊임없이 움직이지만 거시적으로 보면 마치 정지해 있는 듯한 음향 흐름"(음악학자 이희경)이야말로 〈아트모스페르〉의 두드러진 특징이다. 개별 악기들은 부지런히 움직이지만, 오케스트라 전체로 볼 때는 흡사 시간이 멈춘 듯한 '정중동靜中動'의 음악이 탄생한 것이다. 리게티는 "어떤 전개나 전통적인 리듬 형태도 없는 정적이고 독립적인 음악"이라고 불렀다. 그래서 개인적으로는 미세 먼지가 가득한 서울 하늘을 볼 적마다 짙은 소리의 구름인 〈아트모스페르〉를 떠올린다.

1960년대 리게티의 작품들은 선율도 리듬도 화성도 뚜렷하게 분간하기 힘들다는 점에서 '얼어붙은 시간'이나 '정지된 음악'으로 불린다. '톤 클러스터tone cluster'라는 리게티의 방법론은 거대한 음향의 덩어리와도 같다는 의미에서 음괴音塊라고도 옮긴다. 공교롭게도 폴란드 작곡가 크시슈토프 펜데레츠키 역시 같은 해 9월 바르샤바 음악제에서 초연된 「히로시마 희생자들을 위한 애가」를 통해서 비슷한 문제의식을 들고 나왔다. 동시대 서유럽 작곡가들이 점묘법을 닮은 미시적 창작법에 매달렸다면, 반대로 동유럽 작곡가들은 덩어리나 다발에 가까운 거시적 방법론을 들고 나온 것도 흥미로웠다.

따지고 보면 리게티의 삶과 음악은 끝없는 단절과 파괴의 연속이었다. 1차 세계대전 이후 루마니아에 편입된 트란실바니아에서 유대계 헝가리인으로 태어나서 1956년 헝가리 민주화 봉기 이후 서유럽으로 망명한 그는 지역과 인종, 체제의 삼중적 의미에서 모두 이방인에 가까웠다. "결국 나는 어디에도 속하지 않는다. 유럽의 지성과 문화에 속할 따름"이라는 리게티의 말은 선배 작곡가 말러와도 묘하게 닮아 있었다. 2차 세계대전 당시 의사였던 어머니만 목숨을 부지했고, 그의 아버지와 남동생은 모두 나치의 수용소에서 숨을 거두고 말았다. 농장과 구리 광산에서 강제 노역을 했던 작곡가는 전쟁이 끝난 뒤에야 이 비극적 소식을 접했다.

뿌리 뽑힌 자의 자의식은 평생 작곡가를 괴롭혔지만, 거꾸로 현대음악의 법칙이나 경향에 구애 받지 않고 자유로울 수 있었던 동력이기도 했다. 서방 망명 이후에도 리게티는 현대음악계의 편협하고 교조적인 분위기와 일정한 거리를 두기 위해 노력했다. 그는 1957년부터 현대음악의 요람인 다름슈타트 음악제를 통해서 본격적으로 이름을 알렸다. 하지만 좁은 현대음악계 내부에서 패권을 차지하기 위해 알력과 다툼을 벌이는 작곡가들을 보면서 나치나 스탈린 체제의 권력 투쟁에 비유하기도 했다. 훗날 그는 "나는 구루(정신적 지도자)가 아니다. 설교하거나 세상을 개선시키고 싶은 마음도 없다. 이 모든 유토피아는 내게 낯설기만 하다"고 고백했다.

이 때문에 리게티는 평생 자신의 악파樂派를 만들지 않은 건 물론, 이미 확립된 자신의 스타일에서도 끊임없이 탈피하고자 했다. 1993년 리게티는 이렇게 고백했다. "내게는 미래의 확정된 비전도, 총체적인 계획도 없다. 그저 미로 속의 시각장애인처럼 다양한 길을 더듬거리며 나아갈 뿐이다. 한 걸음 내딛는 데 성공하는 순간, 곧바로 과거가 되며 다음 발걸음을 위한 많은 갈림길이 존재한다." 어쩌면 단절과 연속은 그의 삶과 음악을 관통하는 키워드였을지도 모른다.

György Ligeti 〈Atmosphères〉

• 지휘 사이먼 래틀, 베를린 필하모닉 오케스트라(유로아츠, DVD)
Simon Rattle/Berlin Philharmonic Orchestra/EuroArts

• 지휘 클라우디오 아바도, 빈 필하모닉 오케스트라(도이치 그라모폰, CD)
Claudio Abbado/Vienna Philharmonic Orchestra/Deutsche Grammophon

• 지휘 조너선 노트, 베를린 필하모닉 오케스트라(텔덱, CD)
Jonathan Nott/Berlin Philharmonic Orchestra/Teldec

• 영화 「2001 스페이스 오디세이」 사운드트랙(소니 뮤직, CD)
2001: A Space Odyssey Original Soundtrack/Sony Music

"제 꿈에서 저는 언제나 앨리스지요"
진은숙 〈이상한 나라의 앨리스〉

12시간 동안 작곡가 진은숙의 작품들만 들은 적이 있다. 지난 2011년 4월 런던 바비칸 센터에서 열렸던 현대음악 시리즈 연주회였다. 이 시리즈 제목은 완전히 물에 잠긴다는 뜻의 '토털 이머전total immersion'. 말 그대로 작곡가의 음악 세계에 푹 빠져든다는 의미였다. 제목처럼 하루 세 차례의 연속 콘서트와 작곡가와의 대담, 오페라 〈이상한 나라의 앨리스〉의 영상 상영까지 총 여섯 차례에 걸쳐서 그의 작품 열 편을 집중 조명하는 야심 찬 기획이었다. 이날 진은숙의 작품 연주를 위해 합창단과 오케스트라, 독창자까지 110여 명이 무대에 올라갔다. 이 때문에 무대 전면을 객석으로 6m가량 늘리는 '긴급 공사'를 벌이기도 했다.

이제야 고백하지만 이날 영광스러운 동시에 곤혹스러운 점이 하나 있었다. 하루 종일 작곡가의 앞자리에서 작곡가의 작품을 들어야 했다는 사실이다. 마음속으로는 '베토벤의 곁에서 베토벤의 작품 초연을 지켜보는 셈'이라고 감격했지만, 몸은 마음을 서서히 따라가지 못했다. 먼저 고개가 앞으로 떨어졌고 마지막엔 머리부터 발끝까지 온몸이 뒤틀리고 비비 꼬였다. 연주회 사이 휴식 시간에 그 즐거움과 괴로움을 솔직히 작곡가에게 털어놓았다. 그러자 진은숙도 "지금껏 아무리 많아야 하루에 두 곡을 연주하는 것이 전부였는데, 나 자신도 한자리에서 열 곡이나 들을 수 있을지 몰랐다"며 특유의 너털웃음을 터뜨렸다.

이전에는 세상 누구도 본 적이 없었던 작품이 탄생하는 순간을 지켜보는 즐거움과 괴로움을 모두 느낀 것도 진은숙 덕분이었다. 2007년 6월 뮌헨의 바이에른 오페라극장에서 세계 초연된 작곡가의 오페라 〈이상한 나라의 앨리스〉였다. 오페라는 132년 역사의 '뮌헨 오페라 페스티벌'의 개막작으로 이 극장에서 첫선을 보였다. 이 극장은 바그너의 오페라 〈트리스탄과 이졸데〉, 〈뉘른베르크의 명가수〉, 〈니벨룽의 반지〉 가운데 1부 「라인의 황금」과 2부 「발퀴레」 등이 초연된 곳이다.

뮌헨 중심가의 막스 요제프 광장은 오페라 축제의 개막을 알리는 붉은 깃발로 뒤덮였다. 흡사 국제 영화제처럼 극장 정문 앞에는 레드 카펫이 차도까지 길게 깔렸다. 독일 정재계와 문화계 인사들이 극장 입구에 들어설 때마다 연신 카메라 플래시가 터졌다. 독일 ARD 방송은 이 오페라 초연 실황을 현지 생방송으로 중계했고, 바이에른 오페라극장의 잡지 『탁트

TAKT』는 50페이지에 걸쳐 진은숙의 작품 세계를 집중 조명했다. 이 오페라극장에서 여성 작곡가의 오페라가 초연된 건 280여 년 극장 역사상 처음이라고 독일 현지 언론들은 전했다. 극장 음악 감독이었던 일본계 미국 지휘자 켄트 나가노, 한국 작곡가 진은숙, 중국계 미국 극작가 데이비드 헨리 황까지 '아시아계 삼총사'의 합작품이 독일 오페라의 본산에 입성한 것이었다.

하지만 겉으로 드러난 숫자와 기록 이외에도 〈이상한 나라의 앨리스〉는 진은숙에게 적잖은 의미가 있었다. 우선 작곡가 자신의 첫 오페라였고, 스승인 죄르지 리게티가 관심을 기울였지만 끝내 실현하지 못했던 프로젝트를 완성한 작품이기도 했다. 개척교회 목사의 딸로 태어난 진은숙은 삼수 끝에 서울대 작곡과에 입학했다. 여기서 스승 강석희를 만나서 음렬주의와 포스트 음렬주의 등 현대음악의 작곡 기법들을 본격적으로 배웠다. 강석희는 작곡가 윤이상을 사사했기 때문에 윤이상과 강석희, 진은숙으로 이어지는 한국 작곡계의 급진적 계보가 탄생한 셈이었다.

1985년 독일학술교류처DAAD의 장학금으로 독일 유학을 떠난 진은숙은 함부르크 음대에서 리게티를 사사했다. 하지만 스승은 이전까지 배웠던 것들을 모두 잊으라고 주문했다. "한국 출신으로 독일에서는 살아보지도 않았는데 어째서 벌써 이곳의 상투적인 현대음악 어법으로 곡을 쓰는 것인가. 당최 믿기 힘든 일이야! 간단히 이렇게 한번 생각해보게나. 내일

눈을 떴는데 완전히 다른 사람이 되어 있다고 갈이지!" 당시 리게티의 질책은 지금 읽어도 날카롭다. 이 때문에 진은숙은 3년간 곡을 쓰지 못할 만큼 극심한 슬럼프를 겪었다. 훗날 그는 "1980년대 중반 내게 가장 중요했던 문제는 바로 나 자신을 찾는 것이었다. 리게티 밑에서 공부하는 동안 일생일대의 개인적, 음악적 위기에 빠져버렸다"고 회고했다. 낯선 유럽에서 정체성의 위기와 맞닥뜨렸다는 점에서는 '현대음악의 앨리스'와도 같았다.

하지만 동시에 리게티는 진은숙에게 "음악적으로 중요한, 아마도 가장 중요한 모범"이기도 했다. 우선 이들 사제는 특정 음악 사조로 분류되는 것에 대해 강한 저항감을 드러냈다는 점에서 닮은 꼴이었다. 리게티가 작곡했던 바이올린 협주곡, 피아노 협주곡, 첼로 협주곡, 피아노 연습곡을 훗날 진은숙 역시 작품으로 남겼다는 장르적 공통점도 존재한다. 영국 음악 평론가 폴 그리피스는 "진은숙의 청각적 상상력, 악기의 라인이나 경쟁적으로 등장하는 리듬을 대위법적으로 배치하는 능수능란함, 그리고 서로 어울릴 것 같지 않은 것들을 연관 짓는 재주는 그녀가 사사한 리게티의 영향으로 보인다"고 평했다.

마지막으로 루이스 캐럴 원작의 『이상한 나라의 앨리스』에 대한 관심 역시 이들 사제를 묶어주는 또 하나의 공통분모였다. 언어유희와 숫자 놀이, 논리적 모순과 역설은 리게티를 평생 사로잡았던 주제들이었다. 프란츠 카프카와 캐럴은 어릴 적부터 리게티가 좋아했던 작가들이기도 했다. 리게티는 결국 1978년 오페라 〈그랑 마카브르Le Grand Macabre〉 초연 이후 『이상한 나라의 앨리스』와 『거울 나라의 앨리스』를 바탕으로 하는 음악극을 구상했다. 그 단초를 발견할 수 있는 작품이 1988~1993년의 6성부 무반주 합창곡인 〈난센스 마드리갈 Nonsense Madrigal〉이다. 마드리갈은 르네상스 시기부터 바로크 초기까지 이탈리아를 중심으로 발달한 세속 합창곡을 일컫는다.

여섯 곡의 연작인 이 합창곡의 첫 곡 「두 개의 꿈과 작은 박쥐Two Dreams and Little Bat」에서는 캐럴의 "반짝반짝 작은 박쥐Twinkle Twinkle Little Bat"를 느리게 부르는 테너 선율이 등장한다. 다섯 번째 곡 「바닷가재 카드리유Lobster Quadrille」와 마지막 곡 「길고도 슬픈 이야기A Long, Sad Tale」 역시 캐럴의 텍스트에 바탕하고 있다. '헤드 힐 틸 텔 톨 테일head heal teal tell tall tail'이라는 식으로 자음이나 모음을 한 글자씩 바꾸는 캐럴 특유의 말장난은 리게티의 음악적 유희로 변모했다. 리게티는 "이 기교적인 작품에서 나는 비조성적이지만 온음계에 바탕한 화음과 리듬의 미로迷路를 창조하고자 했다"고 말했다.

이 작품이 흥미로운 건, 진은숙의 1991~1993년 출세작인 〈말의 유희Akrostichon-Wortspiel〉에서도 스승의 영향을 엿볼 수 있기 때문이다. '소프라노와 앙상블을 위한 동화의 일곱 장면'이라는 부제가 붙은 진은숙의 곡 역시 미하엘 엔데의 『끝없는 이야기』와 캐럴의 『거울 나라의 앨리스』에 바탕하고 있다. 진은숙은 "앨리스를 접하는 순간 곧바로 매료됐고 그것에 영감을 받아서 소프라노와 앙상블을 위한 〈말의 유희〉를 작곡했다"고 말했다.

하지만 작곡가는 텍스트를 그대로 가져오는 것이 아니라 자음과 모음을 무작위로 조합시키기도 하고, 뒤에서부터 단어를 거꾸로 읽는 등 극단적 언어유희를 실험했다. 음악학자 마르틴 데믈러는 "이야기의 텍스트는 음절과 개별적 사운드, 혹은 단어의 파편으로 축소되어 분간하기 힘들고 상징적 의미만이 남게 된다"고 분석했다. 1993년 확대 개정판 초연 당시 영국 작곡가이자 지휘자 조지 벤저민이 지휘를 맡았고, 벤저민은 지휘자 켄트 나가노에게 진은숙을 추천했다. 나가노는 바이올린 협주곡 1번과 〈로카나〉 같은 관현악곡뿐 아니라 〈이상한 나라의 앨리스〉를 위촉하고 초연한 '음악적 동반자'가 됐다.

진은숙은 "곡을 쓰기 시작하면 그 작품은 원칙적으로 이미 완성된 것이나 다름없다. 첫 한두 마디 이후에는 거의 기계적인 과정으로 진행된다"고 말했다. 오페라 〈이상한 나라의 앨리스〉를 작곡할 때도 흡사 미터기가 돌아가듯이 작업했다고 한다. 하지만 작곡가들의 말을 지나치게 곧이곧대로 믿으면 안 된다. 엄연히 '곡을 쓰기 시작하면'이라는 단서가 붙어 있기 때문이다. 속필인데도 과작이라는 건 그만큼 작품 구상 기간이 길다는 뜻이다. 실제로 진은숙은 다작多作보다는 과작寡作의 작곡가에 가깝다.

이 오페라 역시 '예행 연습'과도 같은 과정이 있었다. 소프라노와 오케스트라를 위한 〈스내그스 앤드 스널스Snags &

Snarls〉다. 2004년 켄트 나가노의 지휘로 초연된 이 작품은 첫 곡을 제외한 모든 노래가 수정을 거쳐서 3년 뒤에 오페라 〈이상한 나라의 앨리스〉에 포함됐다. "오페라를 위한 일종의 스케치"라는 작곡가 자신의 비유처럼 일종의 '예고편'이자 든든한 사전 정지 작업이 된 것이다. 반대로 2019년 발표된 〈퍼즐과 게임Puzzles and Games〉은 오페라의 '파생 상품'에 해당한다. 오페라에 등장했던 노래들의 모음곡 형식이기 때문이다. 하지만 흥미로운 건 여주인공 앨리스만이 아니라 공작부인과 체셔 고양이까지 다양한 등장인물의 노래를 모았다는 점이다. 다시 말해서 이 곡을 부르는 소프라노의 입장에서는 카멜레온처럼 다채로운 캐릭터를 모두 표현해야 한다.

오페라 〈이상한 나라의 앨리스〉가 빛을 보기까지는 적지 않은 우여곡절이 있었다. 우선 스승 리게티가 심혈을 기울였던 주제라는 점이었다. 진은숙은 "제가 이 이야기로 오페라를 만들겠다는 생각을 결행할 수 없었던 이유는 저의 스승인 리게티가 앨리스 책들에 매료되어 오페라를 구상하고 있었기 때문"이라고 회고했다. 결국 스승이 작품을 쓰기 힘들 것이라는 이야기를 전해 듣고서야 진은숙은 작곡을 결심했다. 작품 초연 역시 연기를 거듭했다. 당초 켄트 나가노가 음악 감독을 맡고 있던 로스앤젤레스 오페라극장에서 2006년 초연될 예정이었지만 예산 부족으로 줄곧 난항을 겪었다. 결국 나가노가 바이에른 오페라극장으로 자리를 옮기면서 오페라 초연 날짜와 장소도 바뀌게 됐다.

오페라는 대체로 원작의 흐름을 충실하게 따라가지만 결정적인 차이가 두 군데 있다. 바로 시작과 끝 장면이다. 캐럴의 원작은 무더운 날 책을 읽는 언니 곁에서 졸음과 싸우던 소녀 앨리스가 우연히 토끼를 따라나섰다가 굴에 빠지는 유명한 장면에서 출발한다. 나중에 깨어나 보니 여전히 언니의 무릎을 베고서 누워 있었다는 동화적 설정이다. 하지만 진은숙은 "그 책의 시작과 끝은 전혀 만족스럽지 않았다. 완전히 초현실주의적인 나머지 부분들에 비해 지나치게 관습적이었다"고 불만을 토로했다. 결국 작곡가는 오페라의 시작과 끝을 다른 두 개의 꿈 장면으로 대체해서 동화적 성격을 탈색시키고 비현실적인 느낌을 강조했다. 진은숙은 "제 오페라에서 꿈의 세계가 현실이기를 원했다"고 말했다.

진은숙은 기존 오케스트라 편성 외에도 하모니카와 아코디언, 심지어 깡통과 주방용품, 알람 시계 같은 다양한 타악기적 요소들을 가미해서 입체감과 리듬감을 불어넣었다. 작곡가는 되도록 라이브 연주를 선호하지만, 피트의 제약이나 편성 등을 감안해서 사전 녹음된 음원을 사용하는 것도 허락했다. 여기에 자장가와 바로크 아리아, 모차르트의 변주곡으로 유명한 〈반짝반짝 작은 별Twinkle Twinkle Little Star〉까지 기존 음악의 재료들도 유쾌하게 찢고 비틀었다. '작은 별'을 '작은 박쥐'로 바꿔서 썼던 캐럴의 언어유희가 다시 한번 진은숙의 음악적 패러디로 변주된 것이었다. 전설의 '바그너 디바' 귀네스 존스가 맡았던 하트 여왕Queen of Hearts의 등장 장면에서는 푸치니 오페라 〈투란도트〉의 질문 장면을 재치 있게 패러 디했다. "건조한 이야기로 젖은 몸을 건조시키고", "자비mercy 를 위해 울부짖고moaning 슬퍼하는mournful 사람들men" 같은 자음 'M'을 활용한 언어유희도 여전했다.

오페라 초연 당시 주인공 앨리스 역을 맡았던 소프라노 샐리 매튜스는 인형 탈을 뒤집어쓴 채, 노래와 연기까지 숨가 쁘게 소화했다. 마지막 판결 대목에서 앨리스는 가면을 벗고 서 "나의 꿈이 나를 진흙탕으로 밀어 넣었나"라고 탄식하는 노래를 부른다. 이처럼 〈이상한 나라의 앨리스〉를 비롯해 진 은숙의 작품에서 두드러진 역할을 하는 건 언제나 여성의 목 소리다. 음악학자 이희경은 "유머와 광기가 초현실적으로 공 존하며 터무니없는 말장난, 불합리한 추론, 기이한 사건들로 가득한 이 오페라에서 앨리스를 비롯한 여성 목소리들은 유 머와 아이러니의 감각을 탁월하게 체현해낸다"고 평했다.

"도대체 나는 누구지Who in the world am I?"라는 앨리스의 노랫말처럼, 오페라는 계속 정체성에 대한 질문을 던진다. 앨 리스의 아리아 가사처럼 "오늘 아침에 일어난 나는 여전히 같 은 사람인가"라는 물음이다. 이 같은 질문은 물론 원작자 캐 럴의 것이지만, 진은숙이 우리에게 던지는 물음이기도 하다. 2011년 런던 바비칸 센터에서 열린 작곡가와의 대담에서 관 객들은 진은숙의 작곡 습관과 오페라 초연 준비 과정까지 많 은 질문을 쏟아냈다. "가끔은 캐럴 원작의 주인공 앨리스와 동일시하느냐"는 마지막 질문에 진은숙은 이렇게 답했다. "제

꿈에서 저는 언제나 앨리스지요." 결과적으로 〈이상한 나라의
앨리스〉는 작곡가 진은숙의 성숙과 발전, 꿈과 무의식까지 고
스란히 담긴 작품이 됐다.

Unsuk Chin 〈Alice in Wonderland〉

• 죄르지 리게티 에디션 4집 성악 작품들 가운데 〈난센스 마드리갈〉, 킹스 싱어즈
(소니 클래시컬, CD)
György Ligeti Vocal Works/King's Singers/Sony Classical

• 진은숙 〈말의 유희〉, 소프라노 피아 콤시, 지휘 오노 가즈시, 앙상블 앤테르콩탕
포랭(도이치 그라모폰, CD)
Piia Komsi/Kazushi Ono/Ensemble Intercontemporain/Deutsche Grammophon

• 진은숙 오페라 〈이상한 나라의 앨리스〉, 소프라노 샐리 매튜스·피아 콤시·귀네
스 존스, 지휘 켄트 나가노, 바이에른 오페라극장(유로아츠, DVD)
Sally Matthews/Piia Komsi/Gwyneth Jones/Kent Nagano/Bayerische Staatsoper/
EuroArts

• 진은숙 〈퍼즐과 게임〉 모음곡, 소프라노 황수미, 지휘 최수열, TIMF 앙상블(유
니버설 뮤직, CD)
Sumi Hwang/Soo-Yeoul Choi/Ensemble TIMF/Universal Music

손톱 끝으로 피아노 건반 위와 옆면을 미끄러지면서 긁는
소리를 내고, 손가락으로 건반 사이의 좁은 틈을 잡아서 튕
긴다. 1935년생 독일 현대음악 작곡가 헬무트 라헨만의 〈구
에로Guero〉는 3~4분가량의 피아노 소품이지만, 전통적인 타
건의 피아노 음은 한 번도 나오지 않는다. 오히려 피아노 내부
의 현을 뜯거나 두드려서 소리를 내는 모습에서 행위 예술을
떠올릴지도 모른다. 피아노의 타악기적 성격을 극대화했다는
점에서는 버르토크의 후예 같고, 아날로그적 장치를 통해서
피아노의 음색을 일그러뜨렸던 존 케이지의 '프리페어드 피아
노prepared piano'의 후손편처럼 보이기도 한다. 그렇다면 자연
스럽게 의문이 생긴다. 도대체 왜?

1960~1970년대 라헨만의 음악 세계는 '기악적 구체 음
악Musique concrète instrumentale'으로 불린다. 명칭에서 짐작할

수 있듯이 20세기 중반에 앞서 등장했던 '구체 음악'과 깊은 연관을 지니고 있다. 1940년대 프랑스 작곡가 피에르 셰페르(1910~1995)가 주창한 '구체 음악'은 새의 소리 같은 자연음이나 자동차의 소음 등을 녹음한 뒤 전자적 작업을 통해서 변형시키는 기법이나 장르를 일컫는다. 셰페르는 자신의 시도를 '잡음의 교향곡'에 비유했다. 테이프와 스피커 같은 20세기 기술을 적극적으로 수용했다는 점에서 전자음악의 등장을 예고하는 선구적 사조로 평가받는다.

하지만 라헨만은 여기에 '기악적'이라는 단서를 붙여서 '구체 음악'의 방향 전환을 시도했다. 일상적 소리가 아니라 악기를 활용한다는 점에서는 언뜻 이전 음악으로 복귀하는 것 같지만 악기의 활용법이 다르다. 첼로의 현이 아닌 다른 부분들을 활로 긋거나 피아노의 낯선 주법들을 통해서 악기에 대한 고정관념을 허물었다. 라헨만은 "어떤 조건에서 어떤 재료를 통해서 어떤 에너지를 가지고 어떤 (기계적) 저항에 맞서서 소리나 잡음이 만들어지는지 듣게 된다"고 말했다. 음악과 음향의 경계가 사실상 사라지고 소리를 만드는 과정 자체가 결과물만큼이나 중요해진다.

그 대표작 가운데 하나가 1970년의 〈구에로〉다. 악보 역시 기존의 음표에서 연주자의 동작 중심으로 바뀐다. 악기의 어떤 부분을 문지르거나 긁어야 하는지 구체적으로 지시한다는 점에서는 연극 대본의 지문과도 닮았다. 만약 '기악적 구체 음악'이 연극적인 음악이라면 전통극보다는 브레히트 식의 '낯설게 하기'에 가까울 것 같다.

라헨만은 전후 유럽 현대음악의 본산이었던 독일 다름슈타트 악파樂派의 후속 세대에 해당한다. 독일 슈투트가르트 음대에서 피아노와 작곡을 공부했던 라헨만은 1958년 다름슈타트에서 이탈리아 작곡가 루이지 노노를 만난 뒤 베네치아에서 작곡을 배웠다. 카를하인츠 슈톡하우젠, 피에르 불레즈와 더불어 다름슈타트의 '삼두마차' 역할을 했던 노노는 제자 라헨만에게도 적잖은 영향을 끼쳤다. 다만 정치적 메시지를 작품에 즐겨 담았던 스승과는 달리, 라헨만은 기존의 예술관에 의문을 던지는 방식을 택했다. 라헨만은 "아름다움이란 전통적 인습을 거부하는 것"이라고 단언할 만큼 반골적 기질이 뚜렷했다. 짧지만 문제적인 피아노 소품 역시 철저한 반골 기질의 산물인 셈이다.

흔히 현대음악은 비인기 종목으로 여기기 쉽지만, 이 비인기 종목에 평생 헌신하는 지휘자들도 적지 않다. 현대음악 전문 지휘자들은 크게 세 가지 유형으로 나뉜다. 우선 작곡가 겸 지휘자들이다. 프랑스의 거장 피에르 불레즈와 핀란드 출신의 에사 페카 살로넨, 영국의 토머스 아데스 등이 여기에 해당한다.

언뜻 현대음악 작곡가 겸 지휘자는 20세기 들어서 등장한 '신종 현상'처럼 보인다. 하지만 멘델스존과 베를리오즈, 바그너처럼 대대로 작곡가들은 자신과 동료의 작품들을 즐겨 연주하는 지휘자들이기도 했다. 이런 전통을 잇는다는 점에서는 고전적인 면모를 함께 지니고 있다.

두 번째 유형은 현대음악 초연을 도맡거나 전문 연주 단체의 수장을 역임한 스페셜리스트들이다. 대표적인 현대음악 전문가로는 쉰베르크의 미완성 유작 오페라 〈모세와 아론〉을 지휘했던 한스 로스바우트가 있다. 남서독일 방송 교향악단의 초대 지휘자를 역임한 그는 1954년에는 〈모세와 아론〉을 콘서트 버전으로, 1957년에는 오페라 공연으로 모두 초연한 진기록을 지니고 있다.

작곡가이자 지휘자였던 헤르만 셰르헨(1891~1966) 역시 지휘봉도 없이 맨손으로 현대음악을 즐겨 연주했다. 지휘자로서 데뷔곡이 쉰베르크의 〈달에 홀린 피에로〉였다. 셰르헨은 말러의 교향곡들이 인기를 얻기 이전부터 녹음했던 선구자이기도 하다. 그에게 말러의 작품들은 일종의 현대음악이었던 셈이다. 셰르헨을 스승으로 여겼던 후배 작곡가와 지휘자들도 적지 않았다. 그 가운데 한 명이 이탈리아 출신의 작곡가이자 지휘자 브루노 마데르나(1920~1973)였다.

마데르나는 2차 세계대전 이후 독일 다름슈타트 현대음악제에서 불레즈와 루이지 노노, 슈톡하우젠의 신작을 소개하면서 개성 강한 작곡가들을 묶어주는 음악적 구심점 역할을 했다. 마데르나가 폐암으로 세상을 떠난 뒤 불레즈와 루치아노 베리오 등이 잇따라 추모곡을 쓴 것도 이 때문이다. 21세기에는 프랑스 현대음악 단체인 앙상블 앵테르콩탕포랭의 첫 여성 음악 감독을 역임한 핀란드 지휘자 수산나 맬키가 이 계보를 잇고 있다.

마지막으로 세계적 명문 오케스트라를 이끄는 거장 중에서도 현대음악에 애정을 보이는 경우가 적지 않다. 필라델피아 오케스트라를 이끌었던 레오폴드 스토코프스키(1881~1977), 보스턴 심포니의 세르게이 쿠세비츠키가 대표적이다. 스토코프스키는 애니메이션 「판타지아」와 영화 「오케스트라의 소녀」 때문에 할리우드의 인기 스타나 엔터테이너의 이미지가 강했다. 하지만 실은 쇤베르크의 바이올린 협주곡과 에드가 바레즈의 〈아메리카〉와 찰스 아이브스의 고향곡 4번까지 도맡아 세계 초연했던 주인공이기도 했다. 주류와 비주류적 면모가 그에게는 공존했던 것이다.

쿠세비츠키 역시 부유한 차茶 상인의 딸이었던 아내가 세상을 떠난 뒤 부부의 성을 딴 음악 재단을 설립했다. 이 재단의 위촉을 통해서 탄생한 작품들이 벤저민 브리튼의 오페라 〈피터 그라임스〉, 버르토크의 〈오케스트라를 위한 협주곡〉, 올리비에 메시앙의 〈투랑갈릴라 교향곡〉 등이다. 이런 진취적 면모는 사이먼 래틀, 켄트 나가노, 마이클 틸슨 토머스 같은 우리 시대의 지휘자들에게도 그대로 이어지고 있다.

소유란 없다. 오로지 하나의 존재만 있다.
마지막 숨 뒤에도, 그 숨통이 막힌 뒤에도
오로지 하나의 존재만 있을 뿐.

프란츠 카프카 「단편」 중에서
죄르지 쿠르탁 〈카프카 단편집〉

*The Russian and Eastern
European Avant-Garde*

러시아와 동유럽의 아방가르드

소련의 포스트모더니스트
알프레트 시닛케 합주협주곡 1번

러시아 남부 사라토프주에는 옌겔스Engels라는 도시가 있다. 마르크스의 사상적 동지였던 독일 사회주의자 프리드리히 엥겔스의 이름을 딴 것이다. 흑해로 흘러 들어가는 볼가강의 항구도시인 옌겔스에 러시아가 아니라 독일식 명칭이 붙은 사연이 있다.

이 도시는 18세기 후반 예카테리나 2세 시절에 독일계 주민들이 대거 정착하면서 조성됐다. 역시 독일계였던 여제는 국경 지역 강화를 위해서 토지 무상 제공, 20년 면세와 병역 면제 같은 파격적 혜택을 주면서 독일계 농민들의 이주를 장려했다. 1917년 러시아 혁명 직후에는 '볼가 독일인 자치공화국'이 수립됐다. 소련도 초기에는 독일계 주민들에게 광범위한 자치권을 부여했던 것이다. 포크롭스크였던 도시 이름도 1931년 옌겔스로 바뀌었다. 이 공화국은 2차 세계대전 당시 독일이 소련을 침공한 1941년까지 존속했다. 전쟁이 발발하자 독일계 주민들은 시베리아와 카자흐스탄으로 강제 이주되는 비극을 겪기도 했다.

러시아 작곡가 알프레트 시닛케(1934~1998)가 바로 이 도시 출신이다. 이름에서도 짐작할 수 있듯이 그는 작곡가 자신의 말처럼 "러시아인의 피 한 방울도 섞이지 않은" 독일계 유대인이다. 과거에는 '슈니트케'로 친숙했지만 러시아어 외래어 표기법이 공표된 이후에는 '시닛케'로 적는다.

지역 신문사와 라디오 방송국에서 근무했던 아버지는 독일 프랑크푸르트에서 터어난 유대인이었고, 학교 교사였던 어머니도 독일계였다. 볼쇼이 극장 수석 첼리스트 출신의 음악학자 알렉산더 이바시킨은 "시닛케는 모국이 없었고 어디서나 외국인이었다. 러시아에서는 10대 이후 줄곧 유대인으로 분류됐고, 독일에서는 러시아 작곡가로 불렸다"고 회고했다. 어떤 의미에서는 '삼중으로 고향이 없다'고 고백한 말러나 리게티 같은 유대계 작곡가들과도 닮은 처지였다. 훗날 인터뷰에서 시닛케는 "내가 작곡한 모든 것의 씨앗은 말러의 작품 속에 있다"고 말했다. 아이러니와 인용, 무국적성과 혼종성 같은 음악적 특징들을 공유한다는 의미였다.

시닛케의 집에는 피아노나 다른 악기가 없었지만 일찍부터 작곡가는 음악적 재능을 드러냈다. 일곱 살에는 모스크바의 예비 학교 과정에 합격했다. 하지만 독일의 침공으로 입학하지도 못한 채 고향으로 돌아와야 했다. 전쟁이 일어나자 소련에서는 반독反獨과 반유대주의가 동시에 불거졌다. 본래 반유대주의는 나치의 이데올로기였고, 트로츠키 같은 유대계 혁명가들이 러시아 혁명의 주역이었다는 사실을 감안하면 지극히 역설적이었다. 2차 세계대전 당시 아버지는 독일어 통역 담당으로 근무했다. 이 때문에 작곡가의 가족이 강제 이주 대상에서 제외된 것이 그나마 위안거리였다.

전쟁이 끝난 뒤 시닛케의 아버지는 오스트리아 빈의 소련계 신문사에 취직했다. 작곡가의 가족도 따라서 3년간 빈에서 체류했다. 빈에서 시닛케는 낡은 미니 아코디언을 첫 악기로 갖게 됐고 피아노를 배우기 시작했다. 또한 난생처음 음악회에 가면서 작곡가의 꿈도 조금씩 키웠다. 특히 시닛케는 요제프 크립스가 지휘한 베토벤의 교향곡 9번 〈합창〉과 오토 클렘페러 지휘의 브루크너 교향곡 7번에 깊은 감명을 받았다. A단조의 짧은 여덟 마디 소품을 끄적이기 시작한 것도 이 무렵이다. 소련에서 태어나 빈에서 자라난 독일계 유대인 작곡가라는 복합적 정체성은 평생 시닛케의 음악적 특징으로 남았다. 훗날 그의 작품에서 모차르트와 슈베르트 같은 작곡가들의 영향이 드러나는 것도 결코 우연이 아니었다.

1948년 시닛케의 가족들은 함께 모스크바로 돌아왔다. 전쟁으로 인해 피아노 같은 기본기를 닦을 시기를 놓쳤다는 점이 당장의 고민거리였다. 결국 기악 대신에 합창 전공으로 모스크바 음악학교에 들어갔지만 입학 직후 그는 폭발적인 성장을 거듭했다. 졸업 무렵에는 그리그의 협주곡을 협연할 수 있을 만큼 피아노 연습을 거르지 않았고 화성과 음악 이론도 체계적으로 공부했다. 자신의 작품 대부분을 외울 만큼 빼어난 기억력도 큰 도움이 됐다. 1953년에는 첫 피아노 협주곡을 작곡했고 모스크바 음악원에 입학했다.

스탈린 사후의 해빙기에 접어든 당시 모스크바 음악원에는 에디손 데니소프, 로디온 셰드린, 소피아 구바이둘리나 같은 젊은 작곡가들이 집결해 있었다. 이들에게 '든든한 우산'이 되어준 스승이자 선배 작곡가는 역시 쇼스타코비치였다. 쇼스타코비치는 시닛케의 음악원 졸업 작품이었던 오라토리오 〈나가사키〉의 악보를 살펴본 뒤 "빼어난 작품"이라는 추천사를 써주었다. 이 짧은 한 마디를 시닛케는 평생 간직했다.

이 시기에 시닛케는 스트라빈스키부터 쇤베르크까지 서구 현대음악 작품들을 폭넓게 공부했다. 당시 소련을 방문한 이탈리아 작곡가 루이지 노노와도 만났다. 이 때문에 소련 음악계에서 그는 서구의 12음 기법에 빠진 '부르주아 음악가'라는 비판을 받기도 했다. 하지만 실은 그 반대가 진실에 가까웠다. 시닛케는 서유럽을 휩쓸고 있던 12음 기법이 자신의 음악적 고민에 대한 해결책은 아니라는 결론에 이르렀다.

반대로 그는 20세기 현대음악의 무조無調와 복조성復調性, 총렬주의가 고전적인 조성이나 양식과 공존하고 혼재되는 음악적 역설에 이끌렸다. 이렇듯 과거의 음악에서 차용한 요소나 양식을 현대적 기법과 결합하는 독특한 방식을 '다중 양식polystylism'이라고 부른다. 무겁고 진지한 문제의식에서 출발해서 반대로 가볍고 유쾌한 결론에 도달한 셈이었다. 시닛케는 "20세기 사람들은 18~19세기보다 더 많은 옛 음악을 알고 있다. 그렇기에 과거나 과거의 음악가와 대화를 하게 된다"고 말했다. 이렇듯 '다중 양식'은 작곡가에게 현재와 과거의 음악적 대화를 의미했다.

실제로 1971년 모스크바에서 시닛케는 「현대음악에서의 다중 양식적 경향들」이라는 논문을 발표했다. 그는 "음악에서 '다중 양식적'인 현상은 서로 다른 양식의 음악적 재료 간의 상호작용에 대해 생각하거나 용어를 사용하기 이전부터 이미 존재했다"고 단언했다. 그가 언급한 20세기 초반의 작곡가들이 찰스 아이브스와 말러였다. 베른트 알로이스 치머만과 루치아노 베리오로 이어지는 음악적 계보에 자신을 위치시키기도 했다. 그는 "이전의 많은 작곡가들이 했던 모든 시도 덕분에 다중 양식에 흥미를 갖게 됐다"고 말했다.

이 시기의 대표작 가운데 하나가 1977년의 합주협주곡 Concerto Grosso 1번이다. '새 술을 일부러 헌 부대에 담는 것 같다'고 할까. 개별 악기가 아니라 여러 악기들이 주인공이 되는 합주협주곡은 코렐리와 비발디, 바흐와 헨델 등 바로크 음악의 두드러진 특징이다. 존 케이지가 창안한 프리페어드 피아노의 사용을 제외하면, 이 협주곡 역시 두 대의 바이올린과 현악 오케스트라의 편성부터 6악장의 구성까지 무척 바로크적이다.

형식적으로 다분히 의고적이라면 내용적으로는 다중 양

식적 성격이 두드러진다. 어린이 합창과 만화 음악, 회고적인
무조의 세레나데, 코렐리풍의 바로크 스타일과 탱고가 뒤섞
여 있는 것도 이 때문이다. 2악장 토카타에서는 두 대의 바이
올린이 살짝 일그러진 비발디 같은 주제를 연주하다가 갑자
기 12음 기법에 바탕한 흥겨운 춤곡으로 돌변한다. 5악장 론
도 역시 바로크풍으로 출발하지만 마지막에는 유머 넘치는
탱고로 마무리된다. 이 때문에 시닛케의 작품들은 동시대 서
방에서 두드러졌던 포스트모더니즘 계열로 함께 분류되기도
한다. "시닛케는 자신의 작품을 설명하기 위해 포스트모더니
즘을 직접적으로 언급하지는 않았지만, 포스트모더니즘으로
이해할 만한 음악적 언어로 작품을 쓰고 있다"(영국 음악학자
케네스 글록)는 평가가 대표적이다.

이 같은 특징은 영화음악가로 활동했던 작곡가 자신의 경
험이 반영된 것이기도 했다. 시닛케는 1962년부터 무려 60여
편의 영화음악에 참여했다. 한편으로는 생계의 방편이었지만,
다른 한편으로는 서슬 푸른 검열을 조금이나마 피할 수 있는
방법이기도 했다. 영화 주제나 대사에 비해 음악은 상대적으로
매서운 검열의 눈초리에서 벗어나 있었던 것이다. 이렇게 작곡
한 영화음악들은 다시 교향곡과 협주곡의 든든한 밑거름이 됐
다. 라스푸틴에 대한 1931년 소련 영화 「고뇌The Agony」의 음악
을 재활용한 이 협주곡의 탱고가 대표적이다. 시닛케는 "진지
한 음악과 엔터테인먼트를 위한 가벼운 음악 사이의 간극을
메우는 것은 내 평생의 과제다. 그 과정에서 목이 부러지는 한

이 있더라도"라고 다짐했다. 그는 진지한 음악과 경음악의 통합을 "다층적인 음악의 진실을 보여주는 통합된 양식의 유토피아"에 비유하기도 했다. 만약 그가 포스트모더니스트라면 '확신범'인 셈이었다.

1977년 시닛케가 서방을 처음 방문한 것도 이 협주곡 덕분이었다. 바이올리니스트 기돈 크레머와 협연하는 리투아니아 체임버 오케스트라의 건반 연주자 자격이었다. 당시 시닛케는 아르보 패르트의 〈타불라 라사〉와 자신의 합주협주곡 1번에서 직접 연주를 맡았다. 당시 투어 덕분에 시닛케는 거의 30년 만에 빈을 찾았고 첫 피아노 스승과도 재회했다. 시닛케는 "과거에 영원히 머물 수 없다는 사실에 죄책감을 느낀다"고 말했다. 그에게 빈은 결코 돌아갈 수 없는 음악적 이상향이자 도피처였던 것이다.

크레머는 이 협주곡뿐 아니라 모차르트의 미완성 선율을 바탕으로 하는 연작인 〈모츠-아트Moz-Art〉를 작곡가에게 위촉하면서 음악적 우정을 이어갔다. 1989년 인터뷰에서 크레머는 "시닛케는 자기 자신을 부끄러워하거나 뭔가 다른 걸 시도하기를 두려워하지 않았다. 오히려 그가 두려워했던 건 성공이었다"고 회고했다. 명성이나 성공을 의식했던 많은 작곡가들과 달리, "시닛케는 시대를 초월하는 가치를 추구하고자 했다"는 평가였다.

심지어 크레머는 베토벤의 바이올린 협주곡을 연주하거나 녹음할 때에도 다중 양식적 특성이 두드러진 시닛케의 카덴차(화려하고 자유로운 무반주 독주 부분)를 고집했다. 거의 5분에 이르는 시닛케의 카덴차는 베토벤에서 출발해서 브람스와 알반 베르크 등 바이올린 협주곡의 역사를 종횡무진하다가 베토벤으로 돌아오는 독특한 구조를 지니고 있다. 크레머의 베토벤 협주곡 음반에 대해 '모나리자 그림에 콧수염을 붙인 마르셀 뒤샹의 그림 같다'는 혹평도 쏟아졌지만, 역설적으로 시닛케의 이름을 서방에 널리 알리는 계기가 됐다.

1980년대 들어서 미하일 고르바초프 소련 공산당 서기장이 개혁과 개방을 주창하면서 시닛케의 명성도 자연스럽게 전 세계로 퍼져나갔다. 크레머와 첼리스트 므스티슬라프 로스트로포비치, 지휘자 겐나디 로제스트벤스키가 그의 음악적 응원군을 자청했다. 하지단 가족력이 있는 고혈압과 뇌, 심장 질환이 계속 발목을 잡았다. 같은 해 11월 뇌졸중으로 처음 쓰러져서 긴급 후송된 이후 1998년 세상을 떠날 때까지 입원과 퇴원을 거듭했다. 뇌출혈 악화로 세 차례나 사망 진단이 내려질 만큼 치명적인 상황이 계속됐다. 하지만 작곡가는 "두 번 사는 행운을 얻었다"고 낙관적으로 말했다.

이 말처럼 시닛케는 건강이 회복되고 오뚝이처럼 다시 일어날 적마다 어김없이 펜을 잡았다. 1980년대 후반 런던과 베를린, 스톡홀름 등에서 그의 작품들을 조명하는 음악회들이 잇따라 열렸고, 잘츠부르크와 올드러버 페스티벌의 상주 작곡가도 맡았다. 평생 그를 탄압하고 괴롭혔던 소련 음악계의 권력자들은 1991년 연방 해체 이후 힘을 잃었다. 반면 1994년

전 세계에서 시닛케의 작품을 조명하는 음악제가 열렸다. 그 도시 가운데 하나가 모스크바였다. 평생 시닛케가 음악을 배우고 가르치고 작곡했던 도시가 마침내 그의 음악을 '공식 인정'하는 순간이었다.

2014년 러시아 소치 동계 올림픽 개막식에서도 작곡가의 음악은 나왔다. 눈보라와 전쟁의 포화 속에서 붉은 조명을 받으며 기차가 도착하는 장면이었다. 1917년 러시아제국의 붕괴와 혁명을 상징하는 이 장면에서 두 대의 바이올린과 현악 합주를 통해서 비발디의 〈사계〉를 일그러뜨린 듯한 의고적인 바로크풍의 음악이 흘렀다. 바로 시닛케의 합주협주곡 1번 가운데 5악장 론도였다. 과거에는 충분히 소련적이지 않다는 이유로 비판받았던 작곡가의 음악이 러시아 혁명을 상징하는 삽입곡으로 사용된 것이었다. 말년의 작곡가는 "엄격한 체제에 맞서려다 보면 결과물이 진정성을 잃고 만다. 오히려 체제 자체가 존재하지 않는 것처럼 행동해야 한다 음악이 장기적으로 생존할 수 있는 유일한 길"이라고 역설했다. 그런 의미에서 소치 올림픽 개막식은 역사의 흐름이 빚어낸 유쾌한 역설이었다.

Alfred Shnittke Concerto grosso No.1

• 크레머 시닛케를 연주하다, 바이올린 기돈 크레머, 타티아나 그린덴코, 지휘 하인리히 시프, 유럽 체임버 오케스트라(도이치 그라모폰, CD)
Kremer plays Schnittke /Gidon Kremer/Tatjana Grindenko/Heinrich Schiff/
Chamber Orchestra of Europe/Deutsche Grammophon

• 합주협주곡 1번(플루트 오보에 편곡 버전), 플루트 샤론 베잘리, 오보에 크리스토퍼 코위, 지휘 오웨인 아웰 휴즈, 케이프 필하모닉 오케스트라(BIS, CD)
Sharon Bezaly/ Christopher Cowie/Owain Arwel Hughes/Cape Philharmonic
Orchestra/BIS

• 베토벤 바이올린 협주곡(시닛케 카덴차 버전), 바이올린 기돈 크레머, 지휘 네빌 마리너, 아카데미 오브 세인트 마틴 인 더 필즈(필립스, CD)
Beethoven: Violin Concerto/Gidon Kremer/Neville Marriner/Academy of St
Martin in the Fields/Philips

　엄혹한 스탈린 집권기에 소련에서는 조금만 난해하거나 급진적인 작품을 발표하면 '형식주의자' 같은 서슬 푸른 딱지가 붙었다. 형식주의자는 '인민의 적'이나 '반동'과 동의어였다. 이 때문에 혹독한 비판과 탄압이 뒤따랐다. 하지만 스탈린 사후에 '해빙기'가 찾아오면서 에디손 데니소프, 알프레트 시닛케, 소피아 구바이둘리나 같은 신진 작곡가들이 잇따라 실험적인 작품들을 내놓았다. 현대음악의 척박한 동토凍土였던 소련에서 어떻게 전위적인 아방가르드 음악이 싹틀 수 있었을까.

　1956년 보스턴 심포니 오케스트라와 1959년 뉴욕 필하모닉 등 냉전 시기에도 서방 악단들은 '철의 장막'을 방문했다. 냉전 시절에도 미소 양국의 문화 교류는 지속됐던 것이다. 음악학자들은 특히 음악가 세 명의 소련 방문을 결정적 사건으로 꼽는다.

우선 작곡가 스트라빈스키다. 작곡가는 1914년 러시아를 떠난 뒤로 한 번도 소련을 찾지 않았다. 공산주의 체제에 대해서도 지극히 비판적이었다. 하지만 팔순을 맞은 1962년 흐루쇼프 서기장의 초청으로 무려 48년 만에 고국 땅을 밟았다. 당시 그는 3주간 소련에 머물면서 모스크바와 상트페테르부르크에서 여섯 차례 음악회를 열었다. 스트라빈스키는 "무릇 인간에게는 단 하나의 고향, 단 하나의 조국을 가질 수 있을 뿐"이라며 감격했다.

훨씬 강렬한 충격을 던졌던 건 캐나다 피아니스트 글렌 굴드(1932~1982)였다. 1957년 소련을 방문한 굴드는 알반 베르크와 베베른 등 20세기 피아노 곡들을 해설과 함께 연주해서 연일 스캔들을 일으켰다. 굴드는 에른스트 크레네크의 피아노 소나타 3번에 대해 "베베른의 선율적 간결함과 베르크의 놀라운 화성적 힘을 갖춘 20세기 최고의 피아노 곡 가운데 하나"라고 설명한 뒤 연주했다. 실황 음반을 들어보면 크레네크의 이름이 낯선 소련 관객들이 웅성거리자 굴드와 통역자가 거듭 "크레네크"라고 말하는 대목이 나온다.

나이 든 몇몇 교수들은 자리를 떠나며 불편한 심기를 표출했다. 하지만 "사막에서 모세를 만난 것 같았다"는 작곡가 보리스 티셴코(1939~2010)의 고백처럼 젊은 소련 작곡가들에게는 금지된 음악들에 눈뜨는 계기가 됐다. 구바이둘리나는 "그가 말하는 내용은 크게 중요하지 않았다. 그의 연주 방식과 터치, 프레이징이 거창한 수사보다 훨씬 강력하게 말하고 있었다"고 말했다. 보수적이고 경직된 소련 음악계 한복판에 현대음악의 폭탄을 던진 셈이었다.

스트라빈스키와 굴드의 소련 방문이 단발성 사건이었다면, 은근하면서도 지속적인 영향을 미쳤던 건 이탈리아 현대음악 작곡가 루이지 노노(1924~1990)였다. 1952년 이탈리아 공산당PCI에 입당한 노노는 1960년대부터 꾸준하게 소련을 방문했다. 당시 서유럽 공산당은 소련식 프롤레타리아 독재를 포기하고 사회주의로의 평화적 이행을 주창한 '유러코뮤니즘'으로 경도되고 있었다. 소련이 레닌의 후계자를 자처했다면, 이탈리아 공산당은 그람시의 후예에 가까웠던 셈이다. 노노는 시닛케 같은 젊은 작곡가들에게 쇤베르크와 베베른의 악보를 선물하고 서구 현대음악의 다양한 조류를 소개했다. 정치적 공산주의와 예술적 전위주의의 결합을 시도한 노노는 역설적으로 '아방가르드 음악은 반동적'이라는 소련의 공식 이데올로기를 흔드는 결과를 낳았다.

침묵을 거쳐 탄생한 슬픔과 위안의 노래
아르보 패르트 〈타불라 라사〉

탄압을 받으면 대가는 저항하거나 굴종하게 마련이다. 하지만 1935년생 에스토니아 작곡가 아르보 패르트의 선택은 조금 달랐다. 과거로 회귀하는 길을 택한 것이다. 오늘날 기준에서 보면 패르트는 대기만성형 작곡가에 가깝다. 그는 스탈린의 대숙청이 시작된 1935년 지금의 에스토니아 중부 파이데에서 태어났다. 파이데는 13세기 수도회이자 기사단이었던 검우기사수도회劍友騎士修道會가 축조한 고성으로 유명한 유서 깊은 도시다.

패르트는 여덟 살 때 어머니와 양부가 마련해준 피아노를 배우기 시작했다. 하지만 중음역 건반들이 대부분 망가져서 고음과 저음밖에 나오지 않았다고 한다. 오케스트라 음악은 마을 광장의 대형 스피커에서 틀어주는 방송으로 처음 접했다. 그 소리에 매료된 작곡가는 10대 시절에 방송을 듣기 위해서 자전거를 타고서 광장을 계속 맴돌았다고 한다.

　그는 19세에 에스토니아 수도인 탈린의 음악학교에 입학했다. 하지만 소련 군악대의 오보에와 타악기 연주자로 2년간 의무 복무하기 위해 학업을 잠시 중단했다. 에스토니아는 러시아 혁명이 일어난 이듬해인 1918년 독립국이 됐지만 1940년 소련에 강제 병합되고 말았다. 패르트는 23세에 탈린 음악원에서 작곡 공부를 재개했고, 그 뒤 에스토니아 국영 라디오 방송의 음향 감독으로 10년간 일했다. 그는 라디오 방송에서 틀어주는 대부분의 음악을 질색했지만 틈틈이 연극과 영화음악 작곡을 병행했다.

　1960년에는 첫 관현악곡인 〈부고Nekrolog〉를 발표했다. 이 곡은 에스토니아에서 12음 기법을 처음으로 도입한 작품으로 꼽힌다. 음악원 시절부터 작곡가는 불법 테이프와 악보를 통해서 독학으로 12음 기법을 익혔다. 하지만 문제는 소련 치하에서 12음 기법은 혹독한 비판의 대상이었다는 점이다. 실제로 소련 작곡가 연맹 회장이었던 티혼 흐레니코프는 그의 작품을 직접 거론하면서 "아방가르드 부르주아 음악의 표현 기법"이라고 공개 비판했다. 훗날 작곡가는 "12음 기법을 포함한 서방의 영향이 다른 무엇보다 적대적인 것으로 인식됐던 시기"라고 회고했다.

　하지만 패르트는 1968년 피아노와 합창, 오케스트라를 위한 〈크레도Credo〉를 발표한 뒤 더 큰 비판에 직면했다. 이 곡은 바흐의 〈평균율 클라비어곡집〉의 유명한 첫 프렐류드를 인용하며 출발하지만, 중반 호른의 연주를 기점으로 12음 기법을 본격적으로 실험하기 시작한다. 곧이어 오케스트라의 모든 악기와 합창까지 정확한 음높이를 지정하는 대신에 대략적인 음역만 표기해서 격렬한 외침을 연상시키는 혼돈으로 빠져든다. 하지만 이 곡에는 음악적 반전이 있다. 말미에는 무질서가 차츰 잦아들면서 맨 처음의 프렐류드로 돌아오는 것이다. 음악학자 나주리 동덕여대 교수는 "자기 파괴로 치닫는 당대의 음렬 음악과 대조되는 바흐의 음악은 시대 초월적이고 신성한 것으로서 선한 그리스도의 가르침을 상징할 수 있다"고 분석했다.

조성과 12음 기법, 우연성과 인용 같은 기법들이 뒤섞인 이 작품에 대해 역설적으로 작곡가는 "12음 기법에 대한 고별"이라고 불렀다. 그런데도 이 작품은 초연 직후에 금지되는 비운을 겪었다. 이번에는 음악이 아니라 신앙심을 뚜렷하게 드러낸 종교적 제목과 가사가 문제였다. 실제로 노랫말도 "예수 그리스도를 내가 믿습니다"라는 신앙 고백에서 출발해서 "악에 맞서지 말라. 나는 믿습니다"라는 다짐으로 끝난다. 물론 악에 대한 저항을 선동하는 작품은 아니었지만, 소련 당국은 〈크레도〉를 체제에 대한 은밀한 저항의 표현으로 받아들였다. 패르트는 "고위층에서도 조사가 진행 중이며 심각한 상황이라는 걸 알게 됐다. 몇 번이고 심문을 받았고 그때마다 '이 작품을 통해서 추구하는 정치적 동기가 무엇이냐'는 질문이 거듭됐다"고 고백했다.

〈크레도〉 이후 패르트는 긴 침묵에 들어갔다. 그의 전기를 쓴 영국의 합창 지휘자 폴 힐리어는 "그는 작곡이 무의미한 행위처럼 보이는 절망 속에서 단 하나의 음도 쓰지 못할 만큼 음악적 신념과 의지를 상실했다"고 적었다. 실제로 패르트는 교향곡 3번 같은 예외적인 경우 이외에는 8년 가까이 작곡 활동을 사실상 중단한 채 중세와 르네상스 듣악 연구에 빠져들었다. 그레고리오 성가는 물론, 15~16세기 플랑드르 작곡가 요하네스 오케겜과 프랑스 작곡가 조스캥 데프레의 종교곡들도 면밀히 살폈다. 그는 "그레고리오 성가는 단 두세 음을 연결하는 방식 이면에 우주적 비밀이 숨어 있다는 걸 가르쳐줬다"고 했다. 패르트는 "12음 기법 작곡가들은 전혀 몰랐던 점"이라고 했지만, 실은 쇤베르크의 제자인 베베른 역시 중세와 르네상스 음악 연구를 통해서 간결하면서도 명료한 작곡 기법을 버린 건 마찬가지였다. 결과적으로 베베른과 패르트는 같은 음악을 통해서 서로 다른 결론에 도달한 셈이었다.

1976년 오랜 침묵을 깨고 복귀했을 때 패르트는 전혀 다른 작곡가로 변모해 있었다. 패르트는 1970년대 중반 이후 자신의 음악적 스타일을 '틴티나불리tintinnabuli'라고 명명했다. '작은 종'이라는 뜻의 라틴어인 '틴티나불룸tintinnabulum'은 교회 예배나 교황의 행렬 같은 행사에서 사용했던 종이나 종소리를 뜻한다. 실제로 패르트는 작품에서 차임벨 같은 종소리를 즐겨 사용했지만 그보다 중요한 건 음악 언어 자체의 변화였다. 작곡가는 "틴티나불리는 내 삶과 듣악, 작품에서 해답을 찾던 시기에 맞닥뜨린 영역”이라며 “내가 어두운 시기를 보낼 때 단 하나의 해답 이외의 모든 것은 아무런 의미가 없다고 느꼈다”고 말했다. 기나긴 암중모색 끝에 도달했던 결론이 틴티나불리였던 셈이었다. 결과적으로 초기의 난해한 불협화음은 자취를 감췄고, 고요하고 명상적인 분위기 속에서 주선율과 으뜸 3화음이 두드러졌다.

하지만 소련 당국에서는 여전히 그의 작품들에 대해 의심의 눈초리를 거두지 않았고, 결국 패르트는 망명을 택했다. 1980년 1월 가족과 함께 빈에 도착한 뒤 이듬해 독일 서베를린에 정착했다. 1984년부터 ECM 음반사를 통해서 그의 작품들이 소개되면서 서방세계에서도 패르트의 음악들은 본격적으로 재평가받기 시작했다. 온라인 조사에 따르면 21세기 들어서 패르트는 영화음악가 존 윌리엄스에 이어서 두 번째로 가장 많이 연주된 생존 작곡가로 꼽히기도 했다. 패르트에게 영향을 미쳤던 라이시도 “그는 시대정신과 완벽하게 거리를 두고 있는데도 엄청나게 인기 있다는 점이 놀랍다. 그의 음악은 유행과는 무관한 깊은 인간적 요구를 보여준다”고 격찬했다. 작곡가 자신의 말처럼 패르트의 음악은 거대하고 복잡한 세상의 미로에서 길 잃은 현대인들에게 ‘슬픔과 위안’으로 다가가기에 이르렀다.

‘빈 서판’이나 ‘백지’라는 뜻의 1977년작 〈타불라 라사 Tabula Rasa〉 역시 평단이나 대중적으로 모두 높은 평가를 받았다. 이 곡은 “소련 작곡가 시닛케의 ‘합주협주곡 1번’과 함께 연주할 작품을 써달라"는 지휘자 에리 클라스의 위촉으로 탄생했다. 오랜 침묵을 깨고 돌아온 패르트가 자신의 작품에 〈타불라 라사〉라는 제목을 붙인 것부터 의미심장했다. 두 대의 바이올린과 프리페어드 피아노, 체임버 오케스트라의 이색적인 편성도 독특했다. 프리페어드 피아노를 제외하면 바로크 시대의 이중 협주곡을 연상시키는 편성이나 비발디의 협주곡을 연상시키는 바이올린 독주까지 복고적 성격도 뚜렷한 편이다. 1977년 9월 30일 탈린에서 초연될 당시 기돈 크레머와 타티아나 그린덴코가 바이올린을 맡았고, 프리페어드 피아노는 알프레트 시닛케가 연주했다.

〈타불라 라사〉는 제목부터 빠르기와 정서까지 지극히 대조적인 두 악장으로 이뤄져 있다. 게임이라는 뜻을 지닌 「루두스Ludus」라는 제목의 첫 악장은 간결한 주제와 카덴차를 포함한 여덟 개의 변주로 구성되어 있다. 고음과 저음에서 종소리를 연상시키는 음향이 반복적으로 등장하고, 변주 사이에 침묵을 상징하는 긴 휴지부 덕분에 종교적 색채가 두드러진다. 변주를 거치면서 반복적 패턴이 점차 확장된다는 점에서는 미니멀리즘의 영향도 느낄 수 있다.

반대로 침묵이라는 의미의 2악장 「실렌티움Silentium」은 성부별로 리듬의 차이를 둔 카논 형식으로 첫 악장과 달리 시종 고요함을 유지해서 명상적 분위기를 자아낸다. 특히 마지막에는 하이든의 〈고별〉 교향곡처럼 악단과 독주자의 소리들이 차츰 잦아들고 더블베이스마저 피아니시모(아주 여리게)

로 마지막 저음을 연주하고 나면 악보가 네 마디 반이나 텅 빈 채로 남아 있다. 이 작품을 헌정받고 초연한 크레머는 "우리를 둘러싸고 있는 모든 소음을 씻어준다"고 말했다. 1악장은 연주 사이에 침묵이 지속되다가 격렬한 현악 카덴차로 끝나는 반면, 2악장은 느리고 고요하게 진행되다가 침묵으로 끝난다는 점에서는 일종의 대칭 구조로 볼 수 있다.

패르트의 음악은 극도로 간결한 언어와 경건한 종교적 심성이 결합되어 있다는 점에서 '영적 미니멀리즘spiritual minimalism'이나 '신비적 미니멀리즘mystic minimalism', '성스러운 미니멀리즘holy minimalism'으로 불린다. 작곡가는 "단 하나의 음을 아름답게 연주한다면 그것으로 충분했다는 걸 깨달았다. 이런 하나의 음이나 조용한 리듬, 혹은 고요한 순간이 내게 위안을 준다"고 설명했다. 패르트는 자신의 음악을 "모든 빛을 담고 있는 흰색"에 비유하기도 했다. 듣는 사람들의 영혼이라는 프리즘을 투과할 때 비로소 모든 빛이 분간되고 보이기 시작한다는 뜻이다. 그렇다면 각자의 프리즘에 따라서 패르트의 음악에 대한 평가도 달라질 것이다. 과연 현대에 되살린 초월적 종교음악일까, 아니면 배경음악이나 뉴에이지와 다름없는 음악적 후퇴일까.

Arvo Pärt 〈Tabula Rasa〉

• 바이올린 기돈 크레머·타티아나 그린덴코, 프리페어드 피아노 알프레트 시닛케,
지휘 사울류스 손데츠키스, 리투아니아 체임버 오케스트라(ECM, CD)
Gidon Kremer/Tatiana Grindenko/Alfred Schnittke/Saulius Sondeckis/Lithuanian
Chamber Orchestra/ECM

• 바이올린 길 샤함·아델 앤서니, 지휘 네메 예르비, 예테보리 심포니 오케스트라
(도이치 그라모폰, CD)
Gil Shaham/Adele Anthony/Neeme Järvi/Gothenburg Symphony Orchestra/
Deutsche Grammophon

• 바이올린 빅토리아 뮬로바·플로리안 돈더러, 지휘 파보 예르비, 에스토니아 국립
심포니 오케스트라(오닉스, CD)
Victoria Mullova/Florian Donderer/Paavo Järvi/Estonian National Symphony
Orchestra/Onyx

• 바이올린 레슬리 해트필드·레베카 허시, 지휘 유아사 다쿠오, 얼스터 오케스트
라(낙소스, CD)
Lesley Hatfield/ Rebecca Hirsch/Takuo Yuasa/Ulster Orchestra/Naxos

• 바이올린 르노 카퓌송·프랑수아 소샤르, 로잔 체임버 오케스트라(에라토, CD)
Renaud Capuçon/François Sochard/Orchestre de Chambre de Lausanne/Erato

• 바이올린 캔디다 톰슨·시모네 람스마, 암스테르담 신포니에타(채널 클래식스, CD)
Candida Thompson/Simone Lamsma/Amsterdam Sinfonietta/Channel Classics

• 다큐멘터리 「푸가를 위한 24개의 프렐류드」, 감독 도리안 수핀(이데알 오디앙스,
DVD)
Arvo Pärt: 24 Preludes for a Fugue/Dorian Supin/Idéale Audience

• 다큐멘터리 「실낙원」, 감독 귄터 아텔른(악첸투스, DVD)
The Lost Paradise/Günter Atteln/Accentus

독일 음반 프로듀서인 만프레트 아이허Manfred Eicher는 현대음악과 재즈에서 명성이 높은 음반사 ECM의 창립자다. 더블베이스를 전공하고 연주자로 활동하다가 1969년 독일 뮌헨에서 ECM을 창립했다. 다큐멘터리 「소리와 침묵Sounds and Silence」에서 그는 "클래식이나 재즈 음악인들과 연주했고 그리 나쁘지는 않았지만, 내가 존경하는 음악인들처럼 결코 연주할 수 없을 것이라는 생각이 들었다. 그래서 마이크 반대편에서 음악을 녹음하기로 결심했다"고 말했다.

당장 '현대음악 에디션Edition of Contemporaty Music'의 약자인 회사 이름부터 범상치 않았다. 뮌헨에서 사업자 등록을 위해 회사명을 고민하던 그는 "현대미술과 새로운 음악, 즉흥음악 모두를 아우르는 이름을 생각하다가 ECM이라면 하루이틀에 그칠 말은 아닐 거라는 생각이 들었다"고 했다.

ECM은 재즈 피아니스트 칙 코리아와 키스 재릿, 기타리스트 팻 메스니 등과 협업하면서 대형 음반사들과는 차별적인 행보를 걸었다. 스타 독주자와 세션 연주자라는 기존의 이분법을 깨고 클래식과 재즈의 장르 간 경계를 넘나들면서 '틈새시장'을 개척한 것이다. 아이허는 "동양과 서양, 북구와 남구의 경계에 언제나 흥미가 있었다. 내 음악적 사고방식에도 근본적 영향을 미쳤다"고 했다.

특히 키스 재릿의 1975년 실황 음반인 '쾰른 콘서트'는 400만 장 이상이 팔려나가며 재즈 역사상 최다 판매고를 기록한 피아노 솔로 음반이 됐다. 아이허는 ECM에서 발매한 음반 1600여 장에서 대부분 프로듀서를 맡았다. 아이허는 "소리의 광채가 목표였다. 아름답게 울리는 소리는 환한 빛을 발산하고 사라지는 혜성이나 유성과도 같았다. 음악에서도 그런 소리를 포착하고 싶다"고 했다.

1980년대 들어서 ECM은 스티브 라이시, 존 애덤스 같은 현대음악 작곡가의 음반들을 내놓기 시작했다. 그 과정에서 아이허와 아르보 패르트와의 '동반자적 관계'도 시작됐다. 출발은 우연이었다. 아이허는 독일 고속도로에서 운전하던 중에 패르트의 〈타불라 라사〉를 듣게 됐다. 그는 "라디오에서 예전에 듣지 못했던 낯선 음악이 흘러나왔는데 천사의 음악 같았다"고 회고했다. 깊은 감명을 받은 아이허는 고속도로에서 빠져나와서 차를 세운 뒤 곡이 끝날 때까지 모두 들었다고 한다.

아이허는 당시 서방으로 망명한 패르트를 수소문한 끝에 빈에서 처음 만났고 1984년 〈타불라 라사〉 음반을 발매했다. ECM 현대음악 시리즈의 출발점이자 패르트와의 첫 협업이었다. 그 뒤에도 패르트의 작품들은 ECM을 통해서 음반으로 나왔고, 녹음 과정에는 대부분 패르트가 참여했다. 패르트는 "아이허는 연주자이며 그의 악기는 소리와 음향"이라고 높이 평가했다.

이쯤이면 깐깐하고 고집스러운 장인 정신을 떠올리기 쉽지만 ECM의 음반 제작 방식은 의외로 간단하다. 이틀은 녹음하고 하루는 믹싱mixing 작업을 하는 것이다. 단 사흘 만에 가능한 이유를 곰곰이 생각해보면 거꾸로 ECM의 성공 비결을 짐작할 수 있다. 단시간에 마칠 수 있을 만큼 완성의 경지에 올라 있고 고유한 색깔을 지닌 개성적인 아티스트들과 협업하는 것이다. 결국 다른 세상사와 마찬가지로 '감식안'이야말로 성공의 열쇠였던 셈이다.

"작곡가의 길은 장미로 뒤덮인 화단이 아니다"
소피아 구바이둘리나 바이올린 협주곡 1번

1979년 11월 소련 작곡가 연맹 6차 대회가 열렸다. 개회식
에는 브레즈네프 소련 서기장이 직접 참석했다. 이 자리에서
당시 서방에서 주목받고 있던 소련의 젊은 작곡가들에 대한
성토가 쏟아졌다. "작품의 초점이 불분명하다" "진정한 음악
적 혁신보다는 소란스러운 엉망진창"이라는 내용들이었다. 연
맹 회장을 맡고 있던 티혼 흐레니코프는 작곡가 7명의 이름을
일일이 거론하면서 비난을 퍼부었다. 이 작곡가들의 이름은
소련 일간지들에 일제히 게재됐다.

후폭풍이 만만치 않았다. 비판의 도마 위에 오른 작곡가
들은 서방 여행은 물론이고 소련 방송에서도 작품 연주가 금
지됐다. 악보조차 제대로 출판할 수 없었다. 이 사건으로 탄압
의 대상이 됐던 소련 작곡가 7명을 묶어서 '흐레니코프의 7명
Khrennikov's Seven'이라고 부른다. 요즘 말로는 블랙리스트에

올라간 셈이었다. 이 7명의 작곡가 가운데 한 명이 바로 소피아 구바이둘리나(1931~2025)였다. 30여 년 전인 1948년 엄혹한 스탈린 체제에서 형식주의자로 낙인찍혔던 프로코피예프, 쇼스타코비치, 하차투리안과 정확히 닮은 꼴이었다.

1975년 구바이둘리나는 모스크바 음악원 출신의 동료 작곡가 비야체슬라브 아르티요모프(1940~), 빅토르 수슬린(1942~2012)과 함께 즉흥 연주 그룹인 '아스트래아Astraea'를 결성했다. 이들은 다양한 전통 현악기와 타악기, 리코더로 실험적인 즉흥 연주를 거듭했다. 현악기는 아르티요모프, 리코더는 수슬린, 타악기 연주는 구바이둘리나가 각각 맡았다. 구바이둘리나는 "우리가 그룹으로 함께 뭉치고 즉흥 연주를 벌인 건 내 음악 세계와 지적 발전에도 엄청난 영향을 미쳤다. 서로의 연주를 듣고 반응하는 것은 무척 중요한 음악적 경험이었다"고 회고했다.

결성 초기에는 주로 재즈 클럽이나 박물관, 연구소 등에서 연주했지만 서구 음악계에서도 이들의 작품에 주목했다. 1979년 독일 쾰른에서 열린 소련 음악 페스티벌에서는 구바이둘리나의 「다섯 개의 연습곡」과 현악 사중주를 연주했다. 같은 해 프랑스와 소련 간 문화 교류의 일환으로 파리에서 열린 현대음악 콘서트에서도 구바이둘리나의 신작 〈영혼의 시간〉이 초연됐다. 동료 수슬린의 작품들도 쾰른과 베네치아, 파리 등에서 잇따라 소개됐다. 파리 연주회 당시에는 프랑스 현대 음향과 음악 연구소 이르캄IRCAM을 이끌고 있던 거장 피에르 불레즈가 소련 작곡가 연맹의 추천을 거절하는 대신에 독자적으로 작품들을 선정했다. 자칫 소련 측에서 불쾌하게 여길 수도 있는 상황이었다. 공교롭게도 그 직후에 소련 작곡가 연맹 6차 대회가 개최됐다. 이들 3명은 '흐레니코프의 7명'에 모두 포함됐다.

대회 직후에 구바이둘리나는 국영 출판사 자문위원직을 잃었다. 더욱 속상하고 섭섭한 건 가족들의 반응이었다. 충직한 공산주의자였던 아버지 아스가트 역시 '부끄럽다'면서 당을 옹호하고 딸을 질책했던 것이다. 하지만 구바이둘리나는 아버지에게 이렇게 답했다. "작곡가의 길은 장미로 뒤덮인 화단이 아닙니다." 소련이 붕괴된 1990년대 초반에 이르러서야 아버지 아스가트는 "나는 당의 충실한 지지자였다. 당시에 딸을 편들지 않은 걸 지금은 실수라고 생각한다"며 후회했다.

구바이둘리나는 지금은 러시아 연방의 자치공화국인 타타르스탄에서 1931년 태어났다. 측량 기사였던 아버지는 타타르인이고, 교사였던 어머니는 러시아계다. 친조부는 이슬람 공동체의 지도자인 이맘Imam이었다. 이 때문에 부모의 결혼에 대한 친가의 반대도 컸다. 하지만 부모의 인종적, 종교적 차이 덕분에 구바이둘리나는 일찍부터 문화의 복합적 성격에 눈떴다. 작곡가는 "나는 동방과 서방이 만나는 지점에 있다"고 표현했다.

종교와 음악은 구바이둘리나의 정신세계를 지탱하는 두 기둥이었다. 유년 시절에는 카잔에서 피아노와 작곡을 함께 공부했다. 언제나 학교 연습실이 비어 있는 오전 7시부터 피아노를 연습하면서 하루 일과를 시작했다. 그는 작곡할 때를 제외하면 평생 이 습관을 간직했다.

스탈린 사후의 해빙기인 1954년 카잔 음악원을 졸업하고서 처음 모스크바로 올라왔다. 당시 금지령이 풀린 스트라빈스키와 힌데미트는 물론, 미국 작곡가 찰스 아이브스와 존 케이지의 악보까지 공부했다. 평생의 사표가 된 작곡가 쇼스타코비치를 만난 것도 이 무렵이었다. 구바이둘리나는 이미 10대 시절부터 "쇼스타코비치 없는 삶은 상상할 수도 없다"고 했을 만큼 커다란 존경심을 지니고 있었다. 친구들과 함께 쇼스타코비치의 피아노 삼중주 2번을 연습했고, 스탈린 시기에 탄압의 빌미가 됐던 오페라 〈므첸스크의 맥베스 부인〉을 좋아하는 작품으로 꼽기도 했다.

쇼스타코비치는 당시 구바이둘리나가 졸업 작품으로 쓰고 있던 교향곡을 피아노 연주로 듣고서 이렇게 말했다. "자네만의 올바르지 않은 방식으로 계속 나아가기를 바라네." 졸업 시험의 심사위원장을 맡아서 최고점을 준 것도 쇼스타코비치였다. 훗날 구바이둘리나는 "덕분에 마음을 든든하게 다잡고는 아무것도 두려워하지 않고, 실패나 비판도 흘려듣고, 내 길을 걸을 수 있었다"고 회고했다.

구바이둘리나처럼 소련의 해빙기에 등장한 세대를 흔히 '1960년대 세대'라고 부른다. 동시대 서방의 히피나 신좌파 운동과 마찬가지로 사고방식이 자유롭고 반권위적이라는 특징이 있었다. 구바이둘리나 역시 소련 콤소몰(공산주의청년동맹)을 위한 작품 위촉에도 응하지 않았을 만큼 반골 기질이 뚜렷했다. "한번 몸을 팔기 시작하면 모든 것을 잃게 된다"는 것이 그의 굳은 신념이었다.

하지만 작곡가의 저항은 정치적이라기보다는 철저하게 내면적이고 정신적인 것이었다. 작품 세계 역시 교향곡이나 발레 같은 외연적 확장보다는 실내악이나 독주곡 같은 내면적 침잠에 가까웠다. 그는 경건한 종교적 성격과 난해한 실험성이 공존하는 자신의 작품들을 "속삭임 속의 미니어처들 miniatures in a whisper"에 비유했다. 급기야 1969년 구바이둘리나는 러시아 정교 세례를 받기에 이르렀다. 종교를 금기시하는 공산주의 사회에서 무척 대담한 결정이었다. 당시 구바이둘리나의 대모가 피아니스트 마리아 유디나였다.

소련 작곡가 연맹의 혹독한 비판을 받았던 1970년대 후반에 구바이둘리나가 쓰고 있던 곡이 바이올린 협주곡 1번 〈헌정Offertorium〉이다. 이 작품의 탄생 과정에는 사연이 있다. 당시 구바이둘리나와 바이올리니스트 기돈 크레머는 음악회가 끝난 뒤 우연히 택시에 동승했다. 언제나 신작에 목말라 있던 크레머가 택시 안에서 바이올린 협주곡을 써줄 수 있겠느냐고 물었다. 크레머는 1969년 파가니니 콩쿠르와 이듬해 차이콥스키 콩쿠르를 석권한 뒤 전 세계에서 숨가쁜 공연 일정을 소화하고 있었다. 특히 지휘자 헤르베르트 폰 카라얀으로부터 '세계에서 가장 위대한 바이올리니스트'라는 격찬을 받고서 25개국에서 200여 회나 연주했을 정도였다. 이 때문에 정작 크레머 자신도 작품 위촉 사실을 까맣게 잊고 말았다.

반면 부탁을 받은 구바이둘리나는 크레머의 연주를 지켜보면서 연주자의 개성을 면밀하게 살폈다. 구바이둘리나는 크레머의 폭넓은 음악 세계를 이렇게 표현했다. "가장 섬세하면서 거의 들리지 않는 진심 어린 감정부터 극도로 화려하고 열광적인 유희까지, 드라마틱한 표현력과 슬픈 애도부터 가벼운 춤곡까지, 악마적인 공격성부터 기도처럼 심오한 명상까지." 이처럼 지극히 대조적인 음악적 면모들을 능수능란하게 넘나든다는 점이야말로 작곡가의 눈에 비친 크레머의 매력이었다.

휴식 없이 연주하는 3악장 구조의 바이올린 협주곡은 주제와 변주의 형식에 바탕하고 있다. 주제는 바흐의 말년 걸작 〈음악의 헌정〉에서 가져왔다. 빼어난 플루트 연주자였던 프로이센의 국왕 프리드리히 2세가 직접 쓴 '왕의 주제King's theme' 선율을 1악장 도입부에서 먼저 제시한다. 그 뒤 이 주제가 다시 등장할 때마다 앞뒤의 한 음씩 덜어내면서 희생의 과정을 상징적으로 표현했다. 실제로 구바이둘리나는 하나의 음에도 생명력을 모두 불어넣는 듯한 크레머의 연주를 들으면서 "음색을 위해서 자기 자신을 바치는 음악가의 희생"을 떠올렸다고 했다. 작곡가는 이 협주곡에도 가톨릭 전례의 봉헌송奉獻誦을 의미하는 〈오페르토리움Offertorium〉이라는 제목을 붙였다.

결국 단 두 음만 남는 방식으로 완벽하게 해체되지만, 마지막 3악장에서 이 주제는 역행retrograde의 형태로 다시 등장한다. 하나의 악기가 아니라 호른과 플루트, 바순, 트롬본과 트럼펫, 첼로 등 여러 악기들이 주제를 나눠서 연주하며 다채로운 음색을 빚어내는 음색 선율Klangfarbenmelodie 기법 역시 베베른의 작곡법에서 영향을 받았다. 실제로 구바이둘리나는 "음악사에서 가장 커다란 영향을 미친 두 인물"로 바흐와 베베른을 꼽았다. 이를테면 베베른의 실험적 방식으로 바흐의 종교적 주제를 표현한 셈이었다.

구바이둘리나는 1980년 3월 이 협주곡을 완성했다. 하지만 작품이 빛을 보기까지의 과정도 결코 순탄하지 않았다. 소련 당국은 2년간의 체류 기한이 끝나가는 크레머에게 귀국 명령을 내렸지만, 크레머는 응하지 않고 서방에 머물렀다. 구바이둘리나의 협주곡을 초연할 예정이던 주인공이 나타나지 않은 셈이었다. 종교적 성격이 두드러진 이 협주곡이 소련에서 초연될 가능성도 지극히 낮았다. 동료 작곡가인 알프레트 시닛케는 "〈헌정〉은 아마도 우리 시대의 가장 중요한 바이올린 협주곡이지만 연주되지 않을 것만 같다"고 했다.

구바이둘리나는 결국 모험을 감행하기로 했다. 독일 악보 출판 담당자인 위르겐 쾨헬에게 협주곡의 악보를 건네서 밀반출을 시도한 것이었다. 우여곡절 끝에 서방에 도착한 협주곡의 악보는 크레머의 손에 쥐어졌고, 1981년 5월 빈 축제 주간에 빈 방송 교향악단(지휘 레이프 세게르스탐)과 크레머의 협연으로 세계 초연됐다. 반응은 폭발적이었고 서방세계에서 작곡가의 출세작이 됐다.

역설적인 건 이듬해인 1982년 소련에서도 바이올리니스트 올레그 카간과 소련 문화성 교향악단(지휘 겐나디 로제스트벤스키)의 협연으로 연주됐다는 점이다. 그동안 비주류나 비제도권, 변방이나 재야로 인식됐던 작곡가들의 작품이 소련 음악계의 전면에 부상하는 계기가 됐다. 어떤 의미에서는 소련에서도 과거와 같은 엄격한 통제가 더 이상 작동하지 않는다는 걸 보여주는 사례로 남은 것이다. 곧이어 페레스트로이카(개혁)와 글라스노스트(개방)의 시대가 찾아왔고 1991년에는 마침내 소련이 붕괴했다. 이듬해인 1992년 작곡가는 독일 함부르크 인근의 인구 5000명의 소도시인 아펜에 정착했다. 2025년 세상을 떠날 때까지도 구바이둘리나는 은둔자처럼 살았다고 서방 외신들은 전했다.

Sofia Gubaidulina Violin Concerto No.1

• 바이올린 협주곡 1번 〈헌정〉, 바이올린 기돈 크레머, 지휘 샤를 뒤투아, 보스턴
심포니 오케스트라(도이치 그라모폰, CD)
Violin Concerto No.1 Offertorium/Gidon Kremer/Charles Dutoit/Boston
Symphony Orchestra/Deutsche Grammophon

• 바이올린 협주곡 2번 〈현재에〉, 바이올린 안네 조피 무터, 지휘 발레리 게르기예
프, 런던 심포니 오케스트라(도이치 그라모폰, CD)
Violin Concerto No. 2 In Tempus Praesens/Anne-Sophie Mutter/Valery Gergiev/
London Symphony Orchestra/Deutsche Grammophon

• 바이올린 협주곡 2번 〈현재에〉, 바이올린 바딤 글루즈만, 지휘 조너선 노트, 루체
른 심포니 오케스트라(BIS, CD)
Violin Concerto No. 2 In Tempus Praesens/Vadim Gluzman/Jonathan Nott/
Lucerne Symphony Orchestra/BIS

• 바이올린 협주곡 3번 〈대화: 나와 너〉, 바이올린 바딤 레핀, 지휘 안드리스 넬손
스, 라이프치히 게반트하우스 오케스트라(도이치 그라모폰, CD)
Violin Concerto No. 3 Dialog: Ich und Du/Vadim Repin/Andris Nelsons/Leipzig
Gewandhaus Orchestra/Deutsche Grammophon

• 영화 「킬링 디어」 사운드트랙(밀란레코드, CD)
The Killing of a Sacred Deer (Original Motion Picture Soundtrack)/Milan Records

소련의 황희 정승과 살리에리 사이

무려 40여 년간 무소불위의 권력을 휘둘렀던 음악인이 있다. 소련 작곡가 연맹의 회장을 역임했던 작곡가 티혼 흐레니코프다. 스탈린의 독재가 절정에 이르렀던 1948년 회장에 취임한 뒤 1991년까지 그 자리를 지켰다. 소련 공산당 서기장 6명의 재임 기간과 겹친다. 거의 이 정도면 '소련 음악계의 황희 정승'이라고 해도 과언이 아니다. 만약 1991년 소련 붕괴가 없었더라면 더 오랫동안 그 자리에 머물렀을지도 모른다.

하지만 그는 '소련 음악계의 살리에리'라는 다분히 냉소적인 별명으로도 불렸다. 그가 박해했던 작곡가들이 훗날 20~21세기를 대표하는 음악인들로 평가받았기 때문이다. 그가 회장에 취임했던 1948년 스탈린의 최측근이었던 안드레이 즈다노프(1896~1948)의 주도로 형식주의 비판 운동이 벌어졌다. 프로코피예프, 쇼스타코비치, 하차투리안 같은 작곡가들이 줄줄이 비판의 도마 위에 올랐다. 반대로 연맹 회장이었던 흐레니코프는 당연히 즈다노프의 편이었다.

흥미로우면서도 비극적인 건 31년 뒤인 1979년에도 소피아 구바이둘리나를 비롯한 젊은 작곡가 7명이 흐레니코프의 비판을 받았다는 점이다. 흔히 이들을 묶어서 '흐레니코프의 7명'이라고 부른다. 이처럼 연맹이 막강한 힘을 행사할 수 있었던 건 책과 악보를 출판하고 잡지를 발간하며 음악회와 축제도 개최하는 실질적 권한을 지니고 있었기 때문이다.

흐레니코프는 어릴 적부터 기타와 만돌린 등을 두루 익혔고, 모스크바 음악원에서 작곡과 피아노를 배웠다. 그의 졸업 작품이었던 교향곡 1번은 레오폴드 스트코프스키가 지휘했다. 흐레니코프 역시 출발점은 여느 작곡가들과 크게 다르지 않았던 셈이다. 흐레니코프와 쇼스타코비치는 가끔씩 포커 같은 카드놀이를 하기 위해 어울리기도 했다. 미래의 박해자와 박해의 대상이 같은 테이블에 나란히 앉아 있는 것도 생각하면 오싹한 풍경이다. 그는 1930년대 스탈린의 숙청에 지지하는 성명서에 기꺼이 사인했고 1941년 독일이 소련을 침공하자 애국적인 작품들을 발표하며 스탈린 상을 받았다. 1947년에는 공산당원으로 가입했다. 모교인 모스크바 음악원 교수이자 차이콥스키 콩쿠르 회장으로 영전을 거듭한 것도 이 무렵이다.

하지만 최근 들어서 흐레니코프에 대한 상반된 평가들이 나오고 있다. 특히 러시아계 유대인 피아니스트 예브게니 키신은 유년 시절 자신을 후원한 흐레니코프에 대해 "전체주의 정권에서 고위직에 있었던 사람의 경우에는 그 사람의 말과 행동은 구분해야 한다"며 감쌌다. 키신은 "소련의 다른 예술가 단체와는 달리 작곡가 연맹에서는 박해 속에서도 살해된 사람은 없었다. 흐레니코프는 모든 회원들의 생명을 보호하고자 했다"고 옹호했다. 1948년 형식주의 비판 운동 당시에도 프로코피예프 같은 작곡가들을 남몰래 경제적으로 후원했다는 증언도 있다.

어쩌면 우리의 복잡다단한 현대사처럼 20세기 소련 음악사 역시 흑백논리로 재단하기 힘든 속성을 지니고 있을지도 모른다. 냉전 종식 이후 흐레니코프는 서방 언론 인터뷰에서 이렇게 변명했다. "그들이 내게 쇼스타코비치와 프로코피예프를 공격하는 연설문을 읽으라고 했다. 내가 달리 어쩔 수 있었겠는가. 거절했다면 나 역시 끝났을 것이다."

소련의 마지막 망명 작곡가 레라 아우어바흐

1973년생 러시아 출신 여성 작곡가이자 피아니스트 레라 아우어바흐Lera Auerbach는 시베리아와 접경한 우랄산맥의 첼랴빈스크에서 태어났다. 어릴 적부터 작곡과 피아노뿐만 아니라, 시작詩作과 조각에도 두루 재능을 보였다. 소련 시절 그는 자국 피아노 대회에 입상한 뒤 1991년 미국 공연 허가를 받았다. 당시 만 17세였다.

하지만 뉴욕에서 마지막 연주를 마친 뒤 귀국하지 않고 미국에 남기로 결심했다. 소련이 해체되기 불과 5개월 전이었다. 이 때문에 아우어바흐는 '소련의 마지막 망명 작곡가'로 불린다. 그는 "돈도 없었고 친척도 없었고 영어도 할 줄 몰랐다. 하지만 인간으로서 굳은 의지를 갖고 자율적이고 창의적으로 살아갈 수 있을지가 가장 큰 관심사였다"고 말했다. 그녀는 자신의 망명일을 "개인적인 독립 기념일"이라고 불렀다.

그 뒤 맨해튼 음악원과 줄리아드 음악원에서 피아노와 작곡 공부를 재개했다. 지하철 표를 구입할 돈이 없어서 100블록이나 걸어서 등하교하는 날도 잦았다고 한다. 하지만 지금은 오페라와 협주곡, 실내악 등을 포함해 발표한 작품만 100여 곡에 이른다. 아우어바흐는 자신의 음악적 특징을 표현하는 형용사로 '두려움 없는fearless'을 꼽았다. 자신의 작품에 스스럼없이 제목을 붙이는 점도 특징이다. 완벽한 절대 음악은 존재하지 않는다는 믿음 때문이다. 그는 "사람들이 꿈과 기억을 끌어내고 자유롭게 상상력을 동원해서 듣기 바라는 마음으로 제목을 붙인다"고 했다.

아우어바흐의 이름이 국내에도 널리 알려진 계기는 아무래도 존 노이마이어의 발레 「인어 공주」일 것이다. 노이마이어는 독일 함부르크 발레단에서 반세기 이상 재직하면서 170여 편의 안무를 맡았던 거장이다. 원작자인 안데르센 탄생 200주년을 맞아 2005년 초연된 이 발레의 음악을 아우어바흐가 작곡했다. 춤곡이라는 장르적 특성상 음악이 크게 까다롭거나 난해하지는 않다. 오히려 알비노니의 〈아다지오〉를 살짝 패러디한 1막 초반의 현악 합주처럼 의고적인 성격이 두드러진다. 특히 선원들의 하선 장면은 하차투리안과 번스타인을 결합한 것처럼 흥겹고 역동적이다.

오래전에 러시아를 떠났지만 음악적 영향을 느낄 수 있는 대목도 있다. 바로 인어 공주의 해저 세계를 묘사하는 장면에서 흐르는 전자 악기 테레민이다. 소련 발명가 레프 세르게예비치 테레민(1896~1993)의 이름을 딴 이 악기는 연주자가 수직과 수평 안테나와의 거리를 두 손으로 조절하면서 물리적 접촉 없이도 소리를 낸다. 음높이도 고정된 것이 아니라 계속 변화한다. 허공에서 우아하게 손을 놀리는 연주 동작만으로도 매혹적이다. 『뉴욕타임스』 출신의 평론가 해럴드 숀버그는 이 악기의 소리를 "짙은 안개 속에서 집으로 돌아가는 길을 잃어서 울고 있는 첼로"에 비유했다.

발레 1막 초반 뭍에서 인어 공주는 다른 무용수들의 도움을 받아서 간신히 움직이지만 물에서는 자유롭게 유영한다. 그런 인어 공주의 움직임을 표현하는 악기가 테레민이다. 아우어바흐의 음악은 스트라빈스키와 프로코피예프 같은 20세기 러시아 발레 대작을 바탕으로 다양한 요소를 녹이거나 덧입혀서 포스트모더니즘이나 신낭만주의로도 불린다. 역시 하늘 아래 새로운 건 없는 법이다.

공포 영화와 록 스타들을 사로잡은 음향적 상상력
크시슈토프 펜데레츠키 〈히로시마 희생자들을 위한 애가〉

1959년 폴란드 작곡가 연맹에서 젊은 작곡가들을 발굴하기 위한 작곡 콩쿠르를 개최했다. 당시 크라쿠프 음악원을 갓 졸업한 25세의 작곡가 크시슈토프 펜데레츠키(1933~2020)도 이 콩쿠르에 응모했다. 혼성 합창과 기악을 위한 〈다윗의 시편으로부터Aus den Psalmen Davids〉, 두 개의 현악 오케스트라를 위한 〈발산Emanations〉, 소프라노와 내레이터와 열 개의 악기를 위한 〈슈트로펜Strophen〉 등 작품 세 편이 출품작이었다. 그런데 이변이 일어났다. 작곡가 이름을 가리고 제출한 이 세 편이 콩쿠르 1~3위를 석권한 것이었다. 이 작품들은 폴란드 '바르샤바 가을 음악제'뿐만이 아니라 독일 다름슈타트 음악제와 프랑스 파리에서도 연주되면서 작곡가의 이름을 서방에 알리는 계기가 됐다. 펜데레츠키는 우승 상금으로 6주간 로마에서 체류할 기회를 얻었다. 작곡가는 이 여행을 "바깥세상과의 첫 접촉"이라고 불렀다.

미국 평론가 알렉스 로스의 비유처럼 1956년 시작된 바르샤바 가을 음악제는 "다름슈타트와 도나우에싱겐에 대응하는 바르샤바 조약기구의 대답"과도 같았다. 서유럽에 맞서는 동유럽의 현대음악제라는 의미였다. 다만 이 음악제는 체제 경쟁보다는 오히려 교류의 성격이 강했다. 처음부터 폴란드와 동구권뿐 아니라 빈 심포니와 라디오 프랑스 필하모닉 같은 서유럽 단체들도 참여한 것이었다. 펜데레츠키는 이 음악제를 "세계에서 가장 큰 현대음악제"라고 불렀다.

당시 소련과 동구권에서 금기시됐던 쇤베르크와 알반 베르크의 작품들이 이 음악제에서는 연주됐고 스트라빈스키와 버르토크의 작품들도 재조명됐다. 1958년부터는 존 케이지와 피에르 불레즈의 동시대 작품들도 소개되기 시작했다. 자연스럽게 이 음악제는 폴란드 현대음악이 소련이나 동유럽 다른 국가들과 다른 경로를 걷게 되는 계기가 됐다. 『시마노프스키 이후의 폴란드 음악』을 쓴 작곡가이자 음악학자 에이드리언 토머스는 이 음악제의 초기 연주 곡목에 대해 "동시대 서방에서 일어나는 일들을 폴란드 청중과 작곡가들에게 알려주는 과정의 기록"이라고 비유했다.

불과 2년 뒤 펜데레츠키 역시 이 음악제를 통해서 신작을 발표하면서 서구 음악계에 신선한 충격을 안겼다. 그 문제작이 1961년 9월 이 음악제에서 초연된 〈히로시마 희생자들을 위한 애가Threnody to the Victims of Hiroshima〉였다. 따지고 보면 2차 세계대전은 1939년 독일의 폴란드 침공으로 발발했고 1945년 히로시마와 나가사키에서 두 차례 원폭 투하로 끝난 전쟁이었다. 그런 의미에서 전쟁의 출발점이었던 폴란드 작곡가가 비극적 종착점이었던 일본의 희생자들을 기린 셈이었다. 펜데레츠키는 "히로시마 원폭 희생자에 관한 확고한 나의 신념은 우리 모두 히로시마 원폭 희생자들을 결코 잊어서는 안 된다는 것"이라고 말했다.

〈히로시마 희생자들을 위한 애가〉는 관악기나 타악기 없이 바이올린 24대와 비올라와 첼로 각각 10대, 더블베이스 8대의 52인조 현악 오케스트라가 연주하는 독특한 편성이다. 악보 표기와 현악기의 연주법부터 전통적인 작곡 방식과는 사뭇 달랐다. 우선 기존의 반음을 다시 절반으로 나눠서 1/4음을 올리거나 내려서 연주하도록 했다. 이처럼 현대음악에서 반음보다 더 세밀한 간격을 지니는 음들을 미분음微分音이라고 부른다.

또한 현의 줄걸이tailpiece나 줄받침대bridge 주변을 활로 켜거나 활 끝이나 손가락으로 현을 쳐서 타악기와 같은 다채로운 음향적 효과를 빚어낸다. 악기별로 최고음에서 출발한 뒤 비브라토를 통해서 음향의 폭을 넓히거나, 포르티시모부터 피아니시시모까지 급격한 강세 변화를 보이기도 한다. 흡사 존 케이지가 피아노에서 벌였던 실험을 현악기에 확대 적용하는 듯했다. 개별 연주자 입장에서는 시점이나 속도가 분명하게 지정되어 있지 않기 때문에 혼돈은 커질 수밖에 없다. 이처럼 전체적인 틀과 방향은 존재하지만 세부적인 재량권은 연주자에게 맡기는 방식을 '통제된 우연성'이라고 한다.

이런 낯선 기법들을 통해서 펜데레츠키는 짙은 음향의 구름을 연상시키는 소리의 덩어리tone cluster를 8분 37초간 빚어냈다. 이처럼 음향을 전면적 화두로 내건 작품들을 음향주의sonorism로 분류한다. 물론 격렬한 외침과 통곡, 짙은 슬픔과 애도라는 시적 의미를 떠올릴 수도 있지만 엄밀하게 말해서 작품 제목이라는 '기표'와 곡의 내용이라는 '기의' 사이에 필연적인 관계는 성립하지 않는다.

애당초 펜데레츠키는 작품의 연주 시간인 '8분 37초'를 제목으로 붙였다. 물론 존 케이지의 문제작 〈4분 33초〉를 다분히 염두에 둔 제목이었다. 하지만 펜데레츠키는 유네스코 작곡상 심사를 위해 작품 제출을 앞두고 제목을 바꾸라는 조언을 받았다. 이 조언을 충실히 따른 덕분인지 1961년 이 곡은 엘리엇 카터의 현악 사중주 2번, 벤저민 브리튼의 〈한여름 밤의 꿈〉 등과 함께 입선했다. 경쟁자이자 동료였던 카터는 펜데레츠키의 이 곡에서 느낄 수 있는 '원시적' 매력을 스트라빈스키의 〈봄의 제전〉에 빗대기도 했다. "이전 음악의 고차원적 질서를 기대하거나 이해할 수 있을 만큼 훈련받지 않은 청중도 끌어당기고 관능적 차원에 호소할 만한 작품"이라는 평이었다.

이처럼 펜데레츠키는 이 작품을 통해서 일약 현대음악의 총아로 떠올랐다. 하지만 정작 작곡가는 1973년 교향곡 1번을 기점으로 전통적 음악 어법으로 회귀하는 모습을 보였다.

뚜렷한 선율을 분간하기 힘든 소리의 덩어리, 현악의 타악기적 사용이나 미분음과 최고음의 빈번한 활용 같은 초기작의 특성들은 자취를 감췄다. 대신에 교향곡과 협주곡 같은 전통적 형식과 서정적 선율들이 두드러졌다. 일부 평단에서는 '아방가르드의 배신자'라는 혹독한 비판을 퍼붓기도 했다. 하지만 작곡가는 "현대의 예술가들은 보편성을 추구하지만 파편화되고 소외되어 있다. 내게 전통의 의식적 사용은 예술가와 청중 사이의 이런 불협화음을 극복하기 위한 것"이라고 말했다. 이 시기 이후 펜데레츠키의 음악 노선은 '신낭만주의'로 불린다.

하지만 펜데레츠키 음악 인생의 반전은 여기서 끝나지 않았다. 급진적이고 실험적이었던 그의 초기작들이 서구 대중문화에서도 뒤늦게 여파를 일으키기 시작한 것이었다. 특히 1973년 공포 영화 「엑소시스트」에서 〈폴리모르피아 Polymorphia〉 같은 펜데레츠키의 음악들이 대거 사용되면서 현대음악은 심리적 서스펜스나 공포 영화에 어울리는 최적의 장르로 급부상했다. 일상에 스며든 악령이라는 영화적 상상력에 현실감을 불어넣는 장치가 된 것이다. 〈히로시마 희생자들을 위한 애가〉 역시 알폰소 쿠아론 감독의 2006년 영화 「칠드런 오브 멘Children of Men」 등 영화나 드라마에서 빠지지 않는 곡이 됐다.

더불어 그의 실험적인 현악 주법 역시 레드 제플린의 지미 페이지부터 라디오헤드의 조니 그린우드까지 록 기타리스

트들을 사로잡았다. 따지고 보면 페이지가 바이올린 활로 전
기기타를 긋는 듯한 실험적 주법도 펜데레츠키의 영향을 빼
놓고는 상상할 수 없었다. 펜데레츠키를 존경하는 작곡가 가
운데 한 명이라고 밝힌 그린우드는 작곡가와 만난 뒤 영향을
받은 곡을 쓰기도 했다. 작곡가 자신이 초기작들을 반성적으
로 돌아보고 조금씩 거리를 두는 동안, 거꾸로 세상에서는 초
기작의 문제의식에 열광한 셈이었다. 그런 의미에서 펜데레츠
키의 출세작인 〈히로시마 희생자들을 위한 애가〉는 음악적으
로 유쾌한 역설이기도 했다.

Krzysztof Penderecki 〈Threnody for the Victims of Hiroshima〉

• 지휘 크시슈토프 펜데레츠키, 폴란드 국립 방송 교향악단(워너 클래식, CD)
Krzysztof Penderecki/Polish National Radio Symphony Orchestra/Warner Classics

• 지휘 크시슈토프 펜데레츠키, 런던 필하모닉 오케스트라(LPO, CD)
Krzysztof Penderecki/London Philharmonic Orchestra/LPO

• 지휘 미하엘 길렌, 빈 라디오 방송 교향악단(오르페오, CD)
Michael Gielen/ORF Radio-Symphonieorchester Wien/Orfeo

• 지휘 안토니 비트, 폴란드 국립 라디오 방송 교향악단(낙소스, CD)
Antoni Wit/Polish National Radio Symphony Orchestra/Naxos

• 영화「엑소시스트」사운드트랙(워너 뮤직, CD)
Exorcist Soundtrack/Warner Music

•「크시슈토프 펜데레츠키 80세 헌정 공연」, 지휘 크시슈토프 우르반스키·발레리 게르기예프·샤를 뒤투아, 바이올린 안네 조피 무터, 바르샤바 신포니아(악첸투스, DVD)
A Tribute to Krzysztof Penderecki/Krzysztof Urbanski/Valery Gergiev/Charles Dutoit/Anne-Sophie Mutter/Accentus

폴란드 음악의 퍼스트레이디
그라지나 바체비치

"나는 공허한 말이 아니라 행동하기 위해 태어났다. 그래서 어떤 종류의 회의나 공허한 말도 싫어한다."

그라지나 바체비치Grażyna Bacewicz(1909~1969)는 '폴란드 음악의 퍼스트레이디'로 불리는 여성 작곡가다. 그리 길지 않았던 60년 인생을 바이올리니스트이자 작곡가, 교육자로서 숨가쁘게 살았다. 심지어 자전적 에세이와 소설, 희곡과 드라마 각본을 쓴 작가이기도 했다. 그는 "나는 보이지 않는 작은 엔진을 지니고 있으며, 남들이 1시간 이상 걸리는 일도 10분 만에 해낼 수 있다. 보통 걷지 않고 뛰며, 빨리 말하고, 심지어 남들보다 박동도 빠르다"고 했다. 이 '작은 엔진'은 바체비치의 삶과 음악을 상징하는 말이었다.

바체비치는 음악 교사였던 아버지의 영향으로 어릴 적부터 피아노와 바이올린을 배웠고 일곱 살에 피아노와 바이올린으로 데뷔 연주회를 가졌던 '음악 영재' 출신이다. 12세에는 지역 음악원 오케스트라와 바이올린 협주곡들을 협연했고 이듬해에는 작곡을 시작했다. "아버지의 음악에 대한 사랑 덕분에 어릴 적부터 음악의 세계에서 살았다"고 회고했다.

1928년 바르샤바 음악원에서 만난 스승이 작곡가 카롤 시마노프스키였다. 시마노프스키는 제자들의 견문 확대를 위해 해외 유학을 적극적으로 권유했다. 바체비치 역시 폴란드 초대 총리를 지낸 파데레프스키의 후원으로 프랑스 유학에 나섰다. 파리에서 바체비치는 프랑스의 여성 작곡가이자 지휘자, 건반 연주자이자 교육자인 나디아 불랑제를 사사했다. 평소 제자들에게 엄격했던 불랑제도 "그라지나가 파리로 왔을 때는 어린 소녀였지만 굉장한 재능을 지니고 있었고, 수년간 꾸준히 발전시켰다"고 높이 평가했다.

그 뒤에는 헝가리 바이올리니스트 칼 플레슈(1873~1944)에게 바이올린을 사사했고, 1936~1938년 폴란드 방송 교향악단의 바이올린 악장으로도 활동했다. 하지만 2차 세계대전이 끝나고 1945년 고향인 우치의 음악원 교수로 임용된 이후에는 주로 작곡가로 활동했다. 1954년 교통사고를 겪은 뒤에는 연주 활동을 중단하고 작곡에 매진했다.

바체비치의 대표작 가운데 하나가 1953년 피아노 소나타 2번이다. 영국 음악학가 에이드리언 토머스는 『시마노프스키 이후의 폴란드 음악』에서 바체비치의 이 소나타를 "전후 시기의 폴란드에서 가장 중요한 피아노 독주곡"으로 꼽았다. 작곡가 스스로 초연을 맡았다. 바체비치는 성인이 되고서는 주로 바이올리니스트로 활동했지만 빼어난 피아니스트이기도 했다.

이 소나타는 고전적인 3악장 형식을 지니고 있다. 리스트를 연상시키는 고난도 기교가 필요한 첫 악장 도입부부터 뜨거운 열기와 긴장감으로 가득하다. 반면 느린 2악장은 차분하고 경건한 복음성가풍의 선율을 느낄 수 있다. 마지막 악장에서는 빠르고 활력 넘치는 폴란드 민속 무곡인 '오베레크' 리듬이 두드러진다.

바체비치가 이 소나타를 헌정한 대상은 영화 「피아니스트」의 실존 모델이었던 폴란드계 유대인 피아니스트 브와디스와프 슈필만(1911~2000)이었다. 당시 작곡가는 "이 소나타의 빼어난 첫 연주자에게 진정한 우정을 담아"라는 헌정사를 썼다. 슈필만은 바체비치의 이 소나타를 녹음했으며, 피아노 오중주 2번을 위촉하고 초연한 주인공이기도 했다. 전쟁과 냉전의 소용돌이 속에서도 이렇게 음악의 역사는 이어진다.

왜, 날 천국에서 내쫓는 걸까?
내가 너무 크게 노래했나?
조금 목소릴 줄여서 할 수도 있는데!
소심하게, 새처럼 말야.

에밀리 디킨슨 「그들은 왜 날 천국에 못 들어가게
하는 걸까? Why do they shut me out of Heaven?」 중에서
에런 코플런드 〈에밀리 디킨슨의 12개의 시〉

Voices of America

미국의 목소리

『로미오와 줄리엣』의 현대적 변주
레너드 번스타인 〈웨스트사이드 스토리〉

우리는 이미 알고 있다. 뮤지컬 〈웨스트사이드 스토리〉가 세익스피어 비극의 현대적 변주라는 것을. 남녀 주인공 토니와 마리아는 로미오와 줄리엣의 또 다른 이름이라는 것을. 뉴욕 뒷골목에서 힘 대결을 벌이는 철부지 10대 갱단들은 이탈리아 베로나의 두 앙숙 집안을 옮겨온 설정이라는 것을.

그런데도 〈웨스트사이드 스토리〉는 1957년 브로드웨이 초연 이후 뮤지컬의 무대와 영화의 스크린으로 끊임없이 불려 나온다. 2021년 개봉한 「웨스트사이드 스토리」는 스티븐 스필버그 감독의 첫 뮤지컬 영화였다. 1961년 내털리 우드와 리처드 베이머 주연의 첫 동명同名 뮤지컬 영화 이후 정확히 60년 만의 리메이크다. 내털리 우드 주연의 첫 뮤지컬 영화는 1961년 미국 최고의 흥행 수입을 올렸고, 이듬해 아카데미 시상식에서도 작품·감독상 등 열 개 부문을 휩쓸었다. 뮤지컬 영화로는 지금까지 깨지지 않는 최다 수상 기록이다. 「죠스」와 「이티E.T.」 「쉰들러 리스트」의 명감독 스필버그는 왜 이 현대적 고전을 다시 만들기로 결심한 것일까.

2021년 스필버그의 영화에서 가장 먼저 보여주는 건 철거 현장이다. 현재 메트로폴리탄 오페라극장과 뉴욕 필하모닉이 상주하는 링컨 센터가 들어서기 직전의 1950년대 뉴욕 재개발 구역이다. 실제로 1959년 링컨 센터 기공식이 열렸을 때 지휘봉을 잡았던 사람도 당시 뉴욕 필하모닉의 음악 감독이었던 레너드 번스타인이었다. 당시 기공식은 번스타인의 지휘로 에런 코플런드의 〈보통 사람을 위한 팡파르Fanfare for the Common Man〉를 연주하며 시작됐다. 3년 뒤 링컨 센터의 개관 음악회 역시 번스타인이 지휘했다. 작곡가로서든 지휘자로서든 번스타인의 삶은 뉴욕을 떠나서는 생각할 수 없었다.

스필버그는 영화 첫 장면부터 구체적인 시공간을 명확하게 보여주는 방식으로 현실감을 불어넣는다. 그 뒤 철거가 예정된 도심 슬럼가를 배회하는 백인과 푸에르토리코 이민자 청년들의 대립을 부각시킨다. 특히 흥겨운 「맘보」가 울려 퍼지는 가운데 무도회장에서 두 집단이 벌이는 춤 대결을 통해 뉴욕이 '인종의 화약고'와 다름없었다는 사실을 상기시킨다.

영화에서 청년 집단의 대결 방식이 춤과 폭력이라는 점은 여러모로 의미심장하다. 무도회장의 마룻바닥에서 신나게 춤 대결을 펼치던 청년 갱들은 거리로 나오자마자 다시 주먹다짐을 벌인다. 물론 뮤지컬이라는 장르적 특성을 감안한 설정이지만, 간혹 예술적 상상력이 현실을 앞지르는 순간이 있다. 〈웨스트사이드 스토리〉에서 묘사하는 전후 청년 문화가 그런 경우였다. 번스타인의 말처럼 "〈웨스트사이드 스토리〉는 인종 차별에 대한 하나의 긴 저항이며 우리가 작품을 쓴 이유"였다. 번스타인은 자신이 읽고 있던 『로미오와 줄리엣』에도 "인종 화합을 위한 분명한 호소"라고 적어놓았다.

뮤지컬 〈웨스트사이드 스토리〉는 안무가 제롬 로빈스(1918~1998), 작사가 스티븐 손드하임(1930~2021), 극작가이자 연출가 아서 로렌츠(1917~2011), 작곡가이자 지휘자 번스타인의 합작품이다. 번스타인과 로빈스는 1944년 발레 「팬시프리Fancy Free」부터 호흡을 맞춘 사이였다. 『로미오와 줄리엣』의 현대적 각색이라는 아이디어를 꺼낸 것도 로빈스였다. 처음에는 뉴욕 이스트사이드에서 벌어지는 가톨릭과 유대인 청년들의 대립을 구상했지만, 웨스트사이드의 백인과 푸에르토리코 청년들로 배경과 인물 모두 바뀌었다. 종교 갈등에서 인종 갈등으로 주제 역시 따라서 달라졌다. 결과적으로 이 변경이야말로 미국 뮤지컬 역사에 길이 남을 회심의 한 수가 됐다. 로렌츠의 말처럼 "뮤지컬에서 처음으로 편견과 인종, 강간과 살인, 죽음 같은 진지한 주제를 다뤘으며, 연극만큼 진지하게 다룰 수 있다는 걸 보여준 것"이었다.

초고는 로렌츠가 썼으며, 번스타인과 손드하임은 작곡과 작사를 담당했다. 번스타인은 당시 27세의 손드하임을 단독 작사가로 이름을 올릴 수 있도록 배려했다. 음악학자 나이젤

시메오네의 말처럼 "작품에 대한 동등한 인정을 받을 만한 이들의 놀라운 창조적 사중주"이자 "합작 투자 사업joint venture"인 셈이다. 지금은 믿기 힘들지만 제작 초기에는 투자 유치에 단단히 애를 먹기도 했다. 줄거리가 지나치게 어둡고 심각하며 스타 캐스팅이 부재해서 상업성이 적다는 이유 때문이었다.

하지만 1957년 브로드웨이 초연 이후 공연 횟수만 732회에 이르렀고 오리지널 캐스트가 참여한 음반 역시 100만 장 이상의 판매고를 올렸다. 뉴욕 필하모닉을 이끌었던 명지휘자와 브로드웨이의 인기 뮤지컬 작곡가 사이에는 적지 않은 거리가 있는 것처럼 보인다. 하지만 미국 음악의 전통에 대해서 누구보다 깊은 관심과 자의식을 지니고 있던 번스타인에게 뮤지컬은 결코 외면하거나 우회할 수 없는 장르였다. 그의 말처럼 "뮤지컬 코미디는 어마어마하게 창조적"이고 "한 작품 한 작품이 사건"이었던 것이다. 번스타인의 고백처럼 "오페라와 브로드웨이, 사실주의와 시詩, 발레와 '막춤just dancing', 추상성과 구상적 성격 사이의 미묘한 경계"를 넘나드는 것이야말로 〈웨스트사이드 스토리〉의 문제의식이자 매력이었다.

번스타인은 「청소년 음악회」 이전의 또 다른 음악 해설 프로그램이었던 「옴니버스」에서 미국 뮤지컬의 역사를 일별한 뒤 이렇게 끝맺었다. "우리에게 필요한 건 우리의 모차르트가 등장하는 것이다. 만약 그렇게 되면 〈마술피리〉와 같은 것이 아니라 새로운 형식이며 오페라라는 이름으로 부를 수는 없을 것"이라고. 이런 결론을 내린 시점이 무척 의미심장하다. 뮤지컬 〈웨스트사이드 스토리〉가 초연되기 불과 1년 전인 1956년 10월 7일 방송이기 때문이다. 당시에는 「웨스트사이드 스토리」가 거의 완성된 상태였다. 결국 '새로운 형식'이란 뮤지컬이요, '우리 시대의 모차르트'란 자신이라는 걸 넌지시 암시하는 말로도 해석 가능했다. 긍정적이든 부정적 의미든 번스타인은 언제나 자기중심적이고 선언적이었다. 간혹 그 선언이 역사적 순간과 맞아떨어질 적이 있는데 〈웨스트사이드 스토리〉의 초연도 그 가운데 하나였다. 1957년 9월 26일 「웨스트사이드 스토리」가 초연됐고, 불과 두 달 뒤인 11월 번스타인은 뉴욕 필의 음악 감독으로 임명됐다.

당시 번스타인은 〈웨스트사이드 스토리〉와 볼테르의 원작에 바탕한 〈캔디드〉를 동시에 작곡하고 있었다. 그 과정에서 두 작품의 노래들을 맞바꾸기도 했다. 남녀 주인공 토니와 마리아의 이중창인 「원 핸드, 원 하트One Hand, One Heart」나 제트파 청년들이 부르는 경쾌한 「크럽키 경관님Gee, Officer Krupke」도 원래는 〈캔디드〉를 위해 작업하던 노래들이었다. 이 밖에도 「마리아Maria」와 「섬웨어Somewhere」 같은 명곡들이 뮤지컬 전체를 수놓는다. 하지만 이 작품에서 음악적으로 가장 빛나는 순간을 찾는다면 개인적으로는 언제나 「투나잇 오중창Tonight Quintet」을 꼽는다. 결전을 앞둔 제트파와 샤크파의 날카로운 적의, 사랑에 빠진 토니와 마리아의 희망, 파국으로 끝나고 마는 아니타의 비극적 소망이 이 한 곡에서 모두 교차한다. 연극에서는 모든 대사를 동시에 쏟아내면 혼돈에 빠지고 말지만 뮤지컬이나 오페라 같은 음악극은 중창을 통해서 얼마든지 빛나는 순간을 빚어낼 수 있다. 이 장면에서 번스타인은 모차르트와 베르디의 계승자라는 야심을 감추지 않는다.

하지만 전기 작가 폴 마이어스의 말처럼 "말년으로 갈수록 번스타인은 〈웨스트사이드 스토리〉같은 뮤지컬로만 기억될까 두려워했던 것" 역시 사실이었다. 그런 의미에서 〈웨스트사이드 스토리〉는 번스타인에게 축복인 동시에 저주였다. 실제로 번스타인이 관현악 모음곡이 아니라 뮤지컬 전곡으로 이 작품을 지휘한 건 1984년 음반이 처음이자 마지막이었다. 녹음 당시 번스타인은 "지금껏 악보를 공부하거나 지휘한 적이 없었다"면서도 "10여 일 전부터 밤낮으로 들여다보면서 비로소 음악이 '펑키funky'하다는 걸 깨닫게 됐다"고 자랑했다.

1961년 영화는 장면 전환 없이 5분 가까이 흐르는 도입부 서곡부터 뮤지컬을 충실하게 스크린에 옮겼다는 점을 보여준다. 일부 곡 순서 변경이나 가사 수정은 있지만 뮤지컬의 삽입곡들도 대체로 곡 전체를 사용하는 편이다. 하지만 번스타인은 정작 이 영화의 관현악 편곡에 대해서 "조화와 미묘함이 결여됐다"며 불만을 표현했다. 실은 그럴 만했다. 30여 명의 단원이 연주하는 뮤지컬 공연과는 달리 영화에는 트럼펫 8대와 피아노 5대 등 거의 세 배에 이르는 인원이 투입됐으니 말이다.

반면 스필버그가 연출한 21세기의 「웨스트사이드 스토리」는 필요에 따라서 주크박스의 배경음악과 거리의 춤곡, 주인공의 주제가 등으로 다채롭게 음악을 활용한다. 1961년 작품이 '뮤지컬' 영화였다면, 2021년 작품은 뮤지컬 '영화'에 방점이 찍힌 셈이다. 2021년 「웨스트사이드 스토리」에서는 남녀 주인공 토니(앤설 엘고트)와 마리아(레이첼 지글러)는 물론, 출연진 대부분이 다섯 달의 리허설을 거쳐서 춤과 노래를 직접 소화했다. 특히 대낮의 뉴욕 거리를 활보하는 백인 청년들의 주제가인 「제트 송Jet Song」이나 푸에르토리코 여성들이 부르는 「아메리카America」는 군중의 복잡한 동선부터 춤과 노래까지 치밀한 계산을 통해서 일치시킨 명장면들이다.

하지만 이 정도만으로는 스필버그가 메가폰을 잡아야만 했던 이유가 충분히 설명되지 않는다. 스필버그는 인터뷰에서 "각본을 쓰는 과정에서 주제가 넓어지면서 슬프게도 인종 갈등은 1957년 초연 당시보다 현재의 관객들에게 더욱 잘 맞는다는 생각이 들었다"고 말했다. 그에게 이 뮤지컬은 유년 시절의 추억을 상기시키는 동시에 미국의 치부인 인종 갈등을 드러내는 이중적 의미를 지니고 있었다. 특히 스필버그의 영화는 후반부로 향하면서 '반목하는 두 집단이 평화롭게 공존할 수 있는가'라는 묵직한 질문을 던진다. 영화는 스페인어 대사에 영어 자막을 삽입하지 않는 방식을 통해서도 이질적 집단 사이의 소통 단절을 보여준다. 실제로 스필버그는 "스페인어에 자막을 넣는다면 영어를 강조하고 권력을 부여하는 것"이라며 "이 영화에서는 자막을 달지 않는 방식으로 언어에 대한 존중을 표현하고자 했다"고 말했다.

1961년 영화에서 연인을 잃고 마는 비극적 여인 '아니타'를 열연했던 배우 리타 모레노가 2021년 영화에서는 잡화점을 운영하는 푸에르토리코계 할머니 발렌티나 역을 맡았다. 첫 영화에서 인종 대결의 희생자였던 아니타가 두 번째 영화에서는 현명한 조언자 발렌티나로 변모한 셈이다. 1961년 영화에서는 유대인 아저씨 닥이 잡화점을 운영했지만, 스필버그의 리메이크는 백인 남편 닥과 사별한 발렌티나라는 설정을 통해서 비극성을 강조했다. 인종 간 화합은 실은 발렌티나의 오랜 소망이었던 것이다. 그런 의미에서도 발렌티나가 부르는 「섬웨어」는 영화에서 오랜 여운을 남긴다. 발렌티나는 갱단과 연을 끊고 잡화점에서 일하며 새로운 삶을 꿈꾸는 토니에게 소중한 조언을 들려준다. "생명은 사랑보다 더 소중한 것Life matters even more than love"이라고.

하지만 청춘 남녀의 금지된 사랑은 결국 파국으로 치닫는다. 두 영화 모두 백인과 푸에르토리코 청년들이 시신을 함께 드는 마지막 장면을 통해서 화해라는 분명한 메시지를 전한다. 뮤지컬에서 묘사하는 인종 갈등을 이념과 지역, 세대로 치환하는 순간, 곧바로 우리의 이야기가 된다. 아무리 시대가 흘러도 청춘 남녀의 비극적 로맨스가 계속 호출되는 건 장밋빛 사랑과 핏빛 폭력이라는 삶의 양면성을 보여주기 때문일 것이다.

Leonard Bernstein 〈West Side Story〉

• 1961년 영화 「웨스트사이드 스토리」 사운드트랙(CBS, CD)
West Side Story(1961 soundtrack)/CBS

• 〈웨스트사이드 스토리〉 전곡, 지휘 레너드 번스타인, 테너 호세 카레라스, 소프라노 키리 테 카나와(도이치 그라모폰, CD)
West Side Story/Leonard Bernstein/José Carreras/Kiri Te Kanawa/Deutsche Grammophon

• 〈웨스트사이드 스토리〉 전곡, 지휘 마이클 틸슨 토머스, 샌프란시스코 심포니 오케스트라(SFS 미디어, CD)
Michael Tilson Thomas/San Francisco Symphony/SFS Media

• 〈웨스트사이드 스토리〉 모음곡, 바이올린 조슈아 벨, 지휘 데이비드 진먼, 필하모니아 오케스트라(소니 클래시컬, CD)
Bernstein: West Side Story Suite/Joshua Bell/David Zinman/Philharmonia Orchestra/Sony Classical

• 〈웨스트사이드 스토리〉 모음곡, 지휘 다니엘 바렌보임, 시카고 심포니 오케스트라(워너 클래식, CD)
Symphonic Dances from West Side Story:
Daniel Barenboim/Chicago Symphony Orchestra/Warner Classics

• 〈웨스트사이드 스토리〉, 데이브 브루벡 콰르텟(컬럼비아 레코드, CD)
Music from West Side Story/Dave Brubeck Quartet/Columbia

• 오스카 피터슨 트리오 〈웨스트사이드 스토리〉(버브 레코드, CD)
Oscar Peterson Trio/Verve

「바람과 함께 사라지다」의 숨은 주인공

　　개봉한 지 수십 년이 흘러도 영화 「바람과 함께 사라지다」(1939)는 바람 잘 날이 없다. 미 남부의 인종차별을 미화했다는 이유로 여전히 논란이 끊이지 않는다. 현시점에서 다시 보면 불편함을 느낄 법한 대목들이 있다. 남북전쟁 당시 백인 아가씨는 편하게 잠들어 있는데 흑인 하인들은 부지런히 부채질을 하는 초반 장면부터 '정치적 올바름'과는 거리가 있다. 남부군의 승전 소식을 전하는 장면에서는 남부 연합기가 걸려 있다. 백인 우월주의의 상징으로 미국 사회에서 첨예한 쟁점이 되고 있는 깃발이다. 소설 『작은 아씨들』과 『톰 아저씨의 오두막』이 노예제 철폐를 주장한 북부의 시각을 반영한다면, 「바람과 함께 사라지다」는 남부의 정서를 대변한다.

　　영화의 성공에는 빼놓을 수 없는 주역이 있다. 도입부와 결말을 장식하는 주제곡 '타라의 테마Tara's Theme'를 쓴 영화

음악 작곡가 맥스 스타이너(1888~1971)다. 「킹콩」(1933)과 「카사블랑카」(1942) 등 300여 편을 작곡한 그는 '영화음악의 아버지'로 불린다.

스타이너는 오스트리아 빈에서 엔터테인먼트 업계에 종사했던 유대인 집안 출신이다. 할아버지 막시밀리안은 베토벤의 교향곡들이 초연됐던 테아터 안 데어 빈을 10여 년간 운영했다. 요한 슈트라우스 2세의 희가극 〈박쥐〉도 그의 재임 기간에 초연됐다. 아버지 가보르는 황제 프란츠 요제프 1세의 즉위 50주년을 기념해서 빈 프라터 놀이공원 개발을 추진했다. 영화 「제3의 사나이」와 「비포 선라이즈」 등을 통해서 빈을 상징하는 명물이 된 관람차가 이 공원에 있다.

스타이너 역시 12세 때 첫 희가극을 작곡했고 편곡과 지휘까지 다양한 재능을 보였다. 뉴욕 브로드웨이로 건너가 뮤지컬 편곡자와 지휘자로 활동한 뒤 할리우드로 향했다. 1920년대 유성영화 시대가 열리면서 영화음악이 '블루 오션'으로 떠오르던 시기였다.

스타이너와 에리히 볼프강 코른골트 등 유럽에서 클래식 교육을 받은 유대계 작곡가들이 미 영화음악의 선구자들이 됐다는 점이 흥미롭다. 고향 선후배이자 동업자, 라이벌이었던 이들은 서로에 대한 존경심과 라이벌 의식을 모두 감추지 않았다. 스타이너는 자신의 영화음악이 나날이 발전하는 반면, 코른골트는 퇴보하고 있다고 꼬집었다. 그러자 코른골트는 이렇게 응수했다고 한다. "그건 내가 당신 음악을 훔쳤고,

당신이 내 걸 훔쳤기 때문이지."

스타이너의 성공 비결 가운데 하나가 작곡가 바그너의 유도동기였다. 바그너가 등장인물과 사물을 상징하는 유도동기로 오페라 전체를 촘촘하게 직조한 것처럼, 스타이너는 영화의 등장인물들도 주제음악을 가져야 한다고 믿었다. 실제로 그는 "바그너가 우리 시대에 살아 있었다면 최고의 영화음악 작곡가가 됐을 것"이라고 말했다.

스타이너의 대표작인 「바람과 함께 사라지다」는 6·25전쟁 직후인 1957년 국내 상영됐다. 전쟁의 폐허를 딛고 일어서던 당시 한국 관객들에게 무너진 고향을 굳건하게 지키는 스칼렛 오하라의 모습은 동병상련의 감정을 불러일으켰다. "내일은 내일의 태양이 뜰 거야After all, tomorrow is another day"라는 스칼렛의 명대사가 관객의 뇌리에 남은 것도 그 때문이다. 과거는 그리움과 반성의 대상이라는 양면성을 지닌다. 이 영화가 그랬다.

모든 음악의 시작과 끝은 침묵

존 케이지 〈4분 33초〉

　　침묵은 모든 음악의 시작과 끝이다. 영원히 지속되는 음악은 존재할 수 없으니까. 그런 의미에서 프랑스 작곡가 에릭 사티(1866~1925)의 〈백사시옹Vexations〉은 음악의 영원성에 대한 짓궂은 질문이다. 당장 제목부터 '성가심'이나 '괴롭히기'라는 뜻이다. 짧은 반쪽짜리 악보를 무려 840번이나 반복 연주하는 '시시포스의 형벌' 같은 주문을 통해서 영원히 지속될 듯한 환상을 불러일으키는 것이야말로 이 작품의 취지일 것이다. 사티는 "쉼 없이 840번 연주하기 위해서는 깊은 침묵과 엄숙한 정지 상태를 통해서 사전 준비를 하는 것이 바람직하다"는 친절한(?) 조언까지 악보에 적어놓았다. 계속 듣고 있으면 강한 반복성을 통해서 몽환적 분위기를 빚어내는 미니멀리즘이나 전자 댄스음악EDM의 진정한 선구자는 사티라는 생각이 든다.

흥미로운 건 현대로 오면서 작곡가의 주문을 성실하게 수행하는 '시시포스' 같은 연주자들이 늘고 있다는 점이다. 팬데믹 초기였던 2020년 5월 장장 15시간 30분에 걸쳐서 이 곡을 연주하고 소셜 미디어를 통해 생중계했던 피아니스트 이고르 레빗이 대표적이다. 토요일 오후 2시에 시작된 연주는 다음 날 오전 5시 반쯤에야 끝났다. 한 장씩 연주를 마칠 때마다 악보를 조용히 바닥에 내려놓고 모든 연주를 마친 뒤에는 천천히 피아노 뚜껑을 닫고서 말없이 고개를 숙이는 모습도 묘한 감동을 자아냈다.

모든 연주는 다양한 방식으로 해석 가능하지만, 코로나 시대에도 무의미한 고통이란 존재하지 않는다는 강렬한 메시지로 다가왔다. 연주를 마친 뒤 그는 "너무나 지쳐서 말 그대로 손가락이 움직이질 않았다"고 말했다. 이 곡의 최장 시간 연주 기록은 2021년 미국 피아니스트 에런 스미스가 갖고 있는데 무려 36시간 22분에 이른다. 이 정도면 연주보다는 잠들지 않고 깨어 있기야말로 성패의 관건일 것 같다.

1963년 9월 9일 〈벡사시옹〉의 역사적 초연을 주도했던 음악인이 미국 현대음악 작곡가 존 케이지(1912~1992)였다. 당시에는 피아니스트 홀로 연주하는 독주는 아니었고, 케이지를 포함한 연주자 12명이 이어달리기 방식으로 진행했다. 18시간 40분에 이르는 연주가 모두 끝났을 때 끝까지 남아 있던 관객은 딱 한 명이었다고 한다. 케이지는 훗날 "그렇게 오랫동안 음악을 들은 뒤 우리는 모두 지쳤으며 공연 후 10시간 15분간 잠에 빠졌다. 나는 평소보다 오래 잤으며 일어났을 때는 과거 여느 때와 다르게 느꼈다"고 회고했다.

〈벡사시옹〉과는 정반대로 온전한 침묵도 음악이 될 수 있을까. '콜럼버스의 달걀' 같은 역발상의 주인공도 케이지였다. 1952년 발표한 〈4분 33초〉는 침묵이 유지되는 시간과 일치한다. 대개는 피아노 곡으로 분류되지만 실은 어떤 악기로든 연주 가능하다. 하지만 역설적으로 4분 33초 동안 어떤 음도 낼 수는 없다. 케이지는 이 작품에 3악장이라는 형식까지 지정했다. 여러 판본이 존재하지만 1961년 악보 출간 당시 1악장은 33초, 2악장은 2분 40초, 3악장은 1분 20초라고 구체적 시간도 못 박았다.

대개 악장과 악장을 가르는 것이 침묵이다. 하지만 반대로 이 곡의 경우에는 한 악장과 다음 악장의 침묵을 구분하기 위해 역설적으로 동작과 소리가 필요했다. 1952년 8월 29일 뉴욕주 소도시 우드스톡의 매버릭 콘서트홀에서 열린 역사적 초연 무대에서 피아니스트 데이비드 튜더는 피아노 뚜껑을 닫았다가 다시 여는 방식으로 악장을 구분했다. 뚜껑을 닫으면 한 악장이 시작된 것이요, 다시 열면 끝났다는 뜻이다. 언뜻 연주와 유희가 구분되지 않는 것 같지만, 〈4분 33초〉는 20세기 현대음악을 대표하는 문제작 가운데 하나가 됐다. 불과 2년 뒤 뉴욕시에서 튜더가 이 곡을 다시 '연주'했을 때 존 케이지의 어머니는 아들의 동료인 작곡가 얼 브라운(1926~2002)에게 이렇게 물었다. "이번엔 존이 너무 나간 것 같지 않니?"

이쯤이면 필자도 한번쯤 주장하고 싶은 유혹에 빠진다. 지금 쓰고 있는 글을 모두 중단한 채 '4쪽 33줄'을 백지로 텅 비워놓고서 "이 백지는 존 케이지의 〈4분 33초〉에 대한 진지한 작품 해설"이라고 딸랑 마지막 줄에만 써놓는 것이다. 물론 원고료는 모두 받을 생각이지만, 그렇게 되면 장차 필자 명단에서 사라질 것이 불 보듯 뻔하다. 어찌 보면 당연하다. 나는 존 케이지가 아니니까.

반드시 이 곡을 음반으로 들어야 할 필요는 없다. 관객이 있는 라이브가 아니라 밀폐된 스튜디오에서 〈4분 33초〉를 녹음하면 우연에 내맡겼던 작품을 다시 고정시키는 역설이 발생하게 된다. 실제로 작곡가 역시 1968년 인터뷰에서 이 작품의 핵심은 침묵이 아니라고 고백했다. "그들은 요점을 놓쳤다. 침묵 같은 건 존재하지 않는다. 침묵이라고 여겼던 건 실은 우연적 소리들로 가득했고, 그들은 어떻게 들어야 할지 몰랐다. 첫 악장에서 바람 부는 소리, 2악장에서 빗물이 지붕을 두드리는 소리, 마지막 악장에서 사람들이 수근거리거나 걸어 나가는 갖가지 흥미로운 소리로 가득했다."

1912년 로스앤젤레스에서 태어난 케이지는 젊은 시절부터 현대 예술에 경도된 딜레탕트였다. 그의 삶에서 중요한 분기점이 된 사건은 1934년 스승 쇤베르크와의 만남이었다. 케이지는 "내가 쇤베르크 밑에서 함께 공부하는 오직 한 가지 이유는 그가 말하는 것과 가르치는 것은 무엇이든 믿었기 때문"이라며 절대적 존경심을 드러냈다. 하지만 20세기 전후반의 현대음악을 대표하는 이 사제師弟에게는 공통점만큼이나 차이점도 많았다. 오스트리아 빈 출신의 스승에게는 조성이 여전히 음악적으로 중요한 화두였다. 반면 미 서부에서 나고 자란 제자에게 화성학은 번거로운 족쇄이자 부담일 뿐이었다. 스승 쇤베르크가 "화성학에 대한 느낌이 없다면 언제나 넘기 어려운 벽에 부딪치게 된다"고 하자, 제자 케이지는 "그렇다면 그 넘기 어려운 벽에 내 머리를 박아버리는 데 내 생애를 걸겠다"고 답했다.

이 문답이야말로 둘의 기질적 차이뿐 아니라 현대음악의 문제의식 이동까지 명확하게 보여준다. 스승 쇤베르크에게 브람스와 바그너로부터 이어지는 음악적 전통 내에서 혁신과 단절이 중요했다면, 제자 케이지에게는 소음과 침묵, 우연성처럼 이전 음악에서 배제됐던 요소들을 도입하고 실험하는 것이 훨씬 중요했다. "물론 케이지는 작곡가는 아니고 천재적인 발명가일 뿐"이라는 스승의 평가는 어떤 의미에서 무척 정확했다.

'발명가' 케이지의 초기 작업은 '프리페어드 피아노'나 라디오, 각종 타악기 같은 다채로운 음악적 실험에서 출발했다. '프리페어드 피아노'는 이름처럼 나사, 볼트, 고무와 나무, 털실 등을 피아노의 현絃 사이에 끼워서 음색과 음정을 왜곡하고 굴절시키는 효과를 빚어낸다. 음악학자 카일 간의 말처럼 "통상적인 피아노를 한 사람이 연주할 수 있는 타악기 오케스트라로 변신시킨 것"이었다. 하지만 1950년대에 이르면 『주역周易』 같은 동양철학과 선불교에도 관심을 기울여 작품에도 우연성을 본격적으로 도입하기 시작했다. 같은 시기 유럽의 동료들이 쇤베르크의 12음 기법을 기존의 음높이뿐 아니라 강약과 빠르기, 음색까지 확대 적용하는 '총렬주의total serialism'로 거침없이 전진할 때, 대서양 건너편의 케이지는 거꾸로 우연성이라는 화두를 들고 나왔다.

이처럼 '구조에서 과정으로'의 전환이야말로 케이지의 음악적 공적이다. 그 정점에 해당하는 작품이 〈4분 33초〉였다. 마땅히 음악이 있어야 하는 자리에 소음과 침묵을 대신 집어넣은 것이었다. 일상과 예술, 행위와 연주의 경계도 더불어 흐릿해졌다. 케이지는 "내가 말하고자 하는 것은 목적을 제거함으로써 인식을 증가시킬 수 있다는 것이다. 내 목적은 목적을 없애는 것"이라고 설명했다. 당시 작곡가의 문제의식은 '무목적성의 목적성'이라는 말로 요약할 수 있다.

패러다임의 변화와 혁신이라는 점에서 사실 음악은 미술보다 느린 경향이 있다. "음악이란 미술과 달라서 작곡할 때부터 연주하고 나서 듣는 과정이 매우 사회적"이라는 케이지의 말처럼 예술적 속성의 근본적 차이가 있기 때문이다. 구상이든 추상이든 미술은 화가의 붓질이나 조각가의 끌질이 끝나는 순간 작품이 완성된 것으로 간주된다. 반면 음악은 악보를 완성하더라도 연주자들의 손길을 거치기 전에는 음표의 다발일 뿐이다. 케이지의 〈4분 33초〉 역시 미국 동료 화가 로버트 라우센버그(1925~2008)의 작품에서 적잖은 영감을 받았다. 라우센버그는 1951년 온통 흰색으로 칠한 직사각형이나 정사

각형 모양의 패널들을 이어 붙여서 「흰색 회화White Painting」
연작을 발표했다. 존 케이지는 이 작품들을 "빛과 그림자, 미
립자들을 위한 공항"에 비유했다. 하지만 백지가 그림이 되고
침묵마저 음악이 된다면, 예술은 발명 경진 대회와 별반 다를
것이 없게 된다.

케이지는 현대음악에서는 언제나 급진적이었지만, 그 급
진성은 예술의 문턱을 넘어서는 법이 좀처럼 없었다. 케이지
는 평생 '무정부주의자'를 자처했지만, 현실 정치에는 대체로
무관심했다. 마오쩌둥에 대한 관심을 보였지만 그리 오래가지
않았다. 어떤 의미에서 그는 철저한 개인주의자이자 관념론
자였다. 직접 제자를 가르치거나 자신의 악파를 만든 적도 없
었다. 그렇기에 현대에서 탈현대로 넘어가는 현시점에서 그의
파급력은 제한적이라는 평가도 있다. 하지만 존 레넌과 오노
요코, 기타리스트 프랭크 자파, 록 밴드 소닉 유스까지 팝과
록 음악인들 역시 케이지를 통해서 소음과 침묵, 우연성 같은
화두를 껴안은 것 역시 사실이었다. 그런 의미에서 "당신을 감
금하고 있는 새장bird cage 밖으로 탈출하라"라는 케이지의 말
은 지금도 의미심장하게 들린다. 과연 새장을 벗어난 현대음
악은 어디로 날아가려는 것일까.

필자가 추천하는 음반과 영상

John Cage 〈4' 33"〉

• 미로, 피아노 카티아 부니아티 슈빌리(소니 클래시컬, CD)
Labyrinth/Khatia Buniatishvili/Sony Classical

• 마이 아메리칸 스토리: 북미, 피아노 다닐 트리포노프(도이치 그라모폰, CD)
My American Story: North/ Daniil Trifonov/Deutsche Grammophon

• 존 케이지, 초기 피아노 음악, 피아노 헤르베르트 헨크(ECM, CD)
John Cage: Early Piano Music/ Herbert Henck/ECM

• 존 케이지, 네 개의 벽, 피아노 알렉세이 루비모프(Outhere Music, CD)
Cage: Four Walls/Alexei Lubimov/Outhere Music

• 존 케이지, 소나타와 간주곡, 프리페어드 피아노 존 틸버리(데카, CD)
John Cage/Sonatas & Interludes for Prepared Piano/John Tilbury(prepared piano)/
Decca

• 존 케이지 다큐멘터리 「소리 속의 여행」(악첸투스, DVD)
John Cage/Journeys in Sound/Accentus

CNN 오페라의 탄생

존 애덤스 〈닉슨 인 차이나〉

　보통 외교전에는 '치열하다' '냉혹하다' 같은 수식어들이 따라다닌다. 반면 오페라는 화려하고 낭만적인 말들과 어울린다. 이 때문에 오페라와 외교전은 언뜻 불과 얼음처럼 안 어울리는 조합으로 보인다. 하지만 엄혹한 국제 외교도 오페라의 소재가 될 수 있을까. 1947년생 미국 작곡가 존 애덤스가 첫 오페라 〈닉슨 인 차이나Nixon in China〉를 쓰면서 고민했던 문제였다.

　〈닉슨 인 차이나〉라는 제목처럼 오페라는 1972년 리처드 닉슨 당시 미국 대통령의 중국 방문을 다루고 있다. 물론 미 대통령의 첫 방중이었다. 1969년 중소 국경 분쟁 이후 미국은 공산권 내부의 긴장 관계를 활용하는 '이이제이以夷制夷'의 전략을 구사하고자 했다. 중국 역시 미소의 양대 축 사이에서 세력 균형을 이루는 '삼국정립三國鼎立'을 꿈꿨다. 문화혁명의 광풍이 휘몰아쳤던 중국과 베트남전 철군 문제로 고심 중이던 미국의 '동상이몽同床異夢'이 낳은 결과물이기도 했다.

닉슨에 앞서서 비밀 특사 자격으로 방중했던 헨리 키신저 당시 국가안보보좌관은 "닉슨은 베트남을 넘어서 미국의 시야를 넓히고자 했다. 또 마오쩌둥毛澤東의 결심은 소련이 군사적으로 중국에 시비를 걸기 전에 망설이지 않을 수 없도록 만들겠다는 것이었다"고 적었다. 결국 닉슨의 방중은 1979년 미중 수교로 이어졌다. 훗날 닉슨은 "미중 국교 정상화의 첫 단계를 다져놓지 않았다면 대소 세력 균형에서 미국은 소련에 비해 절대 불리한 위치에 놓여 있었을지도 모를 일"이라고 회고했다. "세상을 바꾼 일주일the week that changed the world"이라는 닉슨의 자화자찬은 분명 과장이 섞여 있었지만 결코 틀린 말은 아니었다.

닉슨의 중국 방문이라는 오페라의 아이디어를 먼저 꺼낸 건 애덤스의 하버드대 후배인 연출가 피터 셀라스였다. 셀라스는 대학 시절부터 바그너의 〈니벨룽의 반지〉를 인형극으로 공연하는 파격적 발상으로 주목받았다. 1983년 여름 애덤스의 부모님이 살고 있는 뉴햄프셔의 음악제에서 작곡가와 만난 셀라스는 〈닉슨 인 차이나〉를 대뜸 제안했다. "우스꽝스러울 정도로 냉소적인 선거용 전술과 역사적 돌파구"라는 이중성이야말로 셀라스를 사로잡았던 매력 포인트였다. 오히려 처음에 탐탁지 않게 여겼던 건 애덤스였다. 충분히 그럴 만했다. 워터게이트 사건으로 1974년 대통령직에서 사임한 이후 닉슨은 줄곧 부정직한 정치인의 대명사로 인식됐으니까. 어머니가 골수 민주당 지지자였던 애덤스 역시 "유년 시절 내게 닉슨은 부기맨(유령)과도 같았다"고 말했다.

하지만 예술에서 '무엇'이라는 소재만큼이나 중요한 것이 '어떻게'라는 방법론이다. 당초 애덤스는 닉슨에 대한 풍자극에서 벗어나기 힘들 것이라고 우려했다. 하지만 논의를 거듭하면서 블랙 유머로 가득한 정치 코미디보다는 오히려 셰익스피어나 그리스 고전 연극 같은 정극으로 방향을 돌렸다. 애덤스는 "내가 깨닫지 못했던 건 〈닉슨 인 차이나〉야말로 우리 시대의 유명한 정치인들이 등장하는 고전적 원형이자 신화라는 사실"이라며 "큐피드와 프시케, 오르페우스나 율리시스가 아니라 마오와 닉슨 같은 인물들이야말로 우리 시대의 신화"라고 했다. 다시 말해서 소재는 지극히 현대적이지만 주제는 고전적이라는 역발상이야말로 〈닉슨 인 차이나〉의 탄생 비결이었다. 그 뒤에도 애덤스는 〈클링호퍼의 죽음The Death of Klinghoffer〉과 〈원자력 박사Dr. Atomic〉, 〈꽃피는 나무A Flowering Tree〉 같은 오페라들에서도 셀라스와 공동 작업했다.

셀라스의 하버드대 친구인 시인이자 극작가 앨리스 굿먼이 대본 작가로 합류하면서 작업도 급물살을 탔다. 1984년 셀라스가 불과 27세에 미 워싱턴 케네디 센터의 감독으로 임명되면서 자연스럽게 이들의 작업 장소도 워싱턴이 됐다. 1980년대 레이건 집권기에 미국 정치의 한복판에서 닉슨에 대한 오페라를 쓰게 된 셈이었다.

이 오페라에 등장하는 주요 인물은 여섯 명이다. 그 가운데 절반인 세 명은 미국인, 나머지 세 명은 중국인이라는 독특한 구조다. 마치 거울을 마주보듯이 한편에는 닉슨 대통령 부부와 헨리 키신저 국가안보보좌관이 있고, 다른 편에는 마오쩌둥 주석 부부와 저우언라이周恩來 총리가 있는 것이다. 애덤스는 음악적으로도 더척점에 가까울 만큼 대조적인 성격을 등장인물들에게 부여했다.

닉슨 대통령은 1막 첫 아리아인 「뉴스에는 신비로운 구석이 있지News has a kind of mystery」에서 '뉴스'라는 단어를 11번 이상 반복해서 부른다. 명성에 대한 집착과 강박을 자연스럽게 보여주는 음악적 장치다. 실제로 닉슨은 외교를 TV 중계의 영역으로 끌어들인 최초의 정치인이었다. 애덤스는 닉슨의 음역을 베르디의 오페라 〈시몬 보카네그라〉와 마찬가지로 자기 회의와 연민에 빠져 있는 바리톤으로 설정했다. 반면 마오 주석 역은 바그너의 오페라 주인공처럼 영웅적인 테너가 부르도록 했다. 마찬가지로 닉슨의 아내인 영부인 팻은 서정적인 리릭 소프라노에 가깝지만, 마오의 아내인 장칭江靑 역은 화려한 콜로라투라 소프라노에게 맡겼다. 이처럼 대조적인 음악적 설정 덕분에 결과적으로 모차르트의 오페라 같은 아기자기한 묘미가 빚어진다.

닉슨 대통령의 전용기가 중국 베이징 공항에 내리는 1막 도입부부터 리듬 패턴의 반복과 변화를 통해서 통일성을 부여하는 미니멀리즘이 전면에 부각됐다. 전통적 오케스트라

편성에서 바순과 호른, 튜바를 빼는 대신에 신시사이저와 색소폰 등을 투입해서 현대적 면모를 한층 강화했다. 애덤스는 미니멀리즘의 초창기인 1970년대부터 테리 라일리의 〈C음으로In C〉나 스티브 라이시의 〈드러밍〉에 많은 영향을 받았다. 간디의 삶에 바탕한 필립 글래스의 오페라 〈사티아그라하 Satyagraha〉를 본 뒤에는 "필립의 오페라가 〈닉슨 인 차이나〉에 영향을 미쳤다는 건 의심의 여지가 없다"고 고백했다.

하지만 이 오페라의 독특한 매력은 글래스나 라이시 같은 선배 미니멀리스트들과의 공통점이 아니라 차이점에 있었다. 미니멀리즘을 바탕으로 하면서도 말러와 바그너 같은 낭만주의 색채를 가미한 애덤스의 음악 어법을 흔히 '포스트 미니멀리즘'이라고 부른다. 애덤스의 '음악적 칵테일'은 비단 낭만주의뿐 아니라 재즈와 블루스, 록 같은 대중음악과 만화영화 삽입곡까지 아우르고 있었다. 이는 글래스나 라이시와의 적극적인 차별화 전략이기도 했다. 실제로 애덤스는 자신의 음악적 처지를 작곡가 바흐와 브람스, 말러에 비유했다. "한 시대의 끝에 서서 지난 30~50년에 걸쳐 일어났던 모든 변화를 포용한다"는 점에서 공통점이 있다는 설명이었다. 애덤스의 이런 지론이 고스란히 투영된 오페라가 〈닉슨 인 차이나〉였다.

오페라 1막의 도입부에서 중국 인민들은 닉슨 부부를 기다리면서 인민 해방군의 군사 교리인 「3대기율 8항주의三大紀律 八項注意」를 노래한다. 이 합창은 푸치니의 오페라 〈투란도트〉의 군중 장면을 연상시킨다. 곧이어 비행기에서 내린 닉슨 대통령이 영접을 나온 저우언라이 총리와 부르는 이중창이나 오케스트라의 관현악에는 바그너 오페라의 그림자가 드리우고 있다. 바그너적 색채는 2막 말미에 장칭이 부르는 고난도 아리아 「나는 마오쩌둥의 아내다 I am the wife of Mao Tse-Tung」에서도 두드러진다. 문화혁명의 정당성을 옹호하는 이 야심 찬 노래에서 장칭 역의 소프라노는 화려한 콜로라투라를 넘어서 사실상 브륀힐데 같은 바그너 오페라의 여주인공으로 변모해야 한다. 애덤스는 "마지막 장면에서 장칭은 자신의 은밀한 판타지, 에로틱한 욕망과 함께 심지어 비극적 자각까지도 드러낸다"고 설명했다.

처음부터 이 오페라가 칭찬 일변도였던 건 아니었다. 1987년 휴스턴 초연 당시부터 "하나의 단순한 아이디어를 무한 생산한다는 점에서 애덤스가 아르페지오에 한 일은 맥도날드가 햄버거에 한 일과 같다"(『뉴욕타임스』)는 혹평이 쏟아졌다. 쉽게 말해서 애덤스와 맥도날드가 오페라와 햄버거를 각각 망쳐놓았다는 뜻이다. 『뉴요커』의 음악 평론가 알렉스 로스는 "진보 진영은 범죄를 저지른 대통령을 낭만적으로 묘사했다는 점에 항의했고, 우파는 학살자 마오의 시적이고 철학적 면모를 부각시켰다는 점을 싫어했다"고 분석했다. 좌우 양쪽의 협공을 받을 위험에 처했다는 의미다. 애덤스 역시 "이 오페라는 미 공화당원과 중국 공산주의자를 위한 것"이라고 유머 있게 말했다. 하지만 뉴욕 브루클린 음악 아카데미, 케네디 센터, 네덜란드 오페라극장, 영국 에든버러 페스티벌에서 잇따라 공연되면서 1980년대를 대표하는 현대 오페라로 서서히 자리매김했다. 뉴스나 시사 문제를 다룬 오페라 작품이라는 의미에서 'CNN 오페라'로도 불린다.

베르디의 〈돈 카를로〉나 〈시몬 보카네그라〉처럼 복잡한 유럽의 정세를 반영한 오페라들은 이전에도 적지 않았다. 하지만 낭만주의 오페라들은 대부분 부자간의 갈등이나 남녀의 로맨스 같은 외피를 두르고 있었다. 설령 외교적 갈등이라고 해도 희로애락의 인간적 감정들을 통해서 지극히 간접적인 방식으로 다뤘던 것이다. 반면 〈닉슨 인 차이나〉는 미중 외교의 주역들이 거침없이 자의식과 욕망을 드러낸다는 점에서 외교 문제가 전면에 부각된 오페라였다. 애덤스 자신도 "〈닉슨 인 차이나〉는 연출된 미디어 이벤트를 극적 구조의 바탕으로 사용한 첫 오페라"라고 말했다. 그런 점에서 'CNN 오페라'라는 별명은 실은 온당한 평가이기도 했다.

방중 당시 닉슨은 "8억 인구가 만약 괜찮은 시스템 하에서 일사불란하게 움직이면 그들이 온 세상을 이끌지 않겠는가"라고 예견했다. 닉슨의 말처럼 21세기 미중 양강의 시대가 도래했다. '괜찮은 시스템'인지는 여전히 미지수이지만, '일사불란하게 움직인다'는 사실만큼은 분명해 보인다. 혹시 닉슨은 그 문을 직접 열어준 장본인은 아니었을까. 그렇기에 현시점에서 이 오페라를 다시 보는 기분은 더욱 묘하다.

John Adams 〈Nixon in China〉

• 지휘 에도 더 바르트, 세인트 쿠크 오케스트라(넌서치, CD)
Edo de Waart/Orchestra of St Luke's/Nonesuch

• 지휘 마린 올숍, 콜로라도 심프니 오케스트라(낙소스, CD)
Marin Alsop/Colorado Symphony Orchestra/Naxos

• 지휘 존 애덤스, 연출 피터 셜라스, 뉴욕 메트로폴리탄 오페라극장 오케스트라
(넌서치, DVD)
John Adams/ Peter Sellars/New York Metropolitan Opera Orchestra/ Nonesuch

미국 현대음악 작곡가이자 피아니스트 프레더릭 제프스키Frederic Rzewski(1938~2021)는 이름을 발음할 적마다 골치를 앓게 된다. 실은 성의 첫 글자인 'R'은 묵음이다. 그는 하버드 대학원 재학 시절인 1960대 초반부터 존 케이지의 실험적 음악에 이끌렸다. 카를하인츠 슈톡하우젠과 피에르 불레즈 같은 동시대 작곡가들의 피아노 곡도 초기부터 녹음했다. 무용 수업 시간에 사용할 음악을 반주해달라는 무용 교수들의 부탁을 받고, 쉴 새 없이 건반을 종횡무진하면서 음표를 쏟아내는 바람에 교수와 학생들이 당황했다는 일화도 있다. 그 뒤 1966년 이탈리아 로마에서 즉흥 연주 중심의 현대음악 단체인 'MEV'를 창단하고 1970년대 후반에는 벨기에 리에주 음악원 교수가 된 독특한 이력을 지니고 있다.

〈단결한 민중은 결코 패배하지 않는다〉는 그가 칠레의 좌파 정당 연합인 '인민 연합' 찬가를 주제로 1975년 작곡한 피아노 독주곡이다. 당시 독주회를 앞두고 있던 피아니스트 우어슬라 오펜스가 베토벤의 〈디아벨리 변주곡〉과 함께 연주할 만한 작품을 제프스키에게 위촉한 것이 탄생 배경이다.

'인민 연합'은 1970년 칠레 대선을 앞두고 사회당과 공산당 등 6개 좌파 정당이 결성한 연합체였다. 사회당 출신의 살바도르 아옌데(1908~1973)가 이 대선에서 승리하면서 남미에서 처음으로 선거를 통해 집권한 좌파 대통령이 됐다. 하지만 1973년 피노체트 군사령관의 군부 쿠데타로 좌파 정부는 붕괴했고 아옌데는 대통령궁에서 숨을 거뒀다. 결과적으로 제프스키의 이 변주곡은 아옌데 대통령과 인민 연합을 기리는 곡이 됐다. 우리 식으로 말하면 '임을 위한 행진곡 주제에 의한 변주곡'을 떠올려도 좋을 법하다.

바흐의 〈골드베르크 변주곡〉처럼 '인민 연합 찬가'의 주선율이 작품의 맨 처음과 마지막에 등장하는 수미상관의 구조를 지니고 있다. 그 사이에는 리듬과 선율, 화성과 대위법 등에 따라서 36개의 변주가 펼쳐진다. 지극히 까다로운 기교는 물론, 연주 도중에 휘파람을 불거나 피아노 뚜껑을 치는 실험적 기교도 가미했다. 변주곡의 고전적 형식과 현대음악의 실험성, 저항가요가 지닌 실천성의 결합이야말로 이 곡의 삼중적 매력이다. 실제로 주제 선율의 흐름은 한국 민중 가요들과도 닮았다. 급진적 모더니즘과 사회 참여적 성격이 어우러진 '우리 시대의 변주곡'이 탄생한 셈이다.

마르크 앙드레 아믈랭과 이고르 레빗처럼 이 곡을 즐겨

연주하는 피아니스트는 적지 않다. 특히 레빗은 2021년 작곡가가 타계했을 때 『뉴욕타임스』에 장문의 추모글을 싣기도 했다. 그는 대학 1학년 때 학교 자료실에서 제프스키의 이 곡을 듣고서 "스타워즈를 난생처음 본 듯한 충격"에 빠졌다고 고백했다. 작곡가에게 이메일을 보내서 만남이 성사됐는데, 당시 레빗이 연주한 이 변주곡을 듣고서 제프스키는 딱 한 가지를 조언했다고 한다. "(연주를 마친 뒤) 앞으로는 그냥 일어서서 나가라"는 것이었다. 레빗은 그를 "마르크스와 톨스토이, 오비완 케노비를 합친 존재"에 비유했다. 현대음악은 가끔씩 막다른 골목에 부딪힌 것 같지만, 이런 작곡가와 연주자 덕분에 급진성과 생명력을 잃지 않는 것일지도 모른다.

뉴욕의 택시 운전사에서 현대음악의 스타로
필립 글래스 〈해변의 아인슈타인〉

1970년대 작곡가 필립 글래스는 '뉴욕의 택시 운전사'였
다. 일주일에 서너 번은 뉴욕의 밤거리를 하루 150km씩 달렸
다. 미터기에 찍힌 금액의 절반을 가져가고 팁 수입까지 보태
면 하룻밤에 많게는 100~120달러를 벌었다고 한다. 때로는
만취한 승객들이 차 안에 구토를 했고 몸을 제대로 가누지 못
해서 지갑을 찾지 못하는 일도 다반사였다. 다른 택시 기사들
이 강도를 당하거나 목숨을 잃는 일도 빈번했다. 글래스는 "가
장 지긋지긋한 것은 오늘 밤이 살아 숨 쉬는 마지막일지 모른
다는 생각이 드는 순간으로 그럴 때면 심장이 벌렁거렸다"고
회고했다.

따지고 보면 그가 반드시 운전대를 잡아야 할 이유는 없
었다. 글래스는 전형적인 영재 출신의 엘리트 작곡가였다. 어
릴 적부터 피바디 음악원 예비학교에서 플루트를 배웠다. 불

과 열다섯 살에는 시카고대에 조기 입학해서 수학과 철학을 전공했다. 2차 세계대전이 끝난 뒤 쏟아져 나온 군인들의 재교육을 위해서 고교 졸업장 없이도 대학에 들어갈 수 있도록 했던 '제대 군인 원호법'의 간접적 혜택을 특특히 본 셈이었다.

조기 입학의 혜택은 훗날 예상치 못했던 곳에서 찾아왔다. 대학 시절에 그는 『고독한 군중』의 저자로 유명한 사회학자 데이비드 리스먼(1909~2002)의 강의를 듣다가 한바탕 논쟁을 벌인 적이 있다. 그런데 자신이 창단한 '필립 글래스 앙상블'의 음악 감독이었던 지휘자이자 건반 연주자 마이클 리스먼이 바로 그의 아들이었다. 그 사실을 까맣게 몰랐던 글래스는 "아버지께서 연주회장에 와 계시다"는 마이클의 말을 나중에 전해 듣고서야 과거의 은사를 알아보았다고 한다. 아버지 리스먼과는 사제 관계였고, 아들 리스먼과는 반세기 음악 동료이니 대를 이은 인연인 셈이다.

글래스는 시카고대를 졸업한 뒤 뉴욕 줄리아드 음악원에서 작곡을 공부했다. 그때도 철강 공장 검량관과 아파트 건물 관리인, 트럭 하물 적재원으로 부지런히 생활비를 벌었다. 그 뒤 풀브라이트 장학금을 받고 파리로 건너가 프랑스 여성 지휘자이자 피아니스트, 교육자인 나디아 불랑제를 2년간 사사했다. 결과적으로 대위법과 화성학, 통주저음과 작품 분석까지 바닥부터 단단하게 다지는 시기가 됐다. 그는 "내게 파리는 작곡가로서의 훈련을 완성한 곳이며 직업 음악가로서의 삶이 시작된 장소이며, 또한 중요한 친구를 여럿 사귀게 해준 도시였다"고 기억했다.

뉴욕으로 돌아온 뒤에도 그는 5년간 택시 운전대를 잡았다. 오전 1~2시까지 일하고 집에 돌아와서도 곧바로 잠드는 법이 없었다. 대신에 그는 새벽 5~6시까지 밤을 꼬박 새우면서 곡을 썼다. 아이들을 학교에 데려다주고 잠자리에 든 뒤 오후에 눈을 떠서 다시 차고지로 출근하는 일과였다. 택시 운전대를 잡지 않을 적에는 이삿짐센터 직원과 배관공으로도 일했다. 당시 글래스가 쓰고 있던 곡이 바로 오페라 〈해변의 아인슈타인〉이었다.

이처럼 '미니멀리즘'으로 불리는 20세기 후반 뉴욕 예술가들의 삶과 작품 세계는 독립적이면서도 대안적인 성격이 뚜렷했다. 처음에 미니멀리즘은 솔 르위트나 도널드 저드 등 1960년대 뉴욕에서 활동한 미술가들의 작품 세계를 설명하기 위한 미술 용어였다. 하지만 라 몬테 영, 테리 라일리, 스티브 라이시와 글래스 같은 작곡가들은 물론이고 건축과 문학, 패션과 요리 같은 다른 분야에도 확대 적용되기에 이르렀다. 장르 간 차이는 있었지만 반복과 변화를 화두로 삼는다는 점은 이들을 묶어주는 공통분모였다. 특히 미니멀리즘 음악은 조성의 회귀와 반복적 구조라는 점에서 동시대 유럽 현대음악과도 구분됐다.

1973년 글래스는 장장 12시간에 이르는 「이오시프 스탈린의 삶과 시대」를 관람한 뒤 이 작품의 극작가이자 연출가인 로버트 윌슨에게 깊은 인상을 받았다. 명색이 스탈린이 주인공이었지만 스탈린을 상징하는 콧수염과 군복 차림의 인물이 나올 뿐 일반적인 전기물傳記物과는 거리가 멀었다. 글래스조차 "스탈린이 무대에 등장했더라도 아마 나는 그를 놓치고 말았을 것"이라고 했다. 장르적으로는 연극이나 무용극에 가까웠지만 윌슨은 오페라라고 명명했다.

전체 7막에 이르고 144명이 투입된 이 대작은 저녁 7시에 시작해서 다음 날 아침 7시에야 끝났다. 하지만 1974년 〈열두 파트로 구성된 음악Music in Twelve Parts〉으로 이미 4시간 반에 이르는 마라톤 공연을 펼쳤던 글래스에게는 그리 낯선 풍경은 아니었다. 다음 날 쏟아지는 아침 햇살을 맞으며 극장을 나선 글래스는 매주 목요일마다 윌슨과 만나서 신작 구상에 들어갔다. 무엇보다 이들에게는 무대와 극음악이라는 공통의 관심사가 존재했다. 글래스는 "내가 하는 일은 밥(로버트 윌슨)의 연극을 음악으로 표현한 것이었고, 밥이 하는 일은 내 음악을 연극으로 표현한 것이었다"고 말했다.

이미 스탈린을 연출한 윌슨은 채플린과 히틀러를 제안했고, 글래스는 간디를 떠올렸다. 꼬리에 꼬리를 물고 이어지던 이들의 대화가 정착한 지점이 아인슈타인이었다. 후속작인 1980년 〈사티아그라하〉와 1984년 〈아크나톤〉까지 글래스가 작곡한 '초상肖像 오페라 3부작'의 출발점이었다. 〈사티아그라하〉에서 글래스는 간디의 비폭력 저항을 다뤘고 〈아크나톤〉에서는 유일신을 주창했던 고대 이집트 파라오를 등장시켰다. 작곡가는 "아인슈타인은 과학으로, 간디는 정치로, 아크나톤은 종교를 통해 그들이 사는 세상을 변화시켰다. 강압적인 무력이 아니라 생각의 힘을 통해서"라고 말했다.

엄밀히 말해서 〈해변의 아인슈타인〉 역시 인물의 행적을 충실하게 묘사한 전기물은 아니다. 아인슈타인이 말년에 고심했던 주제인 핵 폭발로 인한 인류의 종말을 배경으로 가져왔을 뿐, 전통적인 이야기 구조에서 탈피한 추상적이고 실험적인 음악극에 가깝다. "누구나 아인슈타인을 알고 있고 각자의 이야기로 이해할 것이라면 굳이 아인슈타인의 이야기를 할 필요는 없다"는 것이 이들의 복안이었다. 〈해변의 아인슈타인〉이라는 제목은 핵전쟁으로 지구 북반부가 멸망한 '종말 이후의 세상post apocalypse'을 다룬 네빌 슈트의 소설 『해변에서On the Beach』에서 착안했다. 당초 오페라 제목은 '월스트리트 해변의 아인슈타인'이었지만 작업 과정에서 '월스트리트'가 자연스럽게 떨어져나갔다.

언어보다 시각적 이미지를 중시하는 윌슨의 연극과 반복적인 글래스의 미니멀리즘 음악은 작업 과정부터 시너지를 일으켰다. 윌슨이 기차와 법정, 우주선과 들판 같은 시각적 장면들을 떠올리면 글래스는 이 주제들을 전체 4막 9장의 구조로 풀어냈다. 다시 윌슨은 프롤로그와 에필로그, 간주곡의 역할을 하는 '니 플레이Knee Play'를 제안하는 공동 창작 방식이었다. '니 플레이'는 무릎이 하체를 연결하는 것처럼 장면과 장면을 이어주는 역할을 한다는 뜻으로 여기서 중요한 악기가 바이올린이다.

이 오페라는 막이 오르기 전부터 시작된다. 키보드 연주자가 단 3개의 음을 느리게 반복해서 연주하는 가운데 두 명의 여성이 테이블에 앉아서 임의의 숫자들을 읊조리기 시작한다. 오케스트라 피트에 천천히 입장한 합창단원들은 우주선을 조종하는 듯한 동작과 함께 '1, 2, 3, 4, 5, 6, 7, 8'의 숫자를 합창한다. 관객들은 이 모습을 보면서 극장에 입장하게 된다.

장장 5시간에 육박하는 전체 공연 역시 막간 휴식은 없는 대신, 관객들이 연주 도중에도 자유롭게 극장을 드나들 수 있도록 했다. 1막 1장의 기차Train 장면부터 2장의 법정Trial, 다시 2막 1장의 우주선이 있는 들판Field with Spaceship에서 2장의 기차 장면으로 돌아가는 순환적 구조이지만, 전통적 의미의 대사나 사건은 등장하지 않는다. 대본 역시 '도레미파솔라시도' 같은 음계와 숫자들, 자폐증이 있는 10대 소년 크리스토퍼 놀즈의 시구詩句처럼 파편적이고 분절적인 구절들로 이뤄져 있다. 처음에는 리허설에서 쉽게 암기하기 위한 임시방편에 가까웠지만, 윌슨은 본 공연에서도 그대로 사용하자고 밀어붙였다. 윌슨은 "우리 오페라는 가장 쉬운 오페라다. 이야기가 없으니 이야기를 생각할 필요가 없다. 대사가 없으니 대사를 들을 필요가 없다. 우리는 풀어야 할 수수께끼가 아니라 그저 들어야 할 그림을 줄 뿐"이라고 했다.

그의 말처럼 막이 오르면 왼손을 머리 위로 들고서 부지런히 무대를 대각선 방향으로 오가는 여성이나 기차의 입퇴장 같은 상황 묘사가 반복된다. 주인공에 해당하는 아인슈타인은 1막 2장에 비로소 바이올린을 들고서 나타난다. 하지만 일절 대사 없이 무대 한구석에서 그저 바이올린을 연주할 뿐이다. 어떤 의미에서는 주연보다는 조연이나 단역에 가깝다. 간혹 아인슈타인이 특수 상대성 이론을 발표했던 "1905년"과 "스위스 베른" 같은 단어들이 나오지만, 정확한 의미를 해독하기 힘든 건 마찬가지다. 4각 2장에 이르러서야 이 오페라의 유일한 아리아가 소프라노의 노래로 나오지만 그마저 가사는 없다. 장장 5시간의 공연이 끝날 즈음 마지막에 나오는 '니 플레이'는 첫 장면과 닮아 있어서 흡사 무한 반복되는 '뫼비우스의 띠'를 연상시킨다. "〈해변의 아인슈타인〉은 오페라의 모든 규칙을 깨버렸다"는 미국 음악 평론가 팀 페이지의 말은 결코 과장이 아니었다.

1975년 11월 작곡을 마친 글래스는 본격적으로 리허설에 들어가면서 택시 운전을 잠시 중단했다. 행운도 이어졌다. 프랑스 정부에서 1976년 미국 건국 200주년을 맞아서 이 작품의 세계 초연을 맡기로 했다. 〈해변의 아인슈타인〉은 미국이 아니라 1976년 7월 25일 프랑스 아비뇽 페스티벌을 통해서 첫선을 보였다. 이 대작은 프랑스에서도 찬반 논란을 거듭하면서 화제작으로 떠올랐다. 유럽 6개국을 순회하며 30여 차례 공연한 뒤 넉 달 뒤인 11월 뉴욕 메트로폴리탄 오페라극장(메트)에서도 공연이 잡혔다. 뉴욕의 비주류 현대음악인 미니멀리즘이 전통적 주류 예술의 상징인 메트에 입성한 것이었다.

이 오페라의 파장은 비단 현대음악이나 클래식의 영역에

만 한정되지 않았다. 1970년대 들어서 데이비드 보위와 브라이언 이노 같은 록 음악인들도 글래스의 미니멀리즘에 영향받은 음반들을 내놓기 시작했다. 음악학자 키스 포터의 말처럼 "1976년 〈해변의 아인슈타인〉을 발표한 이후 글래스는 뉴욕 맨해튼의 록 클럽이나 당대의 펑크 운동과도 밀접한 연관을 맺게 된 것"이었다. 이처럼 클래식의 영역을 넘어서 당대의 대중문화와 스스럼없이 협력하고 실시간으로 영향을 주고받은 것도 미니멀리즘의 공으로 꼽힌다. 어떤 의미에서는 현대음악의 문법을 의도적으로 어겨서 클래식의 생명 연장이라는 역설적 결과를 가져온 셈이었다.

뉴욕 공연은 두 차례 매진의 폭발적 반응이었지만, 정작 투어 전체는 10만 달러의 적자를 기록하고 말았다. 글래스는 이를 재치 있게 '아인슈타인 채무Einstein Debt'라고 불렀다. 결과적으로 〈해변의 아인슈타인〉은 글래스에게 세계적 명성이라는 축복과 빚더미의 저주를 동시에 안겨준 셈이었다. 결국 글래스는 1978년 네덜란드 오페라극장으로부터 〈사티아그라하〉를 위촉받으면서 전업 작곡가로 나설 때까지 당분간 계속 운전대를 잡아야 했다. 글래스는 "먹고살기 위해 음악 이외의 일을 한 세월이 도합 24년이었지만 한 번도 그런 형편이 짜증스럽지는 않았다. 삶에 대한 호기심이 언제나 우선했기에 일하면서 느꼈을 어떤 모멸감도 이겨냈다"고 말했다.

1980년대 들어서 글래스는 로스앤젤레스 올림픽의 공식 음악을 썼고 위스키 광고 모델로 출연했으며 할리우드 영화의 음악 작업만이 아니라 직접 모습을 내비치기도 했다. 현대음악을 넘어서 미국 대중문화 전반의 상징으로 부상한 것이다. 그 분기점에 해당하는 작품이 〈해변의 아인슈타인〉이었다. 모멸감은 썼지만, 그 대가는 이렇듯 달콤했다.

필자가 추천하는 음반과 영상

Philip Glass 〈Einstein on the beach〉

• 〈해변의 아인슈타인〉(2014년 파리 샤틀레 실황), 연출 로버트 윌슨, 안무 루신다 차일즈, 지휘 마이클 리스먼, 연주 필립 글래스 앙상블(오푸스 아르테, DVD)
Robert Wilson/Lucinda Childs/Michael Riesman/ Philip Glass Ensemble/Opus Arte

• 〈해변의 아인슈타인〉(1993년 스튜디오 녹음), 지휘 마이클 리스먼, 연주 필립 글래스 앙상블(넌서치, CD)
Michael Riesman/ Philip Glass Ensemble/Nonesuch

• 다큐멘터리 「루킹 글래스」, 연출 어릭 다르몽(이데알 오디앙스, DVD)
Looking Glass/Éric Darmon/Idéale Audience

바로크나 인상주의와 마찬가지로 미니멀리즘 역시 미술에서 먼저 등장한 용어다. 그렇다면 현대음악에서 이 말을 처음 사용한 사람은 누구일까. 흡사 '원조 할머니 국밥집'을 찾는 것처럼 의견만 분분할 뿐 속시원한 정답을 찾기 힘든 문제다. 하지만 유력한 후보자는 있다. 영화 「피아노」의 음악으로 유명한 1944년생 영국 작곡가이자 피아니스트, 평론가인 마이클 나이먼Michael Nyman이다.

1993년 칸영화제 황금종려상 수상작인 「피아노」의 성공으로 나이먼의 사운드트랙 음반도 전 세계에서 300만 장의 판매고를 올렸다. 나이먼은 이 음반에서 작곡과 편곡, 지휘는 물론 피아노 연주까지 '1인 4역'을 맡았다. 덕분에 영화음악과 클래식 작곡가로 유명하지만 실은 그의 출발점은 음악 평론이었다. 런던 킹스 칼리지와 왕립 음악원에서 작곡과 피아노를 전공한 그는 1968년 잡지 기사에서 '미니멀 음악

Minimal music'이라는 용어를 사용했다. 하지만 당시까지만 해도 존 케이지의 실험 음악처럼 미국과 영국 현대음악의 다양한 흐름을 광범위하게 포괄하는 용어에 가까웠다.

하지만 나이먼은 1974년 기념비적 저작인 『실험적 음악: 케이지와 그 이후Experimental Music: Cage and beyond』를 통해서 영미 현대음악의 조류를 한층 세밀하게 분류했다. 특히 마지막 장인 「미니멀 음악」에서는 훗날 '미니멀리즘 음악의 4인방'으로 불리는 작곡가 테리 라일리와 라 몬테 영, 필립 글래스와 스티브 라이시를 한데 묶어서 조명했다. 나이먼은 이들의 음악적 특징으로 '확정성'과 '새로운 조성'을 꼽았다. 확정성은 존 케이지의 우연성과 대비되는 개념이며, 새로운 조성은 무조에서 출발한 유럽 현대음악에 대한 대응을 뜻한다. 조성의 회귀와 반복적 구조, 리듬의 전면적 배치와 전자 증폭의 도입 같은 미니멀리즘 음악의 특징들도 이 과정에서 정식화됐다.

미니멀리스트로 불리는 작곡가들은 1935~1937년에 태어난 동년배라는 세대적 공통점을 지니고 있었다. 1960년대 동부 뉴욕과 서부의 캘리포니아를 넘나들면서 활동했고, 주류 음악계보다는 미술관과 대학가 같은 대안 공간에서 먼저 조명받았다. 인도와 아프리카 음악, 재즈 등 클래식 이외의 음악에 대한 폭넓은 관심사도 이들을 묶어주는 공통분모다. 쇤베르크부터 피에르 불레즈까지 유럽 현대음악에 매혹됐다가 결별하는 과정을 거쳤다는 점도 닮았다.

하지만 미니멀리즘 작곡가들이 정작 이 용어를 달가워하지 않았다는 점도 흥미롭다. 미니멀리즘이라는 용어가 자신의 음악 세계를 정확하게 대변하지 못한다는 불만을 지녔던 것으로 보인다. 라이시는 '점진적 과정으로서의 음악Music as a Gradual Process'이라고 불렀고, 글래스 역시 '반복적 구조repetitive structures의 음악'이라는 말을 선호했다. 점진과 반복은 미니멀리즘 음악의 핵심적 특징을 보여주지만, 복잡한 용어를 입에 올리는 걸 반기지 않는 것이 대중적 심리다. 심지어 존 애덤스 같은 후배 작곡가들은 '포스트 미니멀리즘'으로 자신의 음악을 또다시 영민하게 차별화했다. 결국 당사자들의 호불호와는 별개로 '미니멀리즘 음악'으로 굳어지기에 이르렀다.

타악기, 미니멀리즘의 주인공이 되다

스티브 라이시 〈드러밍〉

1970년 6월 18일 미국 미니멀리즘 작곡가 스티브 라이시가 아프리카 가나의 수도 아크라에 도착했다. 현지에서 아프리카 전통 리듬과 타악기를 배우기 위해서였다. 엿새 뒤에 그는 볼타주州의 마을을 방문했다. 하지만 그에게 불운이 뒤따랐다. 현지에서 민속무용과 드럼을 감상하다 그만 모기에 물리는 바람에 말라리아에 걸린 것이었다. 훗날 라이시는 "바보처럼 샌들을 신는 바람에 두 발을 50번씩 물렸다"고 회고했다.

당초 그는 여름 내내 가나에 머물 예정이었지만 일정을 앞당겨서 5주 만에 귀국할 수밖에 없었다. 하지만 소득은 적지 않았다. 서양 클래식 음악과는 다른 전통을 지니고 있는 '미지의 음악 대륙'에 눈뜨는 계기가 된 것이다. 라이시는 유럽과 아프리카 음악의 차이를 두 가지로 명쾌하게 정리했다. 우선 "가장 중요한 건 아프리카에 리듬의 대위법적 전통이 존재한다는 것"이라는 깨달음이었다. 하나의 작품에도 복합적인 여러 리듬들이 공존하는 '폴리리듬polyrhythm'을 그는 '리듬의 대위법'에 비유했다. 또한 "서구 오케스트라에서 현악이 지배적인 소리를 내는 것과는 달리, 아프리카 음악에서 지배적인 소리를 내는 건 타악기"라고 구분했다. 완치 이후 그가 1970~1971년 꼬박 1년여간 매달린 끝에 완성한 작품이 〈드러밍Drumming〉이다. "비서구적 음악의 소리를 모방하는 건 결국 이국적 취향으로 귀착하고 만다. 대신 비서구적 구조에 대한 지식에 기초해서 자신의 고유한 음악을 창조할 수 있다"는 작곡가의 믿음이 반영된 곡이기도 했다.

역설적으로 아프리카 전통음악에 대한 관심은 12음 기법에 대한 지독한 회의에서 출발했다. 동료이자 라이벌인 필립 글래스가 15세에 시카고대에 조기 입학했던 것처럼, 라이시 역시 16세에 코넬대에 일찍 들어가서 비트겐슈타인을 주제로 논문을 썼던 철학도였다. 동시에 그는 10대 시절부터 찰리 파커의 색소폰과 케니 클라크의 드럼에 빠졌던 재즈광이기도 했다. 이 때문에 뉴욕 필하모닉의 팀파니 수석 연주자로부터 타악기를 배웠다. 철학과 음악의 갈림길에서 결국 라이시가 선택한 것은 음악이었다.

줄리아드 음악원에서 작곡을 공부했지만 졸업장을 받지 않고 서부의 밀스 칼리지로 건너가서 다시 작곡가 루치아노 베리오를 사사했다. 하지만 미국의 전후 작곡가들을 괴롭혔던 문제에서 그도 자유롭지 않았다. 쇤베르크 이후 유럽 현대음악의 주류가 된 무조와 12음 기법, 총렬주의의 수용 문제였다. 라이시는 미국과 유럽 현대음악의 차이에 대해 이렇게 솔직하게 고백했다. "슈톡하우젠과 베리오, 불레즈는 2차 세계대전 이후 폭격으로 잿더미가 된 대륙에서 작곡한다는 것이 무엇인지 무척 정직하게 코여주었다. 하지만 척 베리와 수백만 개의 햄버거가 팔려나가는 1948년과 1958년, 1968년의 전후 미국 음악가들이 오스트리아 빈의 짙고 음울한 분노를 공유한다는 것은 음악적으로도 거짓말이었다."

이런 의미에서 미니멀리즘 음악은 유럽의 현대음악에 대한 미국 전후 세대의 응답과도 같았다. 라이시는 "믿거나 말거나 나는 하이든부터 바그너 사이의 음악에는 전혀 관심이 없었다"고 토로했다. 자연스럽게 낮에는 12음 기법과 씨름하면서도 밤이면 재즈 클럽을 찾아가서 존 콜트레인의 색소폰 연주를 들었다. 아프리카 음악 연구서들을 뒤적이기 시작한 것도 이 무렵이었다. 당시 그는 "새로운 아이디어를 찾는 서구 작곡가와 음악가들에게 단 하나의 중요한 원천은 비서구권 음악"이라고 단언했다. 결국 1965년 뉴욕으로 돌아온 뒤 컬럼비아대에서 가나 전통 타악기에 대한 강의를 듣고서 가나행을 결심하기에 이르렀다. 아프리카에 다녀온 뒤인 1973~1974년에도 라이시는 비서구권 음악에 대한 관심을 이어갔다. 이번에는 현지에 가는 대신에 시애틀의 워싱턴대와 버클리의 월드 뮤직 센터에서 인도네시아 음악가들에게 발리 음악을 배우는 길을 택했다.

초기에 라이시는 테이프로 녹음한 소리를 이어 붙이는 음악의 콜라주collage 실험에 몰두했다. 두 개의 테이프에 같은 음원을 녹음한 뒤 재생 속도에 미묘한 차이를 둬서 조금씩 음악이 어긋나게 하는 '페이징phasing 기법'이다. 샌프란시스코 광장에서 홍수로 인한 멸망을 경고하는 젊은 흑인 선교사의 묵시론적 설교를 녹음해서 재생한 1965년작 〈비가 내릴 것이다It's gonna rain〉가 이 시기의 대표작이다.

미니멀리즘의 원형을 찾을 수 있다는 점에서 의미가 적지 않지만, 정작 라이시는 "연구실에 갇힌 미친 과학자처럼 보였다"고 혹독한 자기비판을 하기에 이르렀다. 결국 그는 테이프 녹음과는 거리를 두고 피아노와 바이올린, 타악기 같은 실제 악기들에 페이징 기법을 확대 적용했다. 녹음과 실험의 스튜디오에서 실연의 공연장으로 스스로 걸어 나온 것이었다. 1968년 라이시는 '점진적 과정으로서의 음악Music as a Gradual Process'이라는 용어로 자신의 방법론을 정식화했다. '점진적'이라는 말은 미니멀리즘의 특징인 반복성을 뜻하고, '과정'이라는 말에는 기존 클래식 음악의 목적성에 대한 거부가 담겨 있다. 결과적으로는 미니멀리스트의 자기 고백과도 같았다.

〈드러밍〉은 1971년 12월 3일 뉴욕 현대미술관Museum of Modern Art에서 초연됐다. 그 뒤 작곡가는 11일 브루클린 음악원과 16일 뉴욕 타운홀에서도 연이어 작품을 세 차례나 연주하는 대담성을 보였다. 당장 9명의 타악기 연주자와 2~3명의 여성 성악가, 1명의 피콜로 주자라는 편성부터 범상치 않았다.

서구의 전통적 현악기와 건반악기는 아예 처음부터 배제되어 있다. 현악이나 건반이 아니라 타악이 주인공이며 선율이나 화성이 아니라 리듬을 화두로 삼았다는 사실을 작품 제목과 편성을 통해서도 공표한 셈이었다.

〈드러밍〉은 중간 휴식 없이 4악장을 이어서 연주하는 60~80분의 대곡이다. 첫 악장에서는 4대의 봉고 드럼, 2악장은 3대의 마림바, 3악장은 3개의 글로켄슈필이 등장하고 마지막 악장에서는 모든 악기들이 뒤섞인다. 첫 악장은 서로 다른 음높이로 조율된 봉고 드럼 주자 네 명이 한 명씩 차례로 등장해서 연주하기 시작한다. 봉고 드럼을 사이에 두고 양편으로 두 명씩 나뉘어 마주 보며 연주하는 모습도 독특하다. 처음엔 12/8박자의 리듬 패턴을 연주하지만, 점차 변화를 주면서 특유의 몽환적이고 중독적인 분위기를 자아낸다. 흡사 차분하고 규칙적인 다듬이질에서 화려하고 변화무쌍한 사물놀이로 변하는 듯한 아찔한 매력도 느낄 수 있다.

봉고 드럼에서 마림바, 글로켄슈필로 악기가 바뀌면서 자연스럽게 전반적인 음색도 달라진다. 여기에 작곡가는 의미 없는 음절들을 즉흥적으로 노래하는 재즈 가수의 스캣scat 창법처럼 악기마다 가사 없는 목소리를 덧입혔다. 마림바는 여성 음성, 글로켄슈필은 휘파람이나 피콜로와 함께 연주하는 방식이다. 초연 당시 라이시는 직접 휘파람도 불었다. 그는 "(노래가) 악기들의 정확한 사운드를 모사함으로써 음악 앙상블의 일부가 된다"고 말했다. 타악기에 대한 작곡가의 관심은 후속작인 1972년의 〈박수 음악Clapping Music〉과 1973년의 〈나뭇조각을 위한 음악Music for Pieces of Wood〉으로 고스란히 이어졌다.

　1971년 초연 당시 작품 해설에서 라이시는 자신의 꿈 이야기를 소개했다. 지름이 6m에 이르는 거대한 북 주변에 연주자들이 둘러서서 함께 연주했더니 무대 바닥이 들썩거렸다는 내용이었다. 결과적으로는 작품 성공을 예고하는 길몽인 셈이었다. 초연 당시 세 차례 공연 가운데 마지막 날의 실황은 이듬해 음반으로도 출시됐다. 처음에는 작품 악보를 담은 500장짜리 한정판이었다. 하지만 불과 2년 뒤인 1974년에는 〈드러밍〉을 포함한 라이시의 초기 대표작들을 담은 3장짜리 음반 박스 세트를 도이치 그라모폰DG에서 녹음하기에 이르렀다. 이전까지 철저하게 비주류 음악으로 인식됐던 미니멀리즘이 주류 음반사의 '공인'을 받은 것이었다.

　"미니멀리즘 최초의 걸작"이라는 평론가 로버트 슈워츠의 평가처럼 이 작품의 파장력은 비단 현대음악에만 한정되지 않았다. 1970년대 이후 실험적인 록 음악과 전자 댄스음악 같은 대중음악 장르에도 지대한 영향을 미쳤다. 현대 무용단이 예술적 협업을 위해 그의 작품을 찾는 것도 리듬이 주인공이라는 역발상의 매력 때문이다. 반골 정신과 비주류 의식이 투철했던 라이시가 20세기 후반 음악계의 판도에 지대한 변화를 가져온 셈이었다. "좀 더 건설적인 관점에서 보자면 다른 문화권의 리듬과 어법을 도입함으로써 이제까지 기준으로 군림해

왔던 서구 클래식 음악의 패권을 뒤흔들었다”는 영국 음악 평론가 노먼 레브레히트의 평가는 분명 호들갑이 섞여 있지만 빈말은 아니었다. 때로는 타협이 아닌 옹고집이 세상을 바꾼다. 라이시가 바로 그런 경우였다.

Steve Reich 〈Drumming〉

• 스티브 라이시와 음악가들(1974년 녹음, 도이치 그라모폰, CD)
Steve Reich and Musicians/Deutsche Grammophon

• 스티브 라이시와 음악가들(1987년 녹음, 넌서치, CD)
Steve Reich and Musicians/Nonesuch

• 콜린 커리 그룹(콜린 커리 레코드, CD)
Colin Currie Group/Colin Currie Records

• 가토 구니코(린 레코드, CD)
Kuniko Kato/Linn Records

• 육중주 〈박수 음악〉, 〈나뭇조각을 위한 음악〉, 런던 심포니 오케스트라 타악기
앙상블(LSO 라이브)
LSO Percussion Ensemble/LSO Live

• 리게티·라이시 아프리카 리듬들, 피아노 및 박수 피에르 로랑 에마르(텔덱, CD)
Ligeti & Reich : African Rhythms/Pierre-Laurent Aimard/Teldec

• 라이시 리믹스드 2006, 알렉스 스모크·포 텟 등(넌서치, CD)
Reich Remixed 2006/Alex Smoke/Four Tet/Nonesuch

• 다큐멘터리 「스티브 라이시: 페이즈 투 페이스」, 연출 에릭 다르몽·프랑크 말레
(이데알 오디앙스, DVD)
Steve Reich: Phase to Face/Éric Darmon, Frank Mallet/Idéale Audience

영국 록 밴드 라디오헤드를 인기곡 〈크립Creep〉으로만 기억하는 건 실은 절반만 이해하는 것과도 같다. 이 그룹의 기타리스트 조니 그린우드는 기타는 물론, 베이스기타와 피아노, 드럼 등 못 다루는 악기가 없는 만능 음악가다. 클래식 악기 중에서는 비올라를 연주하고, 현대음악 작곡가 올리비에 메시앙의 〈투랑갈릴라 교향곡〉에 등장하는 초기 전자 악기인 옹드 마르트노도 배웠다. 스스로도 "내가 연주할 수 없는 악기와 씨름하기를 즐긴다"고 고백한다.

동시에 록 밴드 활동 중간에 틈틈이 영화음악과 현대음악도 발표하는 작곡가이기도 하다. 특히 영화감독 폴 토머스 앤더슨과 즐겨 호흡을 맞춰서 「데어 윌 비 블러드」와 「마스터」, 「팬텀 스레드」 같은 영화의 음악을 맡았다. 2004년에는 BBC 콘서트 오케스트라의 상주 작곡가로 임명됐고, 같은 해

런던 신포니에타는 그의 관현악곡 〈스미어Smear〉를 초연했다. '장르 구분이나 경계 없는 음악가'라는 말에 들어맞는 경우인 셈이다. 그는 "학창 시절부터 클래식 작곡가들과 록 밴드에 대해 똑같이 생각하는 것이 건강하다고 여겼다"고 말했다.

그는 좋아하는 현대음악 작곡가로 메시앙과 펜데레츠키, 리게티와 함께 미국의 미니멀리즘 작곡가 스티브 라이시를 꼽는다. "펜데레츠키의 이상한 오케스트라 음악은 무척 어둡지만, 맨체스터의 괴상한 전자음악과도 무척 닮았다"는 것이 그의 말이다. 생각해보면 지글거리는 록 기타의 사운드는 현악기로 빚어내는 두꺼운 음향의 구름과도 닮은 구석이 있다.

그린우드는 2011년 9월 펜데레츠키의 초청으로 폴란드 크라쿠프에서 열린 현대음악 페스티벌에 참석했다. 당시 그의 연주곡이 라이시의 〈일렉트릭 카운터포인트Electric Counterpoint〉였다. 라이시가 재즈 기타리스트 팻 메스니를 위해 쓴 이 작품은 '전기적 대위법'이라는 의미처럼 사전 녹음한 전기 기타 사운드에 기타 실연實演을 덧입히는 독특한 형식을 지니고 있다. 이 음악제에서 그린우드의 연주에 깊은 인상을 받은 라이시는 라디오헤드의 음악을 들은 뒤 "중요하고 혁신적인 록 그룹"이라고 격찬했다.

그저 공치사에 그치지 않았다. 라이시는 이듬해 밴드의 두 곡에서 영향을 받은 신곡 〈라디오 리라이트Radio Rewrite〉를 발표했다. 전체 5악장 가운데 빠른 홀수 악장들은 라디오헤드의 〈직소 폴링 인투 플레이스Jigsaw Falling into Place〉, 느린

짝수 악장들은 〈에브리싱 인 이츠 라이트 플레이스Everything in its Right Place〉에 바탕하고 있다. 이 때문에 곡에서도 라디오헤드의 선율이나 화성 진행을 느낄 수 있다. 그 뒤 그린우드가 연주한 〈일렉트릭 카운터포인트〉와 라이시의 〈라디오 리라이트〉를 한데 묶은 음반도 출시됐다. 현대음악 작곡가와 록 밴드의 기타리스트가 영향을 주고받는 협업을 통해서 새로운 결과물이 탄생한 것이다.

애초에 미국 미니멀리즘 음악은 현대음악의 폐쇄성과 클래식의 보수성에 대한 대안적 성격을 지니고 있었다. 아트 록이나 얼터너티브 록으로 분류됐던 라디오헤드와 공통분모가 존재할 가능성이 높았던 것이다. 이처럼 새로운 대안은 언제나 기성 제도권 바깥에서 싹튼다. 예술의 고유한 매력일 것이다.

"비틀스는 예수보다도 유명하다."

1966년 3월 비틀스의 존 레넌이 인터뷰 도중에 무심코 했던 이 발언이 걷잡을 수 없는 설화舌禍로 번졌다. 레넌은 '청소년에게 미치는 영향력이 크다는 의미'라고 해명했지만, 이미 물은 엎질러진 뒤였다. 기독교적 색채가 짙은 미국 남부에서는 비틀스 음반 화형식까지 열렸다. 비틀스는 1966년 8월 29일 미국 샌프란시스코 콘서트를 마지막으로 라이브 무대에서 사실상 은퇴했다. 이 공연이 끝난 뒤 멤버들은 냉동 트럭을 타고 도망치듯 무대를 떠났다.

하지만 여기엔 짜릿한 반전이 기다리고 있다. "우리는 비틀스라는 사실에 지쳤고 거기서 벗어나기로 결심했다"는 멤버들의 말처럼, 비틀스는 예전의 모습을 과감하게 버리기로 한 것이었다.

우선 모범생 스타일에서 탈피했다. 데뷔 초기에 비틀스는 앞머리가 이마를 가리도록 단정하게 내린 '바가지 머리' 스타일에 말끔한 양복까지 입었다. 세대와 성별을 뛰어넘어 남녀노소 모두 친숙하게 여길 수 있는 이미지를 만들고자 했던 매니저 브라이언 엡스타인의 철저한 전략이었다. 천하의 비틀스도 초기에는 매니저의 '기획 상품'이었던 셈이다.

하지만 멤버들은 자유롭게 기른 장발과 콧수염, 화려한 원색을 강조한 의상까지 히피 스타일로 변신했다. 무대에 서지 않는 대신 녹음 스튜디오에 틀어박힌 채 음악적 실험을 거듭한 것도 이 무렵이다. 비틀스는 이미 녹음한 음악과 소음들을 찢고 붙이는 실험을 통해서 두꺼운 소리의 층을 빚어냈다. 때로는 녹음된 오케스트라의 음량을 급격하게 변화시키거나 일그러뜨리는 등 갖가지 실험을 통해서 현실과는 유리된 만화경 같은 세상을 빚어냈다.

당시 비틀스 멤버들을 사로잡았던 현대음악 작곡가가 바로 카를하인츠 슈톡하우젠(1928~2007)이다. 인터뷰에서도 폴 매카트니는 슈톡하우젠의 〈젊은이의 노래〉를 좋아하는 작품으로 꼽았다. 1968년 음반 '더 비틀스The Beatles'에 수록된 〈레볼루션 9Revolution 9〉 역시 슈톡하우젠의 전자음악인 〈찬가Hymnen〉의 영향을 받은 것으로 평가받는다. 이 음반은 흰색 표지 때문에 '화이트 음반White Album'이라는 이름으로도 친숙하다. 이처럼 1960년대는 현대음악과 팝 음악 모두 과학 기술의 눈부신 발전 덕분에 과감한 실험에 나섰던 시기였다. 동시에 전후 자본주의와 대중사회의 성장으로 인해서 클래식 음악의 주도권이 서서히 대중음악으로 넘어가던 시기이기도 했다. 가장 쉽고 친숙한 대중음악이 난해하고 까다롭기로 악명 높은 현대음악의 세례를 받았다는 건 묘한 아이러니다.

비틀스의 음반 엔지니어였던 제프 에머릭의 회고에 따르면, 당시 멤버들이 음반에 쏟은 시간은 무려 700시간에 이르렀다. 데뷔 음반을 만들 당시의 30시간에 비하면 무려 20배 이상 늘어난 셈이다. 이런 과정을 통해서 록 음악 역사상 최고의 명반으로 꼽히는 1967년의 '페퍼 상사의 론리 하츠 클럽 밴드Sgt. Pepper's Lonely Hearts Club Band'가 탄생했다. 비틀스는 이 음반 표지의 맨 윗줄 왼쪽에서 다섯 번째에도 슈톡하우젠의 얼굴 사진을 넣었다. 비틀스로서는 스승에 대한 고마움을 톡톡히 표현한 셈이었다.

현대음악 연표

1899	6월 19일 엘가 〈수수께끼 변주곡〉 초연 (런던)
1900	3월 2일 쿠르트 바일 탄생
1900	11월 14일 에런 코플런드 탄생
1905	10월 15일 드뷔시 〈바다〉 초연 (파리)
1906	6월 말러가 코른골트의 〈황금〉을 듣고 칭찬함
1906	9월 25일 드미트리 쇼스타코비치 탄생
1908	12월 10일 올리비에 메시앙 탄생
1909	2월 5일 그라지나 바체비치 탄생
1909	5월 19일 댜길레프의 첫 '발레 뤼스' 작품 공연 (체레프닌: 〈아르미다의 저택Le Pavillon d'Armide〉)
1911	1월 2일 바실리 칸딘스키, 프란츠 마르크 등이 쇤베르크 작품 발표회에 참석
1912	9월 5일 존 케이지 탄생
1912	10월 16일 쇤베르크 〈달에 홀린 피에로〉 초연 (베를린)
1913	5월 29일 스트라빈스키 〈봄의 제전〉 초연 (파리)
1913	11월 22일 벤저민 브리튼 탄생
1914	5월 5일 베르크가 빈에서 뷔히너의 「보이체크」를 관람함
1914	7월 28일 1차 세계대전 발발
1917	3~11월 러시아 혁명
1917	9월 17일 윤이상 탄생
1918	3월 15일 나디아 불랑제의 동생 작곡가 릴리가 요절함

1918	3월 25일 클로드 드뷔시 서거
1918	4월 18일 프로코피예프 교향곡 1번 〈고전〉 초연 (페트로그라드)
1918	8월 25일 레너드 번스타인 탄생
1921	6월 30일 드뷔시의 『안티 딜레탕트 드로슈 씨』 출간
1923	5월 28일 죄르지 리게티 탄생
1924	2월 12일 거슈윈 〈랩소디 인 블루〉 초연 (뉴욕)
1925	3월 26일 피에르 불레즈 탄생
1925	12월 14일 베르크 〈보체크〉 초연 (베를린)
1926	1월 28일 쿠르트 바일, 로테 레냐와 결혼
1926	4월 18일 마사 그레이엄 댄스 컴퍼니의 첫 독립 공연 (뉴욕)
1927	12월 5일 야나체크 〈글라골 미사〉 초연 (브르노)
1928	8월 12일 레오시 야나체크 서거
1928	8월 22일 카를하인츠 슈톡하우젠 탄생
1928	8월 31일 바일 〈서푼짜리 오페라〉 초연 (베를린)
1929	10월 대공황 시작
1931	10월 24일 소피아 구바이둘리나 탄생
1933	11월 23일 크시슈토프 펜데레츠키 탄생
1934	2월 23일 에드워드 엘가 서거
1934	11월 24일 알프레트 시닛케 탄생
1935	9월 11일 아르보 패르트 탄생
1935	12월 24일 알반 베르크 서거
1936	1월 28일 소비에트 당 기관지 『프라우다』에 평론 "음악이 아니라 혼란"이 실림

1936	8월 1일 나치 치하에서 열린 베를린 올림픽 개막식에서
	리하르트 슈트라우스가 자작의 〈올림픽 찬가〉를 지휘함
1936	10월 3일 스티브 라이시 탄생
1937	1월 31일 필립 글라스 탄생
1937	7월 11일 조지 거슈윈 서거
1937	11월 21일 쇼스타코비치 교향곡 5번 초연 (레닌그라드)
1938	2월 3일 코른골트가 미국으로 본거지를 옮김
1938	12월 1일 예이젠시테인과 프로코피예프의 영화
	〈알렉산드르 넵스키〉 개봉
1938	11월 28일 아이브스 〈콩코드 소나타〉 초연 (코네티컷)
1939	9월 1일 2차 세계대전 발발
1939	12월 15일 맥스 스타이너가 음악을 맡은
	영화 「바람과 함께 사라지다」 개봉
1941	6월 22일 독일-소비에트 전쟁 발발
1942	5월 쿠세비츠키, 쿠세비츠키 음악 재단 설립 (워싱턴)
1944	10월 30일 코플런드 〈애팔래치아의 봄〉 초연 (워싱턴)
1944	12월 1일 버르토크 〈오케스트라를 위한 협주곡〉 초연 (보스턴)
1945	9월 2일 2차 세계대전 종전
1945	9월 26일 벨러 버르토크 서거
1947	2월 15일 코른골트 바이올린 협주곡 초연 (세인트루이스)
1947	2월 15일 존 애덤스 탄생
1948	6월 5~13일 브리튼이 창설한 올드버러 페스티벌이 첫 개최
1949	9월 8일 리하르트 슈트라우스 서거

1949	12월 2일 메시앙 〈투랑갈릴라 교향곡〉 초연 (보스턴)
1950	4월 3일 쿠르트 바일 서거
1950	5월 22일 슈트라우스 〈네 개의 마지막 노래〉 초연 (런던)
1951	7월 13일 아르놀트 쇤베르크 서거
1952	8월 29일 케이지 〈4분 33초〉 초연 (뉴욕주 우드스톡)
1952	1월 9, 15일 빈 슈트로코퍼 아트 카페에서 프리드리히 굴다가 재즈 피아니스트로 출연함
1953	3월 5일 세르게이 프로코피예프 서거
1953	3월 5일 이오시프 스탈린 사망
1953	12월 17일 바체비치 피아노 소나타 2번 초연 (바르샤바)
1954	5월 19일 찰스 아이브스 서거
1955	6월 18일 불레즈 〈주인 없는 망치〉 초연 (바덴바덴)
1956	5월 30일 슈톡하우젠 〈젊은이들의 노래〉 초연 (쾰른)
1957	9월 26일 번스타인 〈웨스트사이드 스토리〉 초연 (뉴욕)
1957	11월 29일 에리히 볼프강 코른골트 서거
1957	5월 12일 글렌 굴드가 소련을 방문해 베르크, 베베른, 크레네크 등의 작품으로 현대음악 연주회를 개최함
1958	1월 18일 번스타인의 첫 번째 청소년 음악회 (CBS)
1958	9월 다름슈타트 현대음악제 윤이상과 백남준이 조우함
1961	7월 14일 진은숙 탄생
1961	8월 13일 베를린 장벽 설치
1961	9월 22일 펜데레츠키 〈히로시마 희생자들을 위한 애가〉 초연 (바르샤바)

1961	10월 22일 리게티 〈아트모스페르〉 초연 (도나우에싱겐)
1962	5월 30일 브리튼 〈전쟁 레퀴엠〉 초연 (코번트리)
1962	베르너 골트슈미트와 음악학자 헬무트 키르히마이어가 현대음악 전문 음반사 베르고Wergo를 창립함
1963	9월 9일 존 케이지와 동료들, 에릭 사티의 〈벡사시옹〉을 18시간 40여 분에 걸쳐 초연
1966	10월 23일 윤이상 〈예악〉 초연 (도나우에싱겐)
1967	7월 8일 한국의 중앙정보부에서 작곡가 윤이상을 간첩 혐의로 체포함(동백림 사건)
1968	4월 2일 큐브릭의 영화 「2001 스페이스 오디세이」 개봉
1968	68운동: 전 세계 젊은이들의 개혁, 반전, 저항 운동
1969	1월 17일 그라지나 바체비치 서거
1969	만프레트 아이허, 현대음악 재즈 음반사 ECM을 창립
1971	4월 6일 이고르 스트라빈스키 서거
1972	2월 21~28일 37대 기합중국 대통령 리처드 닉슨이 처음으로 중국을 방문함
1972	12월 3일 라이시 〈드러밍〉 초연 (뉴욕)
1975	8월 9일 드미트리 쇼스타코비치 서거
1976	2월 7일 제프스키 〈단결한 민중은 결코 패배하지 않는다〉 초연 (워싱턴)
1976	7월 25일 글래스 〈해변의 아인슈타인〉 초연 (아비뇽)
1976	12월 4일 벤저민 브리튼 서거
1976	불레즈, 앙상블 앵테르콩탕포랭을 결성

1977	3월 21일 시닛케 합주협주곡 1번 초연 (레닌그라드)
1977	9월 30일 패르트 〈타불라 라사〉 초연 (탈린)
1979	10월 22일 나디아 불랑제 서거
1979	11월 흐레니코프가 6차 소련 작곡가 연맹 대회에서 구바이둘리나, 빅토르 수슬린 등 7인을 공개 비판함
1980	현대음악 전문 연주단체인 앙상블 모데른 결성
1981	5월 30일 구바이둘리나 바이올린 협주곡 1번 〈봉헌〉 초연 (빈)
1981	10월 9일 프리드리히 굴다 첼로 협주곡 초연 (빈)
1987	10월 22일 애덤스 〈닉슨 인 차이나〉 초연 (휴스턴)
1990	10월 3일 독일 재통일
1990	10월 14일 레너드 번스타인 서거
1990	12월 2일 에런 코플런드 서거
1991	12월 26일 소비에트 연방 해체
1992	4월 27일 올리비에 메시앙 서거
1992	8월 12일 존 케이지 서거
1995	11월 3일 윤이상 서거
1998	8월 3일 알프레트 시닛케 서거
2006	6월 12일 죄르지 리게티 서거
2007	6월 30일 진은숙 〈이상한 나라의 앨리스〉 초연 (뮌헨)
2007	12월 5일 카를하인츠 슈톡하우젠 서거
2016	1월 5일 피에르 불레즈 서거
2020	3월 29일 크시슈토프 펜데레츠키 서거
2025	3월 13일 소피아 구바이둘리나 서거

참고문헌

이고르 스트라빈스키 〈봄의 제전〉

스트라빈스키,『음악의 시학』, 이세진 옮김, 민음사, 2015

스트라빈스키,『스트라빈스키-나의 생애와 음악』, 박문정 옮김, 지문사, 1990

데이비드 나이스,『스트라빈스키, 그 삶과 음악』, 이석호 옮김, 포노, 2014

정준호,『스트라빈스키: 현대 음악의 차르』, 을유문화사, 2008

리처드 버클,『니진스키: 인간을 넘어선 무용』, 이희정 옮김, 을유문화사, 2021

론다 개어릭,『코코 샤넬: 세기의 아이콘』, 성소희 옮김, 을유문화사, 2020

토머스 포리스트 켈리,『음악의 첫날밤』, 김병화 옮김, 황금가지, 2005

알렉스 로스,『나머지는 소음이다』, 김병화 옮김, 21세기북스, 2010

메리 매콜리프,『새로운 세기의 예술가들』, 최애리 옮김, 현암사, 2020

피터 게이,『모더니즘』, 정주연 옮김, 면음사, 2015

테오도르 아도르노,『신음악의 철학』 문병호·김방현 옮김, 세창출판사, 2012

볼프강 슈라이버,『지휘의 거장들』, 홍은정 옮김, 을유문화사, 2009

닐 개블러,『월트 디즈니1: 미국적 상상력의 승리』, 김홍옥 옮김, 여름언덕, 2008

마르타 아르헤리치·올리비에 벨라미,『아르헤리치의 말』, 이세진 옮김, 마음산책, 2023

올리비에 벨라미,『마르타 아르헤리치』, 이세진 옮김, 현암사, 2018

니콜라스 케니언,『사이먼 래틀』, 김성현 옮김, 안그라픽스, 2008

Michael Oliver, *Igor Stravinsky*, Phaidon Press, 2008

Rupert Christiansen, *Diaghilev's Empire*, Farrar Strauss and Giroux, 2022

Richard Taruskin, *Stravinsky and the Russian Traditions Volume 1*, University of California
    Press, 1996

Peter Hill, *Stravinsky: The Rite of Spring*, Cambridge University Press, 2004

Leonard Bernstein, *The Unanswered Question*, Harvard University Press, 1976

Severine Neff, Maureen Carr, Gretchen Horlacher and John Reef(eds.), *The Rite of Spring at
    100*, Indiana University Press, 2017

아르놀트 쇤베르크 〈달에 홀린 피에로〉

노르베르트 볼프, 『표현주의』, 김소연 옮김, 마로니에북스 2007

노명우, 『계몽의 변증법을 넘어서』, 문학과지성사, 2002

바실리 칸딘스키, 『예술에서의 정신적인 것에 대하여』, 권경필 옮김, 열화당, 2020

바실리 칸딘스키·프란츠 마르크 편, 『청기사』, 배정희 옮김, 열화당, 2007

박성용, 「문학에 대한 아놀트 쇤베르크의 태도」, 『제3의 텍스트』, 이응과리을, 2005

볼프디터 두베, 『표현주의』, 이수연 옮김, 시공아트, 2015

오희숙, 『쇤베르크 <달에 홀린 피에로>』, 심설당, 2008

전원경, 『클림트』, 아르테, 2018

칼 쇼르스케, 『세기말 빈』, 김병화 옮김, 글항아리, 2014

크리스티안 브란트슈태터, 『비엔나 1900년』, 박수철 옮김 예경, 2013

테오도르 아도르노, 『신음악의 철학』, 문병호·김방현 옮김, 세창출판사, 2012

Bojan Bulic, *Arnold Schoenberg*, Phaidon Press, 2011

Charles Rosen, *Arnold Schoenberg*, The University of Chicago Press, 1996

David Blake(ed.), *Hanns Eisler: A Miscellany*, Harwood Academic Publishers, 1995

Jennifer Shaw and Joseph Auner(eds.), *The Cambridge Companion to Schoenberg*,
    Cambridge University Press, 2010

Jonathan Dunsby, *Schoenberg: Pierrot lunaire*, Cambridge University Press, 1992

Konrad Boehmer(ed.), *Schonberg and Kandinsky*, Routledge, 1997

Phyllis Bryn-Julson and Paul Mathews, *Inside Pierrot Lunaire*, Scarecrow Press, 2009

Walter Frisch(ed.), *Schoenberg and His World*, Princeton University Press, 1999

드미트리 쇼스타코비치 교향곡 5번

김성현, 『오늘의 클래식』, 아트북스, 2020

M.T. 앤더슨, 『죽은 자들의 도시를 위한 교향곡』, 장호연 옮김, 돌베개, 2018

니콜라이 레스코프, 『러시아의 맥베스 부인』, 이상훈 옮김, 소담출판사, 2017

갈리나 비시넵스카야, 『갈리나 자서전』, 김원구 옮김, 음악춘추사, 1990

스티븐 존슨, 『쇼스타코비치는 어떻게 내 정신을 바꾸었는가』, 김재성 옮김, 풍월당, 2019

줄리언 반스, 『시대의 소음』, 송은주 옮김, 다산책방, 2017

리처드 화이트하우스, 『쇼스타코비치, 그 삶과 음악』, 김형수 옮김, 포노, 2014

솔로몬 볼코프, 『증언』, 김병화 옮김, 이론과실천, 2001

알렉산드르 푸시킨, 『잠 안 오는 밤에 쓴 시』, 석영중 옮김, 열린책들, 1999

엘리자베스 윌슨, 『쇼스타코비치: 시대와 음악 사이에서』, 장호연 옮김, 돌베개, 2023

올랜도 파이지스, 『혁명의 러시아 1891~1991』, 조준래 옮김, 어크로스, 2017

정재원·최진석 엮음, 『다시 돌아보는 러시아 혁명 100년』, 문학과지성사, 2017

올레크 V. 흘레브뉴크, 『스탈린』, 유나영 옮김, 삼인, 2017

Laurel E. Fay, *Shostakovich: A Life*, Oxford University Press, 2000

Malcolm Hamrick Brown(ed.), *A Shostakovich Casebook*, Indiana University Press, 2005

세르게이 프로코피예프 〈알렉산드르 넵스키〉

그레고리 하트, 『프로코피예프, 그 삶과 음악』, 임선근 옮김, 포노, 2014

니콜라스 V. 랴자놉스키, 마크 D. 스타인버그, 『러시아의 역사』, 조호연 옮김, 까치, 2011

로저 에버트, 『위대한 영화』, 윤철희 옮김, 을유문화사, 2019

리처드 오버리, 『독재자들』, 조행복 옮김, 교양인, 2008

브뤼노 몽생종, 『리흐테르 : 회고담과 음악수첩』, 이세욱 옮김, 정원, 2005

세르게이 에이젠슈테인, 『영화의 형식과 몽타쥬』, 정일몽 옮김, 영화진흥공사, 1990

엘스베트 볼프하임, 『마야코프스키와 에이젠슈테인』, 이현정 옮김, 아카넷, 2005

잭 C. 엘리스, 『세계영화사』, 변재란 옮김, 이론과실천, 1988

Daniel Jaffe, *Sergey Prokofiev*, Phaidon, 2008

Harlow Robinson, *Sergei Prokofiev*, Northeastern University Press, 2002

Kevin Bartig, *Sergei Prokofiev's Alexander Nevsky*, Oxford University Press, 2017

Sergei M. Eisenstein, *The Film Sense*, Harcourt Brace & Company, 1947

Simon Morrison, *The People's Artist: Prokofiev's Soviet Years*, Oxford University Press, 2009

알반 베르크 〈보체크〉

게오르크 뷔히너, 『보이체크』, 최병준 옮김, 예니, 2005

게오르크 뷔히너, 『보이체크·당통의 죽음』, 홍성광 옮김, 민음사, 2013

게오르크 뷔히너, 『뷔히너 전집』, 박종대 옮김, 열린책들, 2020

한국 뷔히너 학회 편, 『뷔히너 문학 연구』, 문학과지성사, 1990

맥스 패디슨, 『아도르노의 음악미학』, 최유준 옮김, 작은이야기, 2010

이고르 스트라빈스키, 『스트라빈스키와의 대화』, 편집부 역, 삼호출판사, 1986

존 키건, 『1차세계대전사』, 조행복 옮김, 청어람미디어, 2009

테오도르 아도르노·발터 벤야민, 『아도르노-벤야민 편지 1928~1940』, 이순예 옮김, 도
　　서출판길, 2018

A.J.P. 테일러, 『지도와 사진으로 보는 제1차 세계대전』, 유영수 옮김, 페이퍼로드, 2020

Arnold Schoenberg, *Style and Idea: Selected Writings*, University of California Press, 1984

Christopher Hailey(ed.), *Alban Berg and His World*, Princeton University Press, 2010

Constantin Floros, *Alban Berg: Music as Autobiography*, PL Academic Research 2014,

Douglas Jarman, *Alban Berg Wozzeck*, Cambridge University Press, 1990

George Perle, *The Operas of Alban Berg Volume 1: Wozzeck*, University of California Press, 1989

Malcolm Hayes, *Anton von Webern*, Phaidon Press, 1995

Theodor W. Adorno, *Alban Berg*, Cambridge University Press, 1991

Theodor W. Adorno and Alban Berg, *Correspondence 1925-1935*, Polity Press, 2005

리하르트 슈트라우스 〈네 개의 마지막 노래〉

헤르베르트 하프너, 『푸르트벵글러』, 이기숙 옮김, 마티, 2007

랄프 게오르크 로이트, 『괴벨스, 대중 선동의 심리학』, 김태희 옮김, 교양인, 2006

리하르트 슈트라우스, 『사색과 기억: 예술과 인생에 대하여』, 김윤미 옮김, 포노, 2022

헤르만 헤세, 『헤르만 헤세 시집』, 송영택 옮김, 문예출판사, 2013

헤르만 헤세, 『헤르만 헤세, 음악 위에 쓰다』, 김윤미 옮김, 북하우스, 2022

Bryan Gilliam, *The Life of Richard Strauss*, Cambridge University Press, 1999

Charles Youmans (ed.), *The Cambridge Companion to Richard Strauss*, Cambridge University Press, 2010

Michael Kennedy, *Richard Strauss: Man, Musician, Enigma*, Cambridge University Press, 1999

Norman Del Mar, *Richard Strauss: A Critical Commentary on His Life and Works*, Faber and Faber, 2011

Raymond Holden, *Richard Strauss: A Musical Life*, Yale University Press, 2011

Tim Ashley, *Richard Strauss*, Phaidon Press, 1999

클로드 드뷔시 〈바다〉

클로드 드뷔시, 『안티 딜레탕트 크로슈 씨』, 이세진 옮김, 포노, 2017

메리 매콜리프, 『벨 에포크, 아름다운 시대』, 최애리 옮김, 현암사, 2020

신인선, 『드뷔시 바다』, 음악세계, 2010

제임스 H. 루빈, 『인상주의』, 김석희 옮김, 한길아트, 2001

캐서린 카우츠키, 『드뷔시의 파리』, 배인혜 옮김, 만복당, 2020

폴 그리피스, 『현대음악사』, 신금선 옮김, 이화여자대학교출판부, 1994

허나영, 『클로드 모네』, 아르테, 2019

Eric Frederick Jensen, *Debussy*, Oxford University Press, 2014

Paul Roberts, *Claude Debussy*, Phaidon Press, 2008

Paul Holmes, *Debussy*, Omnibus Press, 1989

Jane F. Fulcher(ed.), *Debussy and His World*, Princeton University Press, 2001

Simon Trezise, *Debussy: La Mer*, Cambridge University Press, 1994

Simon Trezise(ed.), *The Cambridge Companion to Debussy*, Cambridge University Press, 2003

에드워드 엘가 〈수수께끼 변주곡〉

다니엘 바렌보임, 『다니엘 바렌보임: 평화의 지휘자』, 김성현 옮김, 을유문화사, 2009

유윤종, 『클래식, 비밀과 거짓말』, 을유문화사, 2019

Diana McVeagh, *Elgar the Music Maker*, The Boydell Press, 2007

Julian Rushton, *Elgar: 'Enigma' Variations*, Cambridge University Press, 1999

J. P. E. Harper-Scott, *Edward Elgar, Modernist*, Cambridge University Press, 2006

Michael Kennedy, *The Life of Elgar*, Cambridge University Press, 2004

Simon Mundy, *Elgar*, Omnibus Press, 1980

찰스 아이브스 〈콩고드 소나타〉

루이자 메이 올컷, 『초월주의의 야생귀리』, 서정은 옮김, 문학동네, 2014

루이자 메이 올컷, 『작은 아씨들』, 공보경 옮김, 윌북, 2019

코닐리아 메그스, 『고집쟁이 작가 루이자』, 김소연 옮김, 윌북, 2020

너새니얼 호손, 『주홍 글자』, 김욱동 옮김, 민음사, 2007

랄프 왈도 에머슨, 『자연』, 서동석 옮김, 은행나무, 2014

하몬 스미스, 『소로우와 에머슨의 대화』, 서보명 옮김, 이레, 2005

밀턴 멜처, 『헨리 데이비드 소로』, 권혁정 옮김, 나무처럼, 2011

헨리 솔트, 『헨리 데이빗 소로우』, 윤규상 옮김, 양문, 2001

리처드 슈나이더, 『헨리 데이비드 소로의 인생과 예술』, 유인호 옮김, 한국문화사, 2017

헨리 데이비드 소로, 『헨리 데이비드 소로우의 산책』, 박윤정 옮김, 양문, 2005

헨리 데이비드 소로, 『월든』, 강승영 옮김, 이레, 2004

헨리 데이비드 소로, 『소로의 자연사 에세이』, 김원중 옮김 아카넷, 2013

Alan Rich, *American Pioneers: Ives to Cage and Beyond*, Phaidon Press, 1995

Alice S. Reed, *Charles Edward Ives and His Piano Sonata No. 2*, Trafford Publishing, 2005

Geoffrey Block, *Ives: Concord Sonata*, Cambridge University Press, 1996

Jan Swafford, *Charles Ives: A Life with Music*, W. W. Norton & Company, 1998

Kyle Gann, *Charles Ives's Concord*, University of Illinois Press, 2021

레오시 야나체크 〈글라골 미사〉

권재일, 『체코·슬로바키아사』, 한국외국어대 지식출판원, 2015

김장수, 『체코 역사와 민족의 정체성』, 푸른사상, 2016

라빈드라나드 타고르, 『정원사』, 김세인 옮김, 궁미디어, 2017

막스 브로트, 『나의 카프카』, 편영수 옮김, 솔, 2018

밀란 쿤데라, 『배신당한 유언들』, 김병욱 옮김, 민음사, 2013

밀란 쿤데라, 『만남』, 한용택 옮김, 민음사, 2012

오승은, 『동유럽 근현대사』, 책과함께, 2018

John Tyrrel, *Janacek: Years of a Life volume 1~2*, Faber and Faber, 2006

Mirka Zemanova, *Janacek: A Composer's Life*, Northeastern University Press, 2002

Paul Wingfield, *Janacek: Glagolitic Mass*, Cambridge University Press, 1992

Vilem and Margaret Tausky(eds. and trans.), *Janacek: Leaves from his life*, Kahn & Averill, 1982

벨러 버르토크 〈오케스트라를 위한 협주곡〉

스티븐 존슨, 『버르토크, 그 삶과 음악』, 이석호 옮김, 포노, 2014

할시 스티븐스, 『바르토크의 생애와 음악』, 김경임 옮김, 경북대학교출판부, 2011

David Cooper, *Bela Bartok*, Yale University Press, 2015

David Cooper, *Bartok: Concerto for Orchestra*, Cambridge University Press, 1996

Georg Solti, *Memoirs*, Chicago Review Press, 1998

Kenneth Chalmers, *Bela Bartok*, Phaidon Press, 1995

Malcolm Gillies, *Bartok Remembered*, W. W. Norton & Company, 1991

에리히 볼프강 코른골트 바이올린 협주곡

슈테판 츠바이크, 『어제의 세계』, 곽복록 옮김, 지식공작소, 2014

에두아르트 한슬리크, 『음악적 아름다움에 대하여』, 이미경 옮김, 책세상, 2004

존 마우체리, 『지휘의 발견』, 이석호 옮김, 에포크, 2022

Jessica Duchen, *Erich Wolfgang Korngold*, Phaidon Press, 1996

Daniel Goldmark and Kevin C. Karnes(eds.), *Korngold and His World*, Princeton University Press, 2019

Steven C. Smith, *Music by Max Steiner: The Epic Life of Hollywood's Most Influential Composer*, Oxford University Press, 2020

쿠르트 바일 〈서푼짜리 오페라〉

발터 벤야민, 『브레히트와 유물론』, 윤미애·최성만 옮김, 도서출판길, 2020

베르톨트 브레히트, 『서푼짜리 오페라』, 이은희 옮김, 열린책들, 2012

베르톨트 브레히트, 『서푼짜리 오페라·남자는 남자다』, 김길웅 옮김, 을유문화사, 2012

베르톨트 브레히트, 『브레히트 희곡 선집 1』, 임한순 편역, 서울대학교출판부, 2006

에르트무트 비치슬라 지음, 『벤야민과 브레히트』, 윤미애 옮김, 문학동네, 2015

얀 크노프, 『베르톨트 브레히트』, 이원양 옮김, 인물과사상사, 2007

우디 그린버그, 『바이마르의 세기』, 이재욱 옮김, 회화나무, 2018

이승진, 『매체작가 브레히트』, 연극과인간, 2018

제인 글로버, 『런던의 헨델』, 한기정 옮김, 뮤진트리, 2020

로맹 롤랑, 『헨델』, 임희근 옮김, 포노, 2019

한국브레히트학회, 『브레히트의 연극 세계』, 열음사, 2001

Jurgen Schebera, *Kurt Weill: An Illustrated Life*, Yale University Press, 1995

Stephen Hinton, *Kurt Weill: The Threepenny Opera*, Cambridge University Press, 1989

Pamela Katz, *The Partnership: Brecht, Weill, Three Women, and Germany on the Brink*,
Doubleday, 2015

Ethan Mordden, *Love Song: The Lives of Kurt Weill and Lotte Lenya*, St. Martin's Press, 2012

Naomi Graber, *Kurt Weill's America*, Oxford University Press, 2021

벤저민 브리튼 〈전쟁 레퀴엠〉

윈스턴 처칠, 『제2차 세계대전』, 차병직 옮김, 까치, 2016

Michael Oliver, *Benjamin Britten*, Phaidon Press, 1996

Christopher Headington, *Britten*, Omnibus Press, 1996

Humphrey Carpenter, *Benjamin Britten: A Biography*, Faber and Faber, 1992

Mervyn Cooke, *Britten: War Requiem*, Cambridge University Press, 1996

Neil Powell, *Benjamin Britten: A Life for Music*, Windmill Books, 2013

조지 거슈윈 〈랩소디 인 블루〉

F. 스콧 피츠제럴드, 『위대한 개츠비』, 김욱동 옮김, 민음사, 2003

F. 스콧 피츠제럴드, 『재즈 시대의 메아리』, 최내현 옮김, 북스피어, 2018

F. 스콧 피츠제럴드·맥스웰 퍼킨스, 『디어 개츠비』, 오현아 옮김, 마음산책, 2018

David Schiff, *Gershwin: Rhapsody in Blue*, Cambridge University Press, 1997

Howard Pollack, *George Gershwin: His Life and Work*, University of California Press, 2006

Richard Crawford, *Summertime*, W. W. Norton & Company, 2019

Rodney Greenberg, *George Gershwin*, Phaidon Press, 1998

Ruth Leon, *Gershwin*, Haus Publishing, 2004

Ryan Raul Bañagale, *Arranging Gershwin: Rhapsody in Blue and the Creation of an American Icon*, Oxford University Press, 2014

에런 코플런드 〈애팔래치아의 봄〉

권용립, 『미국 외교의 역사』, 삼인, 2010

에런 코플런드, 『음악에서 무엇을 들어 낼 것인가』, 이석호 옮김, 포노, 2016

제임스 E. 도거티·로버트 L. 팔츠그라프, 『미국외교정책사』, 이수형 옮김, 한울아카데미, 1997

Annegret Fauser, *Aaron Copland's Appalachian Spring*, Oxford University Press, 2017

Carol J. Oja and Judith Tick(eds.), *Aaron Copland and His World*, Princeton University Press, 2005

Elizabeth B. Crist, *Music for the Common Man: Aaron Copland during the Depression and War*, Oxford University Press, 2005

Howard Pollack, *Aaron Copland: The Life & Work of an Uncommon Man*, University of Illinois Press, 2000

올리비에 메시앙 〈투랑갈릴라 교향곡〉

전상직, 『메시앙 작곡기법』, 음악춘추사, 2005

Olivier Messiaen, *Technique de mon Langage Musical*, Alphonse Leduc, 2005

Andrew Shenton, *Olivier Messiaen's Turangalila-symphonie*, Cambridge University Press, 2023

Christopher Dingle, *The Life of Messiaen*, Cambridge University Press, 2007

Robert Sholl, *Olivier Messiaen: A Critical Biography*, Reaktion Books, 2024

Stephen Schloesser, *Visions of Amen: The Early Life and Music of Olivier Messiaen*, William B. Eerdmans Publishing Company, 2014

Rebecca Rischin, *For the End of Time: The Story of the Messiaen Quartet*, Cornell University Press, 2006

Paul Griffiths, *Olivier Messiaen and the Music of Time*, Faber and Faber, 2009

피에르 불레즈 〈주인 없는 망치〉

르네 샤르, 『격정과 신비』, 심재중 옮김, 을유문화사, 2023

이찬규, 『시는 언제나, 르네 샤르』, 그린비, 2023

해럴드 숀버그, 『위대한 작곡가들의 삶 3』, 김원일 옮김, 출판사 클, 2021

Edward Campbell, *Boulez, Music and Philosophy*, Cambridge University Press, 2010

Jonathan Goldman, *The Musical Language of Pierre Boulez: Writings And Compositions*, Cambridge University Press, 2011

Edward Campbell, Peter O'Hagan(eds.), *Pierre Boulez Studies*, Cambridge University Press, 2016

Georgina Born, *Rationalizing Culture: IRCAM, Boulez, and the Institutionalization of the Musical Avant-Garde*, University of California Press, 1995

Joseph Salem, *Pierre Boulez: The Formative Years*, Oxford University Press, 2023

Martin Iddon, *New Music at Darmstadt: Nono, Stockhausen, Cage, and Boulez*, Cambridge University Press, 2013

Lev Koblyakov, *Pierre Boulez: A World of Harmony*, Harwood Academic Publishers, 1990

Paul Griffiths, *Modern Music and After*, Oxford University Press, 1995

Pierre Boulez, *Orientations: Collected Writings*, Harvard University Press, 1986

윤이상 〈예악〉

김용환 편저, 『윤이상 연구』, 시공사, 2001

남정호, 『백남준』, 아르테, 2020

백남준, 『백남준: 말에서 크리스토까지』, 임왕준·정미애·김문영·이유진·마정연 옮김, 경기문화재단 백남준아트센터, 2010

이수자, 『내 남편 윤이상』, 창작과비평사, 1998

윤신향, 『윤이상, 경계선상의 음악』, 한길사, 2005

윤이상·루이제 린저, 『윤이상, 상처 입은 용』, 알에이치코리아, 2017

한국음악학회·윤이상평화재단 공동 엮음, 『윤이상의 창작세계와 동아시아 문화』, 예솔, 2006

Song Bang-Song, *Korean Music Historical and Other Aspects*, Jimoondang Publishing Company, 2000

죄르지 리게티 〈아트모스페르〉

이희경,『리게티. 횡단의 음악』, 예술, 2004

제임스 네어모어,『큐브릭: 크로테스크의 미학』, 정헌 옮김, 컬처룩, 2016

진 D. 필립스 엮음,『스탠리 큐브릭: 장르의 재발명』, 윤철희 옮김, 마음산책, 2014

Christine Lee Gengaro, *Listening to Stanley Kubrick: The Music in His Films*, Rowman & Littlefield, 2012

Rachel Beckles Willson, *Ligeti Kurtag and Hungarian Music during the Cold War*, Cambridge University Press, 2007

Richard Steinitz, *Gyorgy Ligeti: Music of the Imagination*, Northeastern University Press, 2003

Richard Toop, *Gyorgy Ligeti*, Phaidon Press, 1999

진은숙 〈이상한 나라의 앨리스〉

루이스 캐럴, 마틴 가드너 주석,『이상한 나라의 앨리스 거울 나라의 앨리스』, 최인자 옮김, 북폴리오, 2005

슈테판 드레스 엮음,『진은숙, 미래의 악보를 그리다』, 이희경 옮김, 휴머니스트, 2012

음악미학연구회 엮음, 오희숙 책임편집,『글로벌 시대의 동아시아 현대음악』, 음악세계, 2015

이희경 엮음,『진은숙과의 대화』, 을유문화사, 2024

이희경 엮음,『현대음악의 즐거움: 서울시향 '아르스 노바' 10년의 기록』, 예술, 2017

알프레트 시닛케 합주협주곡 1번

Alexander Ivashkin, *Alfred Schnittke*, Phaidon Press, 1996

Alfred Schnittke, Alexander Ivashkin(ed.), *A Schnittke Reader*, Indiana University Press, 2002

Peter J. Schmelz, *Alfred Schnittke's Concerto Grosso no. 1*, Oxford University Press, 2019

Gavin Dixon(ed.), *Schnittke Studies*, Routledge, 2017

아르보 패르트 〈타불라 라사〉

나주리, 『바흐는 바흐다: 시공을 넘은 바흐 수용사』, 모노폴리, 2022

류진현, 『ECM Travels: 새로운 음악을 만나다』, 홍시, 2015

류진현, 『ECM 50 음악 속으로』, 에이치비프레스, 2021

Paul Hillier, *Arvo Pärt*, Oxford University Press, 1997

Kevin C. Karnes, *Arvo Pärt's Tabula Rasa*, Oxford University Press, 2017

Laura Dolp(ed.), *Arvo Pärt's White Light: Media, Culture, Politics*, Cambridge University Press, 2017

Andrew Shenton(ed.), *The Cambridge Companion to Arvo Pärt*, Cambridge University Press, 2012

소피아 구바이둘리나 바이올린 협주곡 1번 〈헌정〉

석영중, 『러시아 정교』, 고려대학교출판문화원, 2005

Michael Kurtz, *Sofia Gubaidulina: A Biography*, Indiana University Press, 2007

Anders Beyer, *The Voice of Music: Conversations with Composers of Our Time*, Routledge, 2000

Peter J. Schmelz, *Such Freedom, If Only Musical: Unofficial Soviet Music During the Thaw*, Oxford University Press, 2009

크시슈토프 펜데레츠키 〈히로시마 희생자들을 위한 애가〉

Adrian Thomas, *Polish Music since Szymanowski*, Cambridge University Press, 2005

Bernard Jacobson, *A Polish Renaissance*, Phaidon Press, 1996

Cindy Bylander, *Krzysztof Penderecki : a bio-bibliography*, Westport: Greenwood Publishing Group, 2004

레너드 번스타인 〈웨스트사이드 스토리〉

김성현, 『봉주르 오페라』, 아트북스, 2016

배리 셀즈, 『레너드 번스타인』, 함규진 옮김, 심산, 2010

Arthur Laurents, *Original Story by: A Memoir of Broadway and Hollywood*, Applause, 2001

Burton Bernstein·Barbara B. Haws, *Leonard Bernstein: American Original*, Collins, 2008

Deborah Jowitt, *Jerome Robbins: His Life, His Theater, His Dance*, Simon & Schuster, 2005

Elizabeth A. Wells, *West Side Story: Cultural Perspectives on an American Musical*, The
    Scarecrow Press, 2011

Jamie Bernstein, *Famous Father Girl: A Memoir of Growing Up Bernstein*, Harper Collins
    Publishers, 2018

Leonard Bernstein, *The Joy of Music*, Amadeus Press, 2004

Leonard Bernstein, *Young People's Concerts*, Amadeus Press, 2005

Nigel Simeone, *Leonard Bernstein: West Side Story*, Routledge, 2017

Paul Myers, *Leonard Bernstein*, Phaidon Press, 1998

존 케이지 〈4분 33초〉

리처드 코스텔라네츠, 『케이지와의 대화』, 안미자 옮김, 이화여대 출판부, 1991

윌 곰퍼츠, 『발칙한 현대미술사』, 김세진 옮김, 알에이치코리아, 2014

존 케이지, 『사일런스: 존 케이지의 강연과 글』, 나현영 옮김, 오픈하우스, 2014

진중권, 『진중권의 서양미술사: 후기 모더니즘과 포스트모더니즘 편』, 휴머니스트, 2013

캐럴라인 랜츠너, 『로버트 라우센버그』, 고성도 옮김, 알에이치코리아, 2014

Alan Rich, *American Pioneers: Ives to Cage and Beyond*, Phaidon Press, 1995

David Nicholls, *John Cage*, University of Illinois Press, 2007

Kyle Gann, *No Such Thing as Silence: John Cage's 4'33"*, Yale University Press, 2011

Michael Nyman, *Experimental Music: Cage and Beyond*, Cambridge University Press, 1974

존 애덤스 〈닉슨 인 차이나〉

리처드 닉슨, 『20세기를 움직인 지도자들』, 박정기 옮김, 을지서적, 1998

헨리 키신저, 『헨리 키신저의 중국 이야기』, 권기대 옮김, 민음사, 2012

헨리 키신저, 『헨리 키신저의 세계 질서』, 이현주 옮김, 민음사, 2016

Alexander Sanchez-Behar, *John Adams: A Research and Information Guide*,
    Routledge, 2020

John Adams, *Hallelujah Junction: Composing an American Life*, Faber and Faber, 2008

Thomas May, *The John Adams Reader: Essential Writings on an American Composer*, Amadeus Press, 2006

Timothy A. Johnson, *John Adams's Nixon in China: Musical Analysis, Historical and Political Perspectives*, Routledge, 2016

필립 글래스 〈해변의 아인슈타인〉

네빌 슈트, 『해변에서』, 정탄 옮김, 황금가지, 2011

필립 글래스, 『음악 없는 말』, 이석호 옮김, 프란츠, 2017

K. Robert Schwartz, *Minimalists*, Phaidon Press, 1996

Keith Potter, *Four Musical Minimalists: La Monte Young Terry Riley, Steve Reich, Philip Glass*, Cambridge University Press, 2000

Philip Glass, *Music by Philip Glass*, Harper & Row, 1987

Robert Maycock, *Glass: A Portrait*, Sanctuary Publishing, 2002

스티브 라이시 〈드러밍〉

노먼 레브레히트, 『클래식, 그 은밀한 삶과 치욕스런 죽음』, 장호연 옮김, 마티, 2009

다니엘 마르조나, 『미니멀 아트』, 정진아 옮김, 마로니에북스, 2008

데이비드 배틀러, 『미니멀리즘』, 정무정 옮김, 열화당, 2003

Kerry O'Brien, *William Robin, On Minimalism: Documenting a Musical Movement*, University of California Press, 2023

Russell Hartenberger, *Performance Practice in the Music of Steve Reich*, Cambridge University Press, 2016

William Duckworth, *Talking Music: Conversations With John Cage, Philip Glass, Laurie Anderson, and Five Generations of American Experimental Composers*, Da Capo Press, 1999

Wim Mertens, *American Minimal Music*, Kahn & Averill, 1983

Steve Reich, *Conversations*, Hanover Square Press, 2022

인명 찾아보기

너무 일찍 온 미래의 음악

김성현의 현대음악 에세이

초판 1쇄 펴냄   2025년 10월 29일

지은이   김성현

펴낸곳   풍월당
출판등록   2017년 2월 28일 제2017-000089호
주소   [06018] 서울시 강남구 도산대로 53길 39, 4층
전화   02-512-1466
팩스   02-540-2208
홈페이지   www.pungwoldang.kr

ISBN   979-11-89346-74-4 03810